주식투자
30일만에
따라잡기

주식투자 30일만에 따라잡기

김원기 지음

'평생 투자' 시대의 조건

주가 2000P 시대, 주식투자는 선택이 아니라 필수!

지금은 투자시대입니다. 투자를 통해 부가가치를 올려야만 부를 늘릴 수 있는 시대입니다. 선진국으로 갈수록 경제가 발전할수록 주식투자는 부를 창출하는 수단으로서의 중요성이 높아질 것입니다. 청년기를 넘어선 한국경제에 과거와 같은 고금리 상품이나 부동산 폭등은 기대하기가 어렵게 되었습니다. 남은 것은 주식뿐이며, 주식을 통한 수익 창출의 기대가 높은 상황입니다. 한국증시는 주가 2000P 시대를 맞이하면서 강해진 체력을 바탕으로 길고 긴 대세상승의 길로 들어섰다고 볼 수 있습니다. 이제는 장기적인 안목으로 주식시장에 참여해야 할 때입니다.

이런 시대를 맞아 주식투자는 해도 좋고 안 해도 좋은 선택사항이 아니라, 현대인이라면 누구나 해야 하는 필수사항이 되었습니다. 정기적으로 수익률을 관리하고 투자를 위해 경제공부를 해야만 시대의 조류에서 뒤처지지 않습니다. 전문가의 도움을 받는 것도 현명한 방법일 수 있습니다.

주식투자, 부자의 길로 접어드는 필수과목인 만큼 반드시 공부해서 나의 것으로 만들어야 합니다.

올바른 투자습관으로 평생 직장 확보!

주식투자가 필수사항이 되었다고 하여 급하게 뛰어들어서는 곤란합니다. 안전한 재테크 방법이 될 수 있도록 계획을 세워야만 합니다. 그러기 위해서는 올바른 투자습관을 길러야 하며, 기본을 튼튼히 다져야 합니다. 모든 스포츠의 기본은 자세입니다. 주식 역시 화려한 기술보다 기본이 중요합니다. 기본이 정립되지 않은 상태에서 곧바로 실전에 뛰어들기 때문에 투자에서 실패하는 것입니다. 이는 나쁜 투자습관으로 이어지기 십상입니다.

〈주식투자 30일만에 따라잡기〉를 통해 올바른 투자습관을 정립하여 주식을 투기가 아닌 투자로 임한다면, 주식투자는 평생 잃을 걱정이 없는 훌륭한 직업이 될 수 있습니다. 직장을 다니면서도 은퇴 후에도 주식을 통해 수익을 창출할 수 있습니다.

정년은 짧고 인생은 길어진 요즘 같은 시대에 주식은 노후 대비용으로도 안성맞춤입니다.

긍정적인 마인드로

주식투자에 부정적인 생각을 가진 사람들이 입버릇처럼 하는 말이 있습니다. '주식은 위험하다'는 것이지요. 주식투자가 위험한 이유는 주식이 위험하기 때문이 아니라 투자자가 지식이 부족한 상태에서 위험한 투자방식을 고수하기 때문입니다.

'주식은 위험하다'는 막연한 생각을 바꿔야 합니다. '주식은 최고의 투자 수단'입니다. 역대 투자수단 중 최고의 수익률은 단연 주식이었습니다. 부동산이 폭등을 하던 시기조차도 주식의 수익률이 강남부동산 수익률을 앞질렀습니다.

긍정적인 마인드로 주식을 부를 확장하는 지름길로 삼는다면 주식공부도 재미있고 투자도 즐거울 것입니다.

초등학생으로 입학해 대학생으로 졸업하자!

이 책은 주식을 처음 접하는 초보자용으로 기획되었지만, 이 책을 다 읽고 나면 초보자도 얼마든지 고수처럼 투자할 수 있도록 구성했습니다. 필자가 평생에 걸쳐 정립해온 '신가치투자법'을 실어 위험없이 안정적이고 꾸준한 수익률이 가능하도록 했습니다. '신가치투자법'은 매집이 이루어지고 저평가된 종목을 선별하여 급등직전에 매수하는 방법이며 기존 가치투자의 지루함을 탈피한 투자법입니다. '신가치투자법'을 마스터한다면 안정된 수익창출이 가능하므로 고수를 부러워할 필요도 없습니다. CD와 함께 이 부분을 공부하면 투자에 자신이 붙고 주식의 흐름을 읽는 눈이 생길 것입니다.

이 책을 읽는 모든 분들이 주식투자를 통해 행복과 부를 선물 받을 수 있기를 바랍니다.

김원기

〈주식투자 30일만에 따라잡기〉
우리가 먼저 읽었어요!

빙빙 돌아가지 않고 차트부터 설명하고 있어 초반부터 흥미로운 책입니다. 보통은 어렵고 까다로운 재무재표가 먼저 나와 '주식은 역시 어려워' 라는 탄식만 나왔거든요. 투자경력은 2년이 넘었지만 초심으로 돌아가 다시 시작하자는 마음으로 베타테스터를 신청했는데, '신가치투자법' 이라는 비책도 얻게 되어 무척 들뜬 마음입니다. 실제 투자에 적용해 보니 투자를 해야 할 때와 하지 말아야 할 때, 사야할 때와 팔아야 할 때를 알 수 있게 해주니 투자에 기준이 생겼다고 볼 수 있습니다. 학생이라서 아직 투자금이 보잘것없지만 실전을 병행하면서 두 번 세 번 읽을 예정입니다.

– 안봉국(남, 29세, 학생)

단순함이 강하다는 사실을 새삼 느끼게 해준 책입니다. 주식의 '주' 자부터 가르쳐주는 왕초보용임에도 불구하고 다 읽고 나면 나도 고수처럼 투자할 수 있다는 자신감이 붙습니다. 이 책을 다 읽고도 실전에 적용하지 못할까봐 걱정했는데 기우였네요. 이 책 한권이면 주식의 '주' 자도 몰랐던 사람도 실전투자자가 바로 될 수 있습니다. 다른 실전투자서를 봐야 하는 번거로움을 피할 수 있어서 좋았습니다. 투자법뿐만 아니라 투자자에게 들려주는 주식의 장점과 단점에 관한 이야기도 주식투자를 처음 시작하는 저에게 많은 도움을 주었습니다.

– 김경숙(여, 49세, 주부)

주식을 처음 시작하는 생초보에게도 좋지만 현재 주식투자를 하고 있는 사람들에게도 좋은 책입니다. 이 책을 읽고 기본이 무엇보다 중요하다는 깨달음을 얻었습니다. 주식시장은 현란한 기술로 돈을 버는 곳이 아닙니다. 오히려 돈을 잃기 마련이지요. 기본으로도 얼마든지 돈을 벌 수 있는 곳이 주식시장이라 생각합니다. 초등학생으로 입학해 대학생으로 졸업한 느낌이네요.

– 고광석(남, 32세, 전업투자자)

30일 동안 하루 한 챕터씩 한 달만에 완독했습니다. 주식에 문외한이었던 제가 차트에 대한 안개가 걷히고 기업을 보는 눈이 생겼습니다. 뉴스를 보는 재미도 쏠쏠하고요. 주식투자를 하면 수익도 얻고 경제공부도 할 수 있어 1석 2조의 효과가 나오는 것 같습니다. 이 책을 완전히 마스터한다면 직장생활을 하면서도 은퇴 후에도 평생 써먹을 수 있겠다는 확신이 드네요. 감에 의존했던 방식에서 벗어나 과학적이면서도 안전한 투자법을 터득하게 되어 김원기 대표님에게 감사드립니다.

– 박범택(남, 46세, 직장인)

차례

PART 1 만국공통어 차트와 함께 단계별로 실전 매매 달인되기

1일째 차트 보는 법부터 차근차근

2일째 차트의 속성 알아보기

3일째 봉차트 활용법 마스터하기

장대양봉 | 머리 달린 양봉 | 꼬리 달린 양봉 | 머리와 꼬리 달린 양봉 | 장대음봉 | 머리 달린 음봉 | 꼬리 달린 음봉 | 머리와 꼬리 달린 음봉 | 동시선 | 샛별형 | 머리와 꼬리 달린 동시선

4일째 상승과 하락 패턴 이해하기

위험은 작고 기대 수익은 높은 미인종목 선정법

PART 1

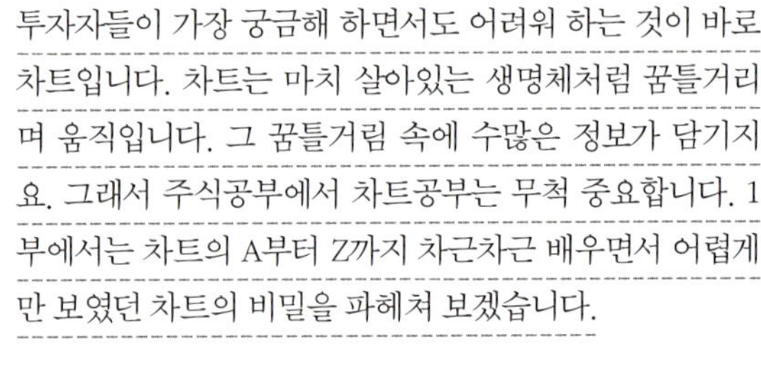

투자자들이 가장 궁금해 하면서도 어려워 하는 것이 바로 차트입니다. 차트는 마치 살아있는 생명체처럼 꿈틀거리며 움직입니다. 그 꿈틀거림 속에 수많은 정보가 담기지요. 그래서 주식공부에서 차트공부는 무척 중요합니다. 1부에서는 차트의 A부터 Z까지 차근차근 배우면서 어렵게만 보였던 차트의 비밀을 파헤쳐 보겠습니다.

만국공통어 차트와 함께 단계별로 실전 매매 달인되기

· 기술적 분석 ·

차트 보는 법부터 차근차근

계좌개설이 먼저일까요? 종목 선정이 먼저일까요? 차트공부가 우선일까요?
주식공부에 왕도는 없습니다. 여러분이 가장 궁금해하는 것부터 시작하면서 재미를 붙이는 게 중
요하겠지요. 굳이 흥미가 떨어지는 부분부터 시작해 어려워할 필요가 없습니다. 이 책에서는 일반
적으로 초보 투자자들이 가장 궁금해하는 차트의 의미부터 살펴보겠습니다. 차트를 알면 주식투
자에 재미가 붙고 자신감이 배가 됩니다.

여의도에 위치한 리서치회사의 과장 나개미.

점심식사 후 동료들과 한가롭게 커피를 마시며 이런저런 이야기를 나누었습
니다. 대화의 주제는 주식투자. 알고 보니 공 대리는 펀드투자, 이 주임은 주
식투자를 직접 하고 있는 것이었습니다. 옆 부서 고객지원센터 정 부장은 주
식투자로 지난 달 월급보다 많은 돈을 벌었다고 합니다.

재테크라고는 기껏해야 적금과 보험뿐인 나 과장으로서는 소외감을 느끼는
것도 무리가 아니었습니다. 다들 미래를 위해 무언가를 준비하고 있는데 자
신만 손놓고 있는 것 같아 마음이 급해졌습니다. 그래서 이 주임에게 대뜸 물
었습니다.

"주식, 그거 나도 하고 싶은데 어떤 종목을 사야 돼?"

"나 과장님도 참, 종목부터 물으시면 어떡해요. 증권계좌는 있으세요?"

"증권계좌? 그런 것도 필요해? 은행 통장으로는 안 되나?"

"잠시만요, 먼저 공 대리랑 하던 얘기부터 끝내고요. 지금 물 좋은 종목이 하나 있거든요."

주식의 주자도 모르는 나개미는 이제 나도 주식으로 돈을 벌 수 있겠구나 하는 마음에 전의를 불태웠습니다. 모두가 퇴근한 후 그는 각종 증권 사이트를 검색했지만 도무지 뭐가 뭔지 알 수 없었습니다. 종목마다 금액이 다 다른데 어떻게 그런 금액이 붙어 있는지도 모르겠고, 오른 종목과 내린 종목이 왜 발생하는지도 파악할 수 없었습니다.

당장 내일 투자를 시작한다면 어떤 종목을 어떻게 사야 하는지도 감을 잡을 수 없었습니다.

'주식, 이거 만만치 않은데…. 뭐부터 시작해야 하는 거야?'

나개미는 결국 건진 것 하나 없이 컴퓨터를 끌 수밖에 없었습니다.

'쩝, 주식투자 쉽지 않네. 뭐부터 해야 하는지 도무지 알 수 없군!'

차트는 무엇일까요?

캔들(Candle)
캔들이란 사전적 의미로 양초를 의미합니다. 주식차트에서는 빨간색과 파란색으로 표시되는 봉을 일컫는 말로, 봉의 모양이 양초와 비슷하다고 하여 캔들이라 부릅니다.

차트는 캔들, 거래량, 이동평균선이 모여 만들어진 주가의 그래프입니다. 빨간색과 파란색으로 표시된 봉이 오르내리는 모습을 본 적이 있을 것입니다. 이를 차트라고 합니다. 차트에는 과거의 데이터가 잘 반영되어 있습니다. 코스피 차트를 보면 그동안 코스피가 걸어온 길을 한눈에 파악할 수 있습니다.

개별 종목의 차트를 보아도 그 종목이 과거 수십년 동안 어떤 그래프를 그려왔는지 흔적이 고스란히 담겨 있습니다. 우리나라 증시를 대표하는 코스피 30년 차트를 볼까요?

〈차트 1-1〉은 코스피 30년 차트입니다. 1988년부터 20005년까지 박

차트 1-1 코스피 30년 월봉 차트

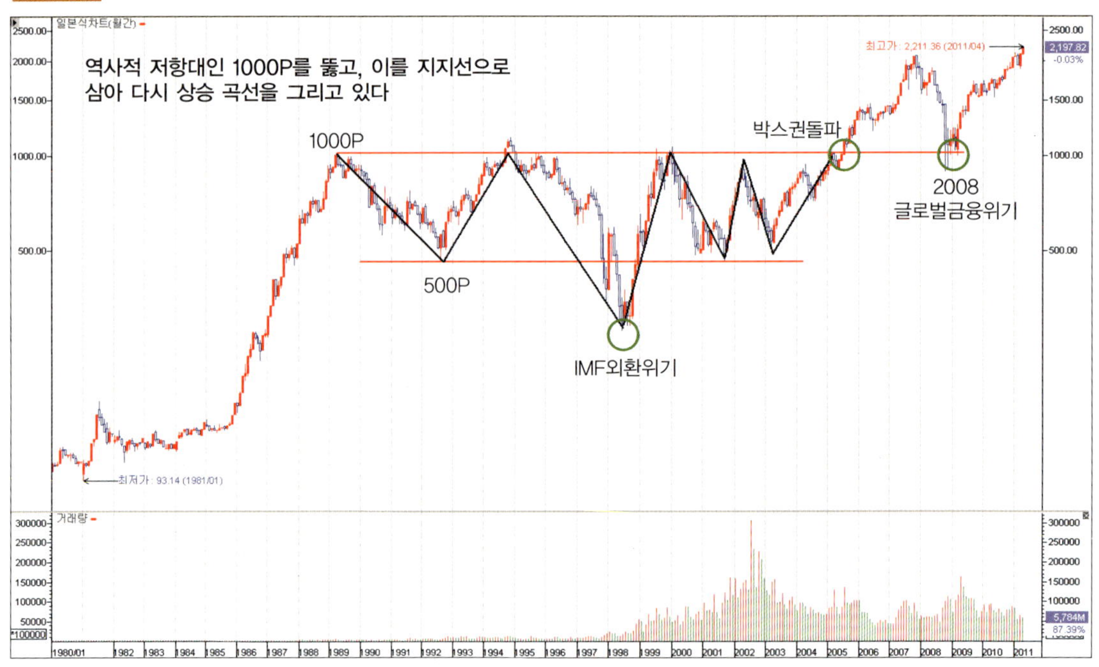

스권 속에 갇혀 등락을 거듭하던 코스피지수는 2005년 1000포인트를 돌
파해 2007년에는 2000포인트까지 상승했습니다. 2008년에는 글로벌 금
융위기를 맞아 잠시 1000포인트 밑으로 하락했으나 이후 강하게 반등해
2010년 이후 2000포인트를 재차 돌파하며 새로운 역사를 향해 나아가고
있습니다.

〈차트 1-2〉의 삼성전자 월봉차트를 보면 1980년대 2천원 초반이던 주
가가 꾸준히 올라 90만원을 넘어 100만원을 돌파했습니다. 삼성전자 차
트를 보면 이 회사가 얼마나 꾸준히 성장해 왔는지 알 수 있습니다. 이처
럼 차트는 과거의 흔적을 한눈에 볼 수 있게 해줍니다.

기술적 분석은 차트를 통해 캔들(봉), 이평선, 거래량, 추세 등을 추적
해 주가 상승과 하락을 예측하는 투자의 한 형태입니다.

차트 1-2 삼성전자 월봉

봉차트가 무엇인가요?

시초가란 시가라고도 하는데, 그날 주가가 얼마로 시작했는가를 의미합니다. 종가는 얼마로 끝났는가를 의미하지요. 고가란 그날 가장 높은 가격, 저가란 그날 가장 낮은 가격을 말합니다.

이제 본격적으로 차트에 대해 하나씩 배우도록 할까요? 먼저 투자자들이 가장 많이 사용하는 봉차트를 보겠습니다. 봉차트는 봉이 모인 차트를 말합니다. 봉차트의 '봉' 모양이 양초와 비슷하다고 해서 '캔들차트'(Candlesticks Chart)라고도 합니다. 우리나라에서는 일본에서 유래한 봉차트를 가장 많이 사용하고 있습니다. 이 봉에는 주식의 시가, 고가, 저가, 종가가 표시되므로 이를 통해 주가 추이를 예상할 수 있으니 잘 숙지해야 합니다.

일봉

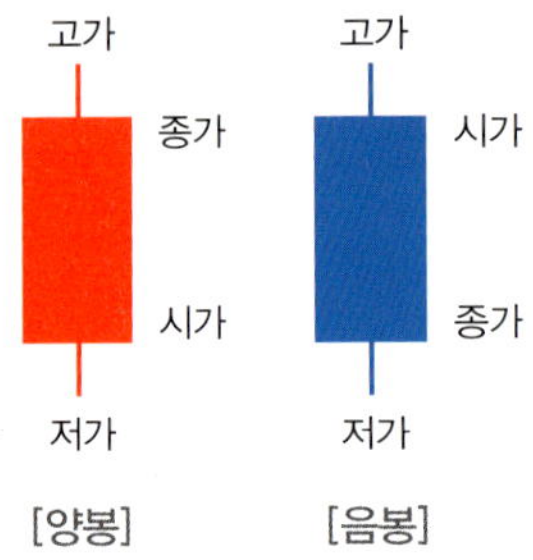

위의 그림을 일봉이라고 가정하겠습니다. 일봉이란 봉 하나가 하루를 의미합니다. 하루 동안 주가가 위와 같은 봉을 만들어냈습니다. 왼쪽의 빨간색 봉을 양봉, 오른쪽의 파란색 봉을 음봉이라 합니다.

양봉, 즉 빨간색 봉은 주가가 시초가에 비해 종가가 상승했음을 의미합니다. 음봉, 즉 파란색 봉은 주가가 시초가에 비해 종가가 하락했음을 의미합니다. 보다 자세히 알아볼까요?

① 양봉

먼저 양봉을 살펴보겠습니다. 양봉에서 빨간색 박스의 밑변은 시초가이며 박스의 윗변은 종가를 의미합니다. 빨간색 밑변에서 이날의 주가가 시작되었고, 윗변에서 마무리되었습니다. 위와 아래에 붙은 실선은 꼬리라고 표현하는데 그날의 최저가와 최고가를 나타냅니다.

1,000원에서 시작한 이날의 주가가 다음과 같이 움직였다고 가정해볼까요?

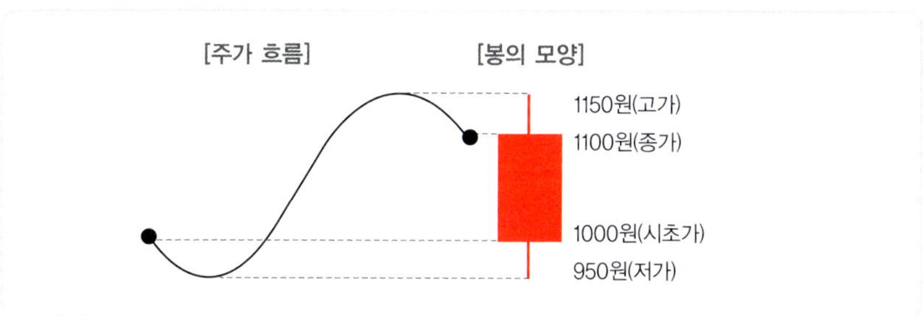

그러면 다음과 같이 표현할 수 있습니다.

1000원(시초가) ➡ 950원(저가) ➡ 1150원(고가) ➡ 1100원(종가)

즉 하루의 시작가를 시초가, 가장 낮은 가격을 저가, 가장 높은 가격을 고가, 마무리된 가격을 종가라고 합니다. 또한 시초가는 1,000원이었는데 종가는 1,100원으로 상승했기 때문에 양봉이 발생했습니다. 시초가에 비해 종가가 높을 때 양봉(빨간색 봉)이 됩니다.

② 음봉

음봉은 양봉과 반대의 개념입니다. 음봉에서 파란색 박스의 윗변은 시초가, 박스의 밑변은 종가를 의미합니다. 파란색 윗변에서 이날의 주가가 형성되어 시작되었고, 밑변에서 마무리 되었습니다. 위와 아래에 붙은 실선은 양봉과 마찬가지로 최저가와 최고가를 나타냅니다.

1,000원에서 시작한 이 날의 주가는 어떻게 움직였을까요?

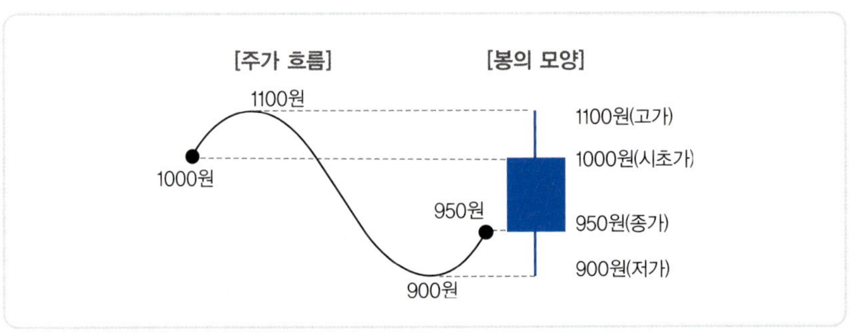

이를 다시 표현하면 다음과 같습니다.

> 1000원(시초가) → 1100원(고가) → 900원(저가) → 950원(종가)

시초가 1,000원에 시작해 종가는 950원으로 하락했기 때문에 음봉이 발생했습니다. 시초가에 비해 종가가 낮을 때 음봉(파란색 봉)이 됩니다.

주봉

주봉의 개념도 일봉과 비슷합니다. 단지 봉 하나가 하루가 아닌 일주일을 의미합니다. 일봉의 경우 아침 9시부터 오후 3시까지의 하루 동안 주가의 변화를 나타내는 데 반해, 주봉은 월요일 시초가부터 금요일 종가까지를 나타냅니다.

월요일 아침 900원으로 시작했던 주가가 오르내림을 반복하다가 금요일에 1,100원에 마감했을 경우 다음과 같은 주봉을 그릴 수 있습니다.

장 시작과 종료 시간

한국증시는 아침 9시에 개장해 오후 3시에 마감합니다. 하루 6시간 동안 레이스를 펼치지요. 각 나라마다 조금씩 차이가 있는데 한국 투자자들이 많이 참여하는 홍콩의 경우 우리 시간으로 오전 10시 30분에 개장해 오후 5시에 마감합니다. 일본의 경우 개장과 폐장 시간이 우리와 동일하며 오전 11시부터 낮 12시 30분까지 휴식시간을 갖는 게 우리나라와 다른 점입니다.

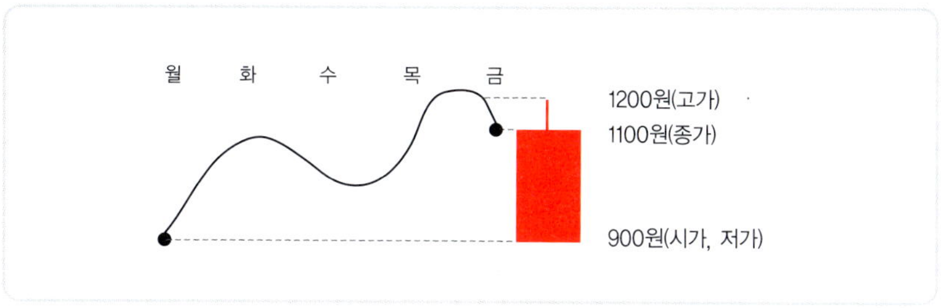

월요일 시초가 900원에 비해 금요일 종가가 1,100원으로 상승 마감해 양봉이 발생했습니다. 고가는 1,200원, 저가는 월요일 시초가인 900원입니다.

여기서 눈여겨볼 점은 시초가와 저가가 동일하다는 사실입니다. 그래서 봉에 아랫꼬리가 붙어 있지 않습니다.

이렇게 해서 주봉이 탄생했으며, 주봉 하나는 일주일을 표현하게 됩니다. 주봉이 모여 주봉차트를 만들어냅니다.

ADVICES

윗꼬리가 없다면?
양봉에서 종가가 최고가일 때 발생합니다. 이때는 다음날 추가 상승에 대한 기대가 높아집니다. 다음날 상승을 기대하는 사람들이 많아 종가에 매수세가 몰렸다는 의미이기 때문이지요.

아랫꼬리가 없는 음봉의 경우는 어떨까요?
종가가 최저가일 때 아랫꼬리가 없는 음봉이 발생하겠지요? 이때는 종가에 매도세가 몰려 그날의 최저가로 끝났다는 의미이므로 다음날 추가적인 매도세가 발생할 확률이 그만큼 높습니다.

윗꼬리가 없다면?
음봉에서 윗꼬리가 없다면 시초가가 가장 높고 주가가 시초가 이상 올라가지 못했다는 의미입니다. 즉 하루 종일 매도세에 시달렸다는 의미이므로 강한 주가의 약세를 나타냅니다.

월봉과 연봉

일봉, 주봉과 마찬가지로 월봉은 봉 하나가 1개월, 연봉은 봉 하나가 1년을 의미합니다.

형성 과정은 일봉, 주봉과 동일합니다. 월봉이 모여 월봉 차트를 만들고, 연봉이 모여 연봉 차트를 만들어냅니다.

Q&A __ 분봉은 무엇일까?

분봉은 1분봉, 3분봉, 5분봉, 10분봉, 30분봉, 60분동, 120분봉 등 다양합니다. 개념은 모두 동일합니다. 1분봉은 봉 하나가 1분을, 3분봉은 봉 하나가 3분을 나타냅니다. 단기 매매자일수록 분봉을 자주 활용합니다. 주가의 변화를 보다 세밀하게 관찰할 수 있기 때문이지요.

차트 1-3 아시아나항공 3분봉 : 주가변화를 보다 세밀히 관찰할 수 있다

봉차트

봉을 이용해 만든 차트가 바로 봉차트입니다. 일봉으로 만든 차트는 일봉차트, 주봉으로 만든 차트는 주봉차트, 월봉과 연봉으로 만든 차트는 각각 월봉차트, 연봉차트라 합니다.

일봉차트는 가장 기본적으로 사용되는 차트로 하루하루의 주가 변동을 나타냅니다. 주봉차트는 매주 주가 변동을, 월봉은 매월 주가 변동을, 연봉은 매년 주가 변동을 나타냅니다.

일봉차트는 하루의 변동을 나타내기 때문에 단기적이고 보다 세밀한 주가 변화를 확인할 수 있습니다. 주봉은 일주일을 나타내기 때문에 일봉에 비해 완만한 주가 변화를 감지할 때 사용합니다. 월봉과 연봉도 마찬가지입니다. 쉽게 말해 일봉이 나무라면, 연봉으로 갈수록 숲을 표현한다고 할 수 있습니다. 큰 흐름을 보고 싶다면 주봉과 월봉을 이용하고, 세밀한 관찰을 요할 때는 일봉을 참조합니다. 〈차트 1-3〉처럼 보다 세밀한 주가변화를 읽고 싶을 때는 분봉을 활용하기도 합니다.

보다 세밀한 주가 변화　연봉 → 월봉 → 주봉 → 일봉 → 분봉
보다 길고 큰 주가 변화　분봉 → 일봉 → 주봉 → 월봉 → 연봉

자, 그러면 최근 1년간의 변화를 통해 일봉, 주봉, 월봉이 어떻게 표현되는지 알아볼까요?

일봉, 주봉, 월봉 차트 비교

최근 1년간 삼성전자 일봉, 주봉, 월봉 차트를 비교해 봅시다. 같은 기간

일본식차트(일간) ─MA_종가,5 ─MA_종가,20 ─MA_종가,60 ─MA_종가,120 ─MA_종가,200 ─
최고가 : 1,014,000 (2011/01/28)
20일
60일
120일
200일
904,000
-2.59%
최저가 : 733,000 (2010/02/26)
거래량
377,228
69.64%
2010/01 2 3 4 5 6 7 8 9 10 11 12 2011/01 2 3 4

일본식차트(주간) ─MA_종가,5 ─MA_종가,20 ─MA_종가,60 ─
최고가 1,014,000 (2011/01/28)
5주선
20주선
60주선
904,000
-2.59%
최저가 : 735,000 (2010/10/22)
거래량
2,572K
127.76%
2010/04 5 6 7 8 9 10 11 12 2011/01 2 3 4

차트 1-6 최근 1년간 삼성전자 월봉

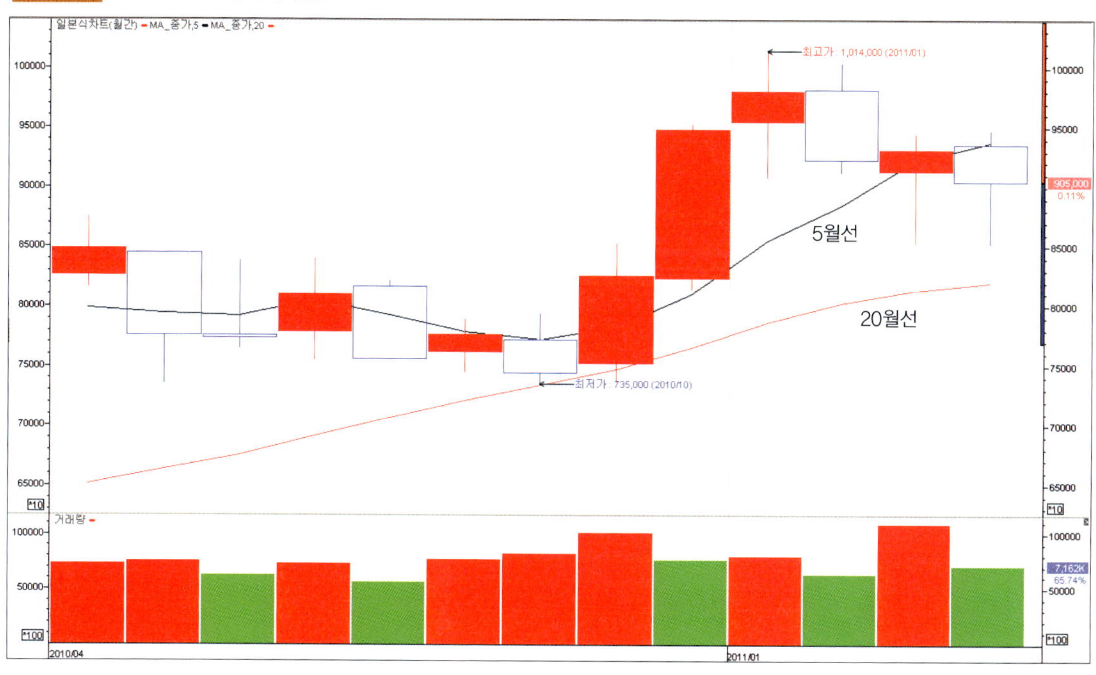

임에도 불구하고 차트마다 변화 정도가 달리 표현되어 있습니다. 일봉에서 월봉으로 갈수록 보다 완만하게 표현되어 있는 것을 확인할 수 있습니다(차트 1-4 ➡ 차트 1-6).

올바른 투자를 위해서는 일봉과 주봉, 월봉을 적절히 활용할 수 있어야 합니다. 일봉에서는 급락으로 표현되는 주가가 주봉으로 보았을 때는 자연스러운 조정으로 보일 수도 있습니다. 주가를 보다 큰 그림으로 이해할 수 있겠지요.

앞의 〈차트 1-4〉를 보면 일봉에서는 요동을 치는 주가가 월봉 〈차트 1-6〉으로 보았을 때는 20월선(파란색 선)을 지지 받으면서 견조한 흐름을 보이고 있습니다. 중장기 투자자는 주봉이나 월봉을 참조하는 게 좋고, 단기 투자자는 일봉을 참조하는 게 좋습니다.

그 밖의 차트에는 또 무엇이 있을까?

그밖에 랜코차트, 선차트, 점수차트, 바차트, 분산형 차트 등 다양한 차트가 있지만 봉차트가 가장 일반적으로 쓰입니다. 봉차트만 잘 알아도 기술적 분석에서 크게 어려움은 없습니다.

기술적 분석(차트 공부)은 매매 타이밍을 잡는 도구

차트 공부, 즉 기술적 분석은 매수와 매도 시점을 잡는 데 유용합니다. 기본적 분석이 종목을 발굴하는 데 중점을 둔다면 기술적 분석은 캔들, 이평선, 거래량을 분석해 매매시점을 잡는 데 활용합니다. 물론 가치투자, 장기투자라 할지라도 기술적 분석은 필수입니다. 주식을 사고팔지 않을 수 없기 때문입니다.

기술적 분석은 기업의 가치보다는 거래량으로 세력의 매집과 단기, 중기 흐름을 파악해 매매하는 데 유용합니다. 뿐만 아니라 과거의 차트를 분석함으로써 향후 차트 흐름을 예측하는 데 도움이 됩니다.

> 기술적 분석＝차트 분석
> 기본적 분석＝기업가치 분석

차트의 속성 알아보기

시가, 종가, 고가, 저가로 구성되는 일봉과 주봉, 월봉은 수요와 공급의 법칙에 의해 만들어집니다. 매수하는 사람과 매도하는 사람이 힘겨루기를 하면서 차트가 만들어지는 것이지요. 오늘은 차트의 특징과 기술적 분석의 장단점에 대해 알아봅시다.

차트는 어떤 특징이 있나요?

한 방향으로 움직인다

차트의 그래프는 한번 진행을 하면 그 방향으로 계속 진행하려는 속성이 있습니다. 멈춰 있는 물체는 방향이 없습니다. 하지만 여기에 힘을 가하면 힘이 가해진 방향으로 계속 움직이려는 속성을 얻게 됩니다. 차트도 한번 방향을 정하면 일정 기간 동안 상승 또는 하락을 지속하려는 속성을 가집니다. 〈차트 1-7〉을 보면 한 방향으로 일정 기간 동안 움직이는 차트의 속성을 알 수 있습니다.

지지와 저항을 알 수 있다.

〈차트 1-8〉의 코스피 차트를 보면 과거 수십년 동안 돌파하지 못했던 1000포인트를 돌파하자 어떻게 되었습니까? 2000포인트까지 거침없이 상승했습니다. 반면 이전에는 1000포인트라는 역사적 저항대를 뚫지 못하고 1988년에서 2005년까지 지루한 박스권의 모습을 보였습니다. 1997년 IMF의 충격을 제외하고는 500포인트에 도달하면 더 이상 밑으로 내려가지 않고 다시 오르는 모습을 확인할 수 있습니다.

이렇듯 어느 시점에 다다르면 주가가 더 이상 떨어지지 않고 지지되는 지점을 지지대라고 하며, 반면 어느 시점에서 주가가 더 이상 오르지 못하고 저항을 받는 지점을 저항대라고 합니다. 주가가 지지와 저항을 받는 속성을 잘 이해하면 이를 이용해 매수와 매도 시점을 잡을 수 있습니다.

저항이 뚫리면 이후 지지대의 역할을 한다

한번 돌파된 저항대는 지지대의 역할을 합니다. 즉, 과거 1000포인트였던 저항대가 돌파되어 2000포인트까지 상승했던 주가가 재차 하락해 1000포인트 근처에 오자 지지하는 모습을 볼 수 있습니다. 반대로 붕괴된 지지대는 이후 저항대 역할을 합니다.

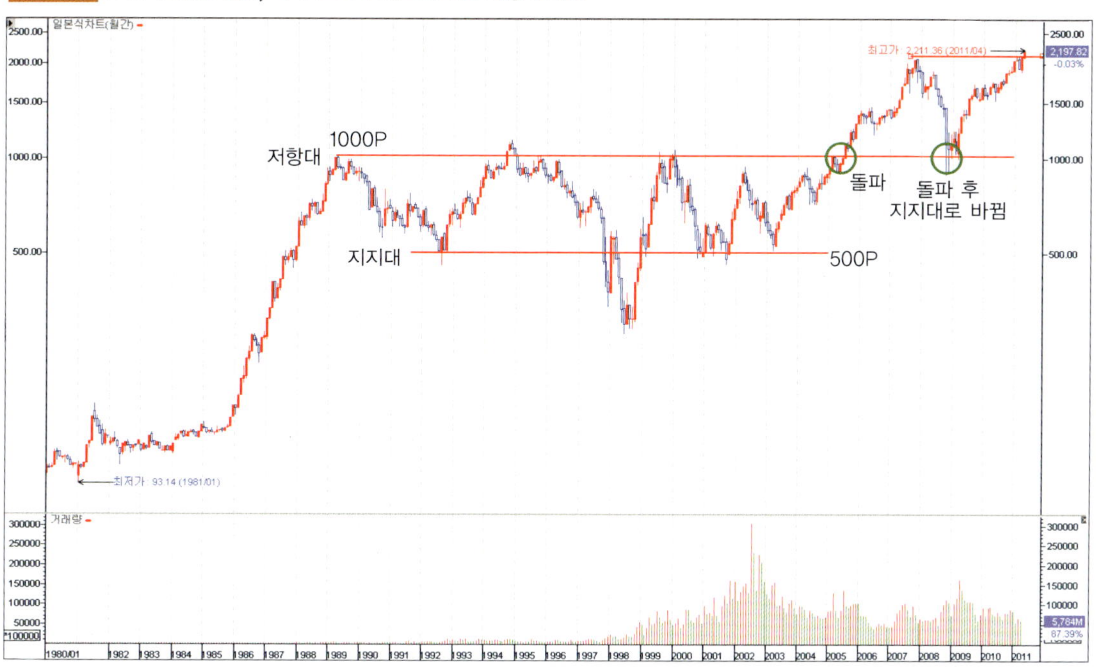

이평선을 중심으로 구심력을 보인다

〈차트 1-9〉를 보면, 주가는 일정한 구심력을 보입니다. 따라서 주가가 이동평균선에서 멀리 떨어지면 다시 원래의 지점으로 돌아오려는 성질을 가집니다. 이때 주가와 이평선 사이의 벌어진 간격을 '이격'이라고 표현합니다. 주가가 상승을 해 5일선, 20일선 이동평균선과 멀리 떨어지면 일정양의 매도 물량이 출회되어 조정을 보이면서 5일선 근처로 주가가 회귀합니다. 이동평균선 사이에서도 5일선이 20일선과 거리가 멀어지면 다시 붙으려는 속성을 보입니다.

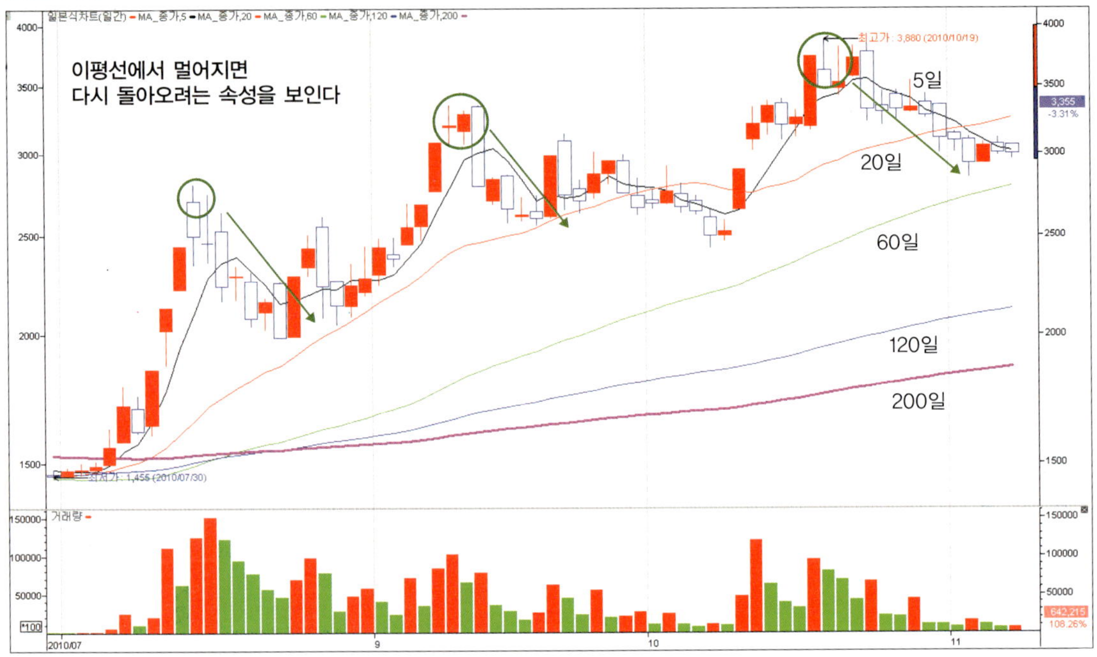

수요공급 법칙을 따른다

주가는 수요공급에 의해 결정됩니다. 아무리 실적이 좋은 기업이라도 매수하는 사람이 없으면 주가는 상승하지 않습니다. "수급은 모든 재료에 우선한다"는 말이 있습니다. 시장의 인기종목으로 누군가가 현재보다 높은 가격에 주식을 사야만 주가는 상승합니다.

주가는 이렇듯 매수자가 많으면 상승을 하고 매도자가 많으면 하락을 합니다. 모든 매매의 원칙은 바로 수요공급의 법칙입니다.

과거와 비슷한 패턴으로 움직이기 쉽다

급등 경험이 있는 주식은 다시 급등할 가능성이 높고, 지지부진한 차트를 그려온 주식은 호·악재에도 크게 반응하지 않는 속성을 가지고 있습니다. 차트가 이처럼 반복하려는 속성을 보이기 때문에 기술적 분석가들이 과거 차트를 공부하며 급등할 종목을 찾으려고 노력하는 것입니다.

상승 시에는 양봉, 하락 시에는 음봉이 자주 나온다

주가가 상승기에는 양봉이 많이 나오고 주가가 하락기에는 음봉이 많이 나옵니다. 한번 방향을 잡으면 한 방향으로 움직이는 주가의 속성과 연계된 개념으로 상승기에 있는 주가는 양봉이 자주 나오면서 일정 기간 지속적으로 상승하기 쉽습니다. 반대로 하락기에는 음봉이 자주 나오면서 일정 기간 지속적으로 하락하기 쉽습니다. 〈차트 1-10〉을 보면 오르는 기간에는 빨간색 양봉이, 내리는 기간에는 파란색 음봉이 자주 눈에 띕니다.

차트 1-10 포스코 일봉 : 상승 기간에는 빨간 양봉, 하락 기간에는 파란 음봉의 수가 많다

기술적 분석(차트 분석)의 장점은 무엇인가요?

기본적 분석(기업가치 분석)의 한계를 보완한다

기본적 분석(기업가치 분석)의 한계를 보완하는 역할을 합니다. 주가는 국내외의 수많은 변동 요인과 심리적인 영향을 받습니다. 기본적 분석만으로는 이를 모두 설명할 수 없습니다. 가치가 상승하는 기업의 주가가 하락하는 이유를 기본적 분석으로는 이해할 수 없겠지요. 기술적 분석을 통해 주가가 상승하고 하락하는 이유를 분석하는 데 도움이 됩니다.

가격의 변화를 계량화한다

차트는 주가를 예측하는 강력한 수단입니다. 앞서 말한 지지와 저항을 이용해 주가가 어느 선까지 오르고 내릴지 가늠할 수 있습니다. 기본적 분석에 충실한 투자자라 할지라도 기술적 분석을 가미한다면 수익을 극대화할 수 있습니다. 주가의 오르내림을 이용해 2배 오르는 종목에서도 3배, 4배의 수익을 거둘 수도 있습니다.

매매시점을 알려준다

기술적 분석의 가장 큰 장점은 매수, 매도타이밍을 포착하도록 도와준다는 점입니다. 투자에서 가장 어려운 점은 매수, 매도하는 타이밍입니다. 언제 사고 언제 파느냐에 따라 똑같은 종목을 매매하고도 수익률은 천차만별 차이가 납니다. 이처럼 매매 타이밍은 수익률에 중요한 영향을 미칩니다. 기본적 분석에 의해 매수할 종목을 선정했다면 그 다음 매수 타이밍을 노려야 합니다. 아무 때나 사서는 좋은 종목을 고르고도 고통을 당할 수 있습니다. 매매 시점을 잘 파악한다면 기본적 분석과 조화를 이루어 훌륭한 투자자가 될 수 있습니다.

기술적 분석의 약점은 없나요?

차트는 과거일 뿐 미래는 아니다

차트의 가장 큰 약점은 과거의 흔적이라는 사실입니다. 미래가 과거처럼 똑같이 움직인다는 보장은 없습니다. 아무리 뛰어난 기술적 분석가가 만든 패턴이라도 100% 정확할 수는 없습니다. 차트 분석은 과거를 통해 미래를 예측하는 보조지표로서 참조는 하되 맹신하지는 말아야 합니다.

게으른 투자자를 만든다

"차트에 모든 것이 녹아 있다"는 격언이 있습니다. 차트를 맹신하는 투자자들은 오직 차트만 보려는 습성이 강합니다. 기본적 분석을 도외시한 채 차트에만 매달려 차트로만 매매를 하고 미래를 예측하고 기업의 실적을 예상하며, 글로벌경기까지 보려고 합니다.

차트만 보면 된다는 생각에 여타의 분석 도구들을 멀리하게 됩니다. 차트만 보면 되기 때문에 다른 공부를 게을리할 수밖에 없겠지요. 차트만 볼 것이 아니라 차트도 활용하는 현명한 투자자가 되어야 합니다.

단기 매매자로 전락하게 한다

차트의 움직임을 따라가다 보면 잦은 매매를 할 수밖에 없습니다. 때로는 차트가 매수하라고 말을 하고, 다음날에는 말을 바꿔 매도하라고 합니다. 이 과정에서 불필요하게 잦은 매매를 강요당합니다. 고달프고 수익은 적고 매매 비용만 많은 전형적인 단기 매매자로 전락할 위험이 있습니다. 뿐만 아니라 차트를 역이용한 수많은 속임수에 당할 위험도 있습니다. 따라서 차트의 흐름에 일희일비하는 투자 습관은 좋지 않습니다.

단기 매매자란?
장기투자, 가치투자와 비교되는 개념으로 단타매매라고도 합니다. 기업가치를 보고 투자하기보다는 차트의 변화만을 이용해 투자하는 형태로 사고파는 횟수가 잦고 종목 교체가 활발합니다. 우리나라의 경우 많은 개인투자자들이 단기 매매에 치중하고 있습니다. 개인투자자들의 수익률이 외국인, 기관투자자에 비해 낮은 주된 이유이기도 합니다.

봉차트 활용법 마스터하기

주가의 변화가 만들어내는 봉(캔들) 모양으로 매수, 매도의 힘을 파악할 수 있습니다. 매수가 강한 날은 양봉일 확률이 높고 매도가 강한 날은 음봉일 확률이 높습니다. 매수의 강도에 따라 봉의 길이도 달라집니다.

봉과 봉차트 활용법은?

봉으로 주가의 힘 파악하기

봉의 모양에 따라 그날의 주가 동향을 파악할 수 있습니다. 하나씩 살펴보도록 하겠습니다.

① 긴 양봉 / 강한 양봉 / 장대 양봉(매우 강한 상승 관점)

긴 양봉은 '시초가가 저가', '종가가 고가'일 경우 발생하는 양봉입니다. 하루 종일 매수세가 강하게 들어왔다는 의미입니다. 몸통이 길수록 매수세도 강했음을 의미합니다. 강한 양봉이 발생한 이후 주가는 전환점을 맞이할 경우가 많습니다. 누군가가 하루 종일 강하게 매수하면서 매집을 했다는 흔적이기 때문입니다. 특히 바닥권에서 발생하는 긴 양봉, 달리 말해 장대 양봉은 바닥을 탈출하는 신호로 여겨집니다. 가격이 충분히

떨어져 매력이 생긴 상태에서 누군가 대량의 물량을 움켜쥐었다는 뜻이
지요.

　모두 강한 양봉에 해당하지만 오른쪽 양봉이 길다는 것은 매수세가 그
만큼 강했다는 의미입니다. 둘 모두 주가에 상승 기운이 강하게 퍼지고
있음을 알려줍니다.

② 머리 달린 양봉 / 윗꼬리가 달린 양봉(상승세는 강하나 주의 필요 관점)

매수세가 매도세를 압도했지만 고가 대비 종가가 낮게 형성되었음을 나
타냅니다. 윗꼬리가 길수록 고점 대비 많이 밀린 상태에서 하루를 마감
했다는 의미입니다. 윗꼬리가 길 때는 주가가 다음날 하락할 수도 있다
는 가능성을 열어두어야 합니다. 윗꼬리가 짧을 경우에는 추가 상승할
가능성이 높아집니다.

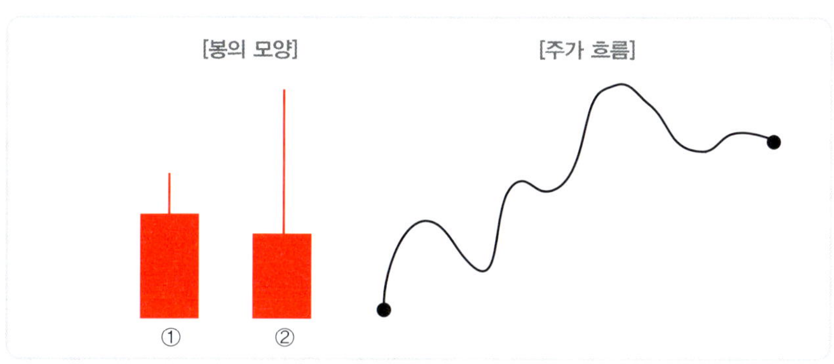

앞의 ②번 그림처럼 윗꼬리가 길 경우에는 고가에서 매도하려는 힘이 강함을 보여줍니다. 특히 주가가 그동안 많이 오른 상태에서 발생하는 윗꼬리 달린 양봉은 주가 반락의 신호로 해석할 수 있습니다. 따라서 매수에는 주의가 필요합니다.

③ 꼬리 달린 양봉 / 아랫꼬리가 달린 양봉(강한 상승 관점)

아랫꼬리가 길수록 그날의 시초가보다 주가가 낮게 형성되었을 때 매수하려는 힘이 강했음을 의미합니다. 아랫꼬리가 발생했다가 빠른 속도로 반등해 주가가 시초가를 돌파해 양봉으로 끝났다면 이후 상승할 확률이 높아집니다. 바닥권에서 발생했다면 상승으로 전환할 가능성을 높여줍니다. 저가의 강력한 매수 세력이 존재함을 보여주는 흔적이므로 매도를 보류하거나 매수타이밍으로 잡을 수 있습니다.

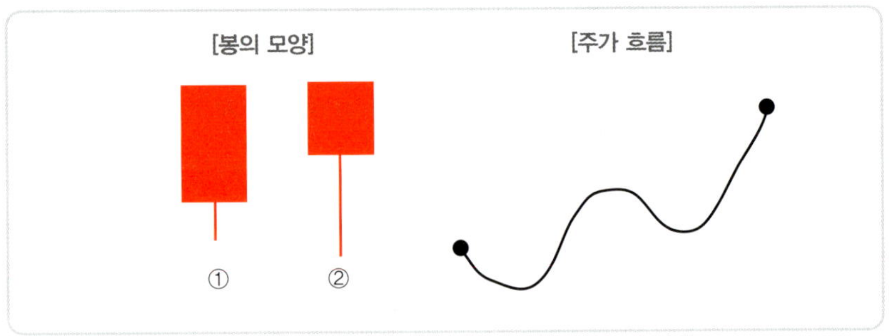

아랫꼬리가 길수록 강한 매수세를 의미합니다. ②번 봉의 경우 낮은 가격에서 더 강한 매수세가 형성되었음을 알 수 있습니다.

④ 머리와 꼬리 달린 양봉(매수와 매도세의 균형, 상승 기운)

매수와 매도 세력이 팽팽한 균형을 이룬 상태입니다. 천정권에서는 매도를 고려할 수 있고, 바닥권에서는 매수를 고려할 수 있습니다. 하지만 확신을 주는 신호로는 부족합니다. 기존 보유자는 편안하게 수익을 거둔 날이 될 것입니다. 대세 상승하는 종목의 경우 이와 같은 양봉이 자주 발생합니다.

⑤ 긴 음봉 / 강한 음봉 / 장대 음봉(매우 강한 하락 관점)

하루 종일 강한 매도세에 시달린 경우 긴 음봉이 발생합니다. 천정권에서 발생하는 길고 강한 음봉은 강력한 하락 전환 신호입니다. 이때는 일단 매도를 고려하는 게 좋습니다. 하루 동안 가격이 많이 하락했다고 해서 섣불리 매수해서는 안 됩니다. 이후 추가 하락을 경고하는 신호이기 때문입니다.

특히 천정권에서 발생했을 때는 주가가 많이 오른 시점에 누군가가 강력하게 차익을 실현하고 있는 모습입니다.

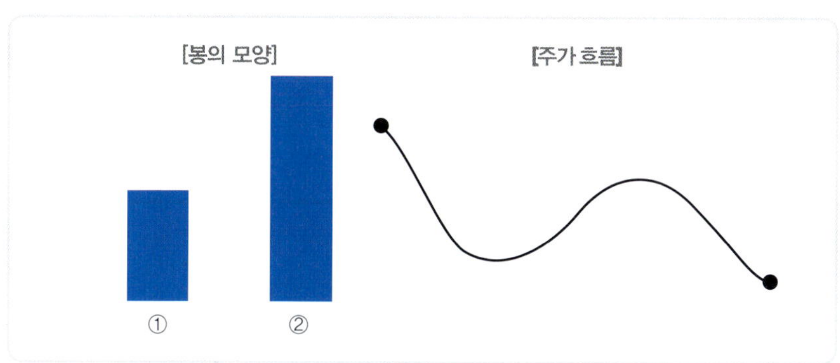

　　모두 강한 음봉에 해당하지만 ②번 음봉이 길다는 것은 매도세가 그만큼 강했다는 의미입니다. 둘 모두 주가에 하락 기운이 강하게 퍼지고 있음을 알려줍니다.

⑥ 머리 달린 음봉 / 윗꼬리가 달린 음봉(강한 하락 관점)

매도세가 매수세를 압도했을 때 나타납니다. 시초가를 돌파해 상승을 시도했지만 매도세에 눌려 양봉 형성에 실패한 모습입니다. 천정권에서 발생했을 경우에는 주가의 반락 신호로, 바닥권에서는 상승전환에 실패한 신호로 이해할 수 있습니다.

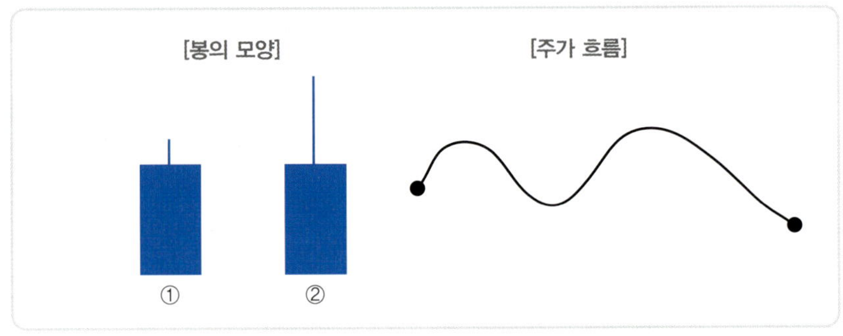

　　②번과 같이 윗꼬리가 길수록 강력한 매도세로 볼 수 있습니다.

⑦ 꼬리 달린 음봉 / 아랫꼬리 달린 음봉(하락 관점, 매수 준비)

여전히 매도세가 매수세를 압도한 모습이지만, 저가의 매수세를 확인할 수 있습니다. 일정한 가격 이하로 내려가는 것을 막는 세력이 있거나, 저가에 매력을 느끼고 들어오는 매수세가 존재할 때 나타납니다. ②번과 같이 꼬리가 길수록 저가 매수세가 강함을 의미합니다. 매수를 고려할 수는 있으나 실행에는 부족합니다. 바닥권에서 나타났다면 매수를 준비할 수 있습니다.

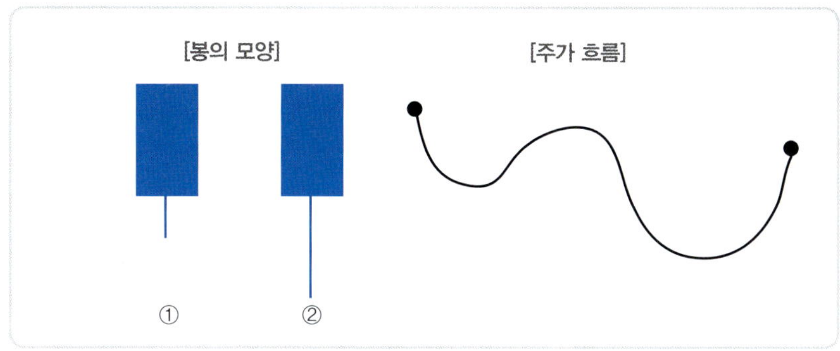

⑧ 머리와 꼬리 달린 음봉

매도세가 매수세를 여전히 압도한 모습이지만 매수세와 매도세의 팽팽한 대립을 의미합니다. 천정권에서는 매도를 검토하고 바닥권에서는 매수를 검토할 수 있습니다. 하지만 매수와 매도를 실행에 옮기기에는 부족합니다. 이후 방향을 계속 주시해야 합니다.

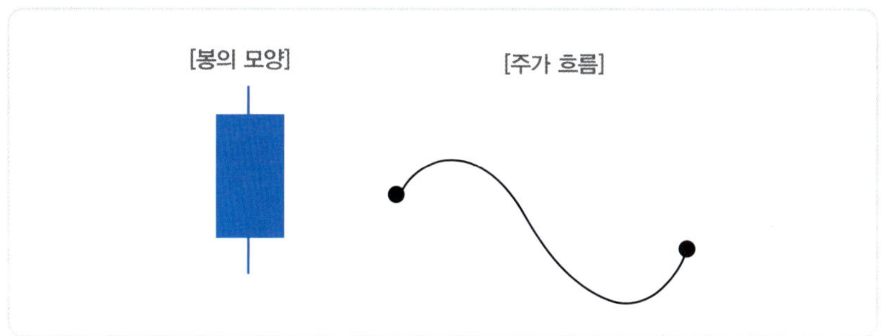

Q&A ＿ 몸통의 길이는 무엇을 뜻할까?

꼬리와 상관없이 양봉에서 몸통이 길수록 강한 매수세를, 음봉에서 몸통이 길수록 강한 매도세를 의미합니다. 저가에서 매집이 강할수록 몸통이 긴 양봉이 출현하고, 고가에서 차익실현이 강할수록 몸통이 긴 음봉이 출현합니다. 몸통의 길이를 통해 매수세와 매도세의 힘을 알 수 있습니다.

일본식차트(일간) MA_종가,5 MA_종가,20
최고가 : 3,105 (2011/01/03)
동시선
(시가 · 종가 일치)
최저가 : 1,300 (2010/11/24)
거래량
965,51
712.30%
2010/11
12
2011/01

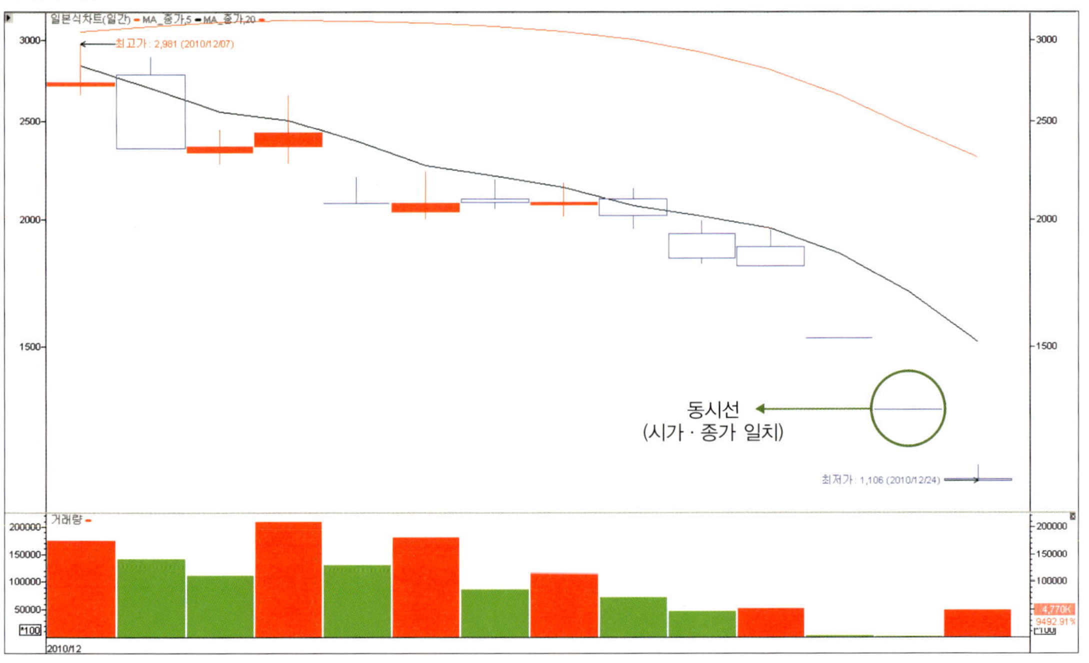
일본식차트(일간) MA_종가,5 MA_종가,20
최고가 : 2,981 (2010/12/07)
동시선
(시가 · 종가 일치)
최저가 : 1,106 (2010/12/24)
거래량
4,770K
9492.91%
2010/12

⑨ 동시선

하루 동안 주가 변동이 거의 발생하지 않을 때 나타납니다. 보통 거래량이 적은 편이고 급등, 급락하는 종목에서 자주 나타나는 경향이 있습니다. 시초가와 고가, 저가, 종가가 모두 일치하는 동시선의 경우 점상한가 혹은 점하한가라고도 합니다. 점상한가의 경우 시초가에 상한가로 시작해서 하루 종일 상한가를 기록하다가 종가에도 상한가로 끝났을 때를 의미합니다. 점하한가는 반대의 경우를 뜻합니다.

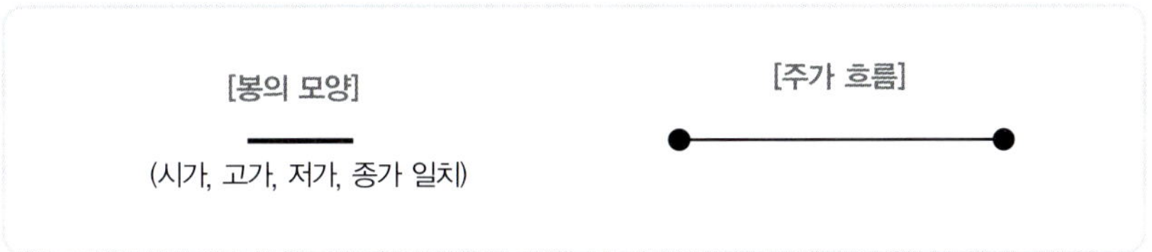

코스닥 소형주의 경우 연일 점상한가와 점하한가가 나오기도 합니다. 하지만 이런 종목들의 경우 개인투자자가 잘못 손댔을 경우 피해를 입기 쉬우므로 주의해야 됩니다.

상한가에서 나오는 동시선은 점상한가를, 하한가에서 나오는 동시선은 점하한가를 뜻합니다.

⑩ 샛별형

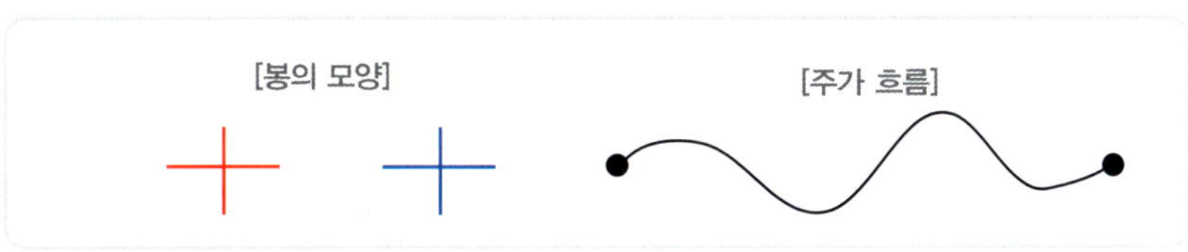

시초가와 종가, 고가와 저가가 일치하지는 않지만 큰 변화가 없을 때 나타나는 경우를 샛별형이라고 합니다. 거래량이 매우 적고 주가가 침체에

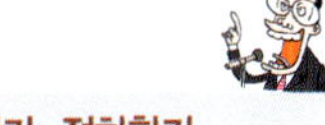

점상한가, 점하한가 종목 매매법은요?

점상한가가 나오는 종목의 경우 기존 보유자에게는 천국 같은 나날이 이어질 것입니다. 하지만 신규 매수자는 매매에 신중해야 합니다. 사고 싶어도 사지 못하는 점상한가 행진 시 어느날 물량이 사진다면 이미 시세가 다했거나 이후 강한 하락 또는 조정이 이어질 수 있습니다. 점하한가의 경우 섣부른 매수는 지옥행 열차가 될 수 있으므로 많이 떨어졌다는 이유만으로 매수에 동참해서는 곤란합니다. 초보일수록 등락이 심한 종목과는 거리를 두는 게 좋습니다.

빠졌을 때 자주 나타납니다. 거래가 많고 주가의 상승, 하락 탄력이 좋을 때 나타나는 경우에는 주가의 전환점이 되기도 합니다. 천정권에서는 매도를, 바닥권에서는 매수를 검토할 수 있습니다. 이후 변화를 주시하면서 대응하는 게 좋습니다.

⑪ 머리 달린 동시선 / 꼬리 달린 동시선

①번의 머리 달린 동시선은 시가와 저가, 종가가 일치하고, 고가만 다른 가격에 형성됐을 때 나타납니다. 고가에서 강한 매도세력이 존재함을 의미하며 천정권에서는 매도를 고려해야 합니다. 가격 하락을 방어하면서 자신의 물량을 처분했을 가능성이 있습니다.

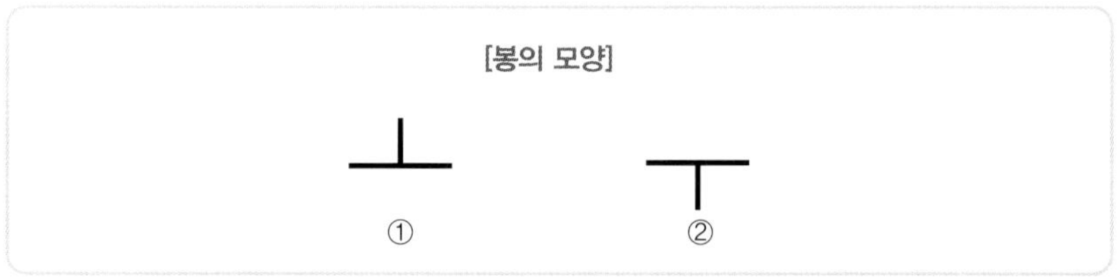

②번의 꼬리 달린 동시선은 강한 저가 세력이 존재함을 의미합니다. 바닥권에서는 매수를 고려해야 합니다. 가격 상승을 억제하면서 물량을 매집했을 가능성이 있습니다.

워렌 버핏의 투자 원칙

1. 주가 예측을 믿지 마라. 시장을 보지 말고 기업을 보라.

2. 내재가치에 투자하라. 내재가치보다 주가가 낮으면 사고 그렇지 않으면 주가가 오르더라도 추격 매수하지 마라.

3. 주주가치의 극대화에 노력하는 기업에 투자하라. 기업의 경영자를 매우 중요시하고 경영자가 합리적이고 정직하며 투자자 입장에서 경영하는 기업에 투자하라.

4. 경쟁자에 비해 탁월한 경쟁력이 있는 기업에 투자하라. 프랜차이즈 기업을 선호하고 프랜차이즈가 없다면 경쟁력이 탁월한 기업에 투자하라.

5. 잘 아는 기업에 투자하라. 벤처기업은 성공할 확률이 매우 낮으며, 하이테크 기업은 예측이 어려워 위험하다.

상승과 하락 패턴 이해하기

차트는 그 모양에 따라 일정한 패턴을 보일 때가 많습니다. 항상 패턴대로 움직이는 것은 아니지만 패턴에 따를 확률이 높기 때문에 주가의 패턴을 이해하면 주가의 앞날을 예측할 수 있습니다.

봉차트를 겨우 이해한 나개미. 하지만 양봉과 음봉만 알아서는 앞으로 주가가 어떻게 흘러갈지 도무지 감을 잡을 수 없었습니다. 음봉이 나온 다음날 상승하기도 하고, 양봉이 나온 다음날 크게 하락하기도 하는 것이었습니다. 무질서하게 움직이는 차트를 보며 오히려 혼란만 가중된 느낌이었습니다.

'으흠, 일정한 패턴이 없네. 양봉과 음봉이 번갈아가며 나오는 이유가 뭘까?'

그래서 실적이 서프라이즈를 기록했다는 우리나라 대표주 삼성전자의 주가 차트를 확인해 보았습니다. 그런데 아뿔싸, 주가가 하락하고 있는 것이었습니다. 지난 몇 달간 주가가 많이 오른 것은 사실이지만 최근 몇 주 동안은 오히려 소폭 하락 중이었습니다.

'실적이 좋다고 해서 주가가 계속 올라가는 건 아니네.'

나개미는 의아했습니다.

'왜 오르고 내리는지 알 수가 없군. 실적이 최고인데 주가가 하락하나니. 역시 주식은 어려워!'

마음이 답답해진 그는 친절하기로 소문난 〈부자TV〉의 김원기 대표를 찾아가 물었습니다.

"대표님, 주가가 오르는 이유는 실적 때문인가요. 아니면 실적과 상관없이 그저 무질서하게 움직이는 건가요? 도무지 이해가 안 됩니다. 혹시 날씨의 영향을 받는 건 아니겠죠?"

"하하하, 설마 그럴 리야 있겠습니까. 투자자라면 당연히 가져야 하는 의문입니다."

"의문이 들기는 해도 그것을 풀기는 너무 어려워요."

"주가의 내일을 알 수만 있다면 주식으로 누구나 쉽게 돈을 벌 수 있을 것입니다. 타임머신을 타고 1년 후, 아니 1주일 후 최소한 1시간 후라도 다녀올 수 있다면 주식으로 돈을 잃는 일은 없겠지요."

"그렇군요. 타임머신만 있다면 주식으로 큰돈 버는 건 일도 아니겠네요."

"실적이 좋다고 해서 주가가 매일 오르는 것도 아니고, 실적이 나쁘다고 해서

주가가 매일 내리는 것도 아닙니다. 주가는 수급 주체들의 사는 힘과 파는 힘이 팽팽히 맞서면서 매일 새로운 주가차트를 만들어갑니다. 수없이 많은 참여자들의 마음이 모두 제각각이기 때문에 주가를 정확히 예측하기가 어려운 것입니다.”

“그러면 주가를 전혀 예측할 수 없다는 말씀이신가요?”

“물론 그렇지는 않습니다. 차트의 모양을 분석하면 어느 정도 주가의 방향을 가늠할 수 있습니다. 참여자들의 종합적인 심리가 차트에 투영되기 때문이죠. 예를 들어 추세선만 그어도 무질서하게 오르락내리락 하는 것 같던 주가가 매우 규칙적으로 트렌드를 형성하며 흘러가고 있다는 사실을 알 수 있습니다. 이처럼 반복되는 주가의 흐름을 정리한 것을 패턴이라 합니다. 추세선의 경우도 투자에 유용하게 활용할 수 있습니다. 차트 위에 추세선을 긋는 간단한 동작 하나로도 주가의 규칙적인 흐름을 대략 읽을 수 있으니까요.”

나개미는 짧은 설명만으로도 이해가 되어 고개를 끄덕였습니다. 그리고 궁금한 것이 있을 때마다 찾아와 질문을 하기로 마음먹었습니다.

봉차트로 주가의 힘 느끼기

봉을 연결해 만든 봉차트를 통해 주가의 방향성을 보다 자세히 알 수 있습니다. 나무에서 숲으로 시야를 확대하는 과정이라 생각하면 됩니다.

상승전환 패턴

① 바닥권에서 발생한 장대 양봉

하락하던 주가가 긴 장대 양봉을 만들어내면서 상승으로 방향을 전환합니다. 보통 하락추세의 마지막에 나타납니다. 양봉의 길이가 길수록 이후 강력한 반등을 예상할 수 있습니다. 마치 '이제부터 상승 시작'이라고 외치는 것과 같습니다.

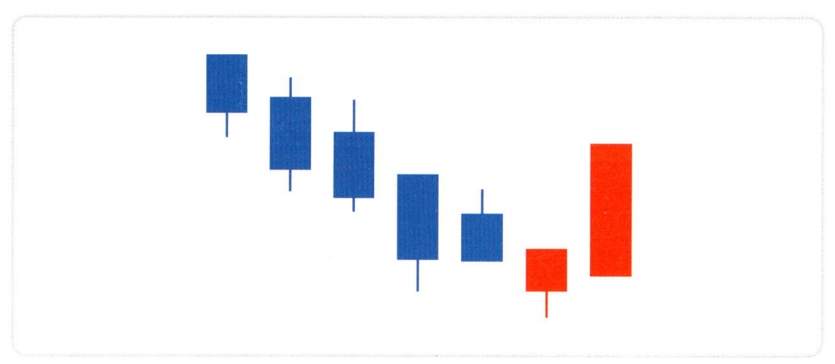

★**투자 포인트**★ 강력한 매수 신호입니다. 장대 양봉의 윗단에서 매수하기보다는 조정을 이용해 매수하는 게 좋습니다. 다음날 조정을 보이면 매수기회입니다.

② 바닥권에서 발생한 전날의 음봉을 메우는 양봉

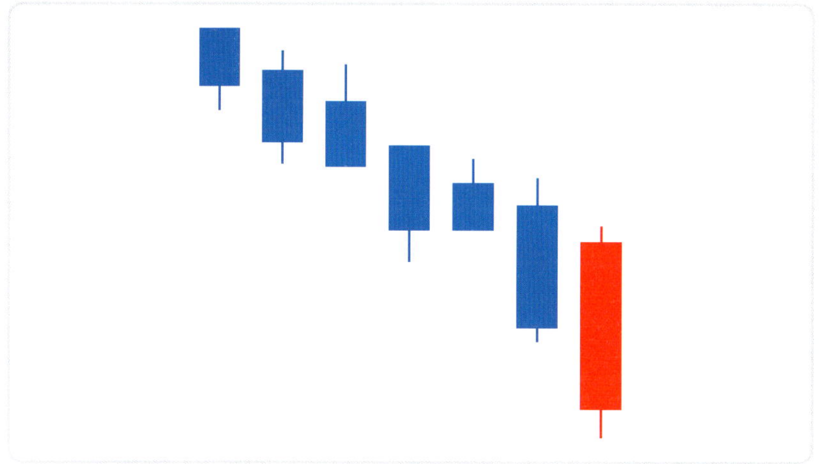

왜 조정을 이용해 매수할까?

바닥에서 발생한 장대 양봉이 강력한 매수신호임에는 분명하지만 서두를 필요는 없습니다. 장대 양봉은 '이제부터 시작'이라는 의미이므로 이후 조정을 보이면서 매수할 기회를 줍니다. 다음날부터 조정 없이 급하게 상승을 이어간다면 미련을 두지 말고 '내 것이 아니구나' 하고 포기하는 게 좋습니다.

시초가는 전일의 종가보다 아래에서 시작했으나 전일 음봉의 50% 이상을 메우며, 즉 전일 하락한 가격의 50% 이상을 되돌리며 강한 양봉이 발생한 경우입니다. 특히 전날 투매로 인해 강한 음봉이 발생한 경우라면 저가에 강한 매수세가 의도적으로 낮은 가격을 먼저 형성한 후 들어왔다고 할 수 있습니다. 저가에 신규 매수 세력이 형성되고 있음을 의미하므로 이후 하락하던 주가가 상승으로 전환될 수 있습니다.

③ 바닥권에서 발생한 매수와 매도세의 팽팽한 균형(샛별형)

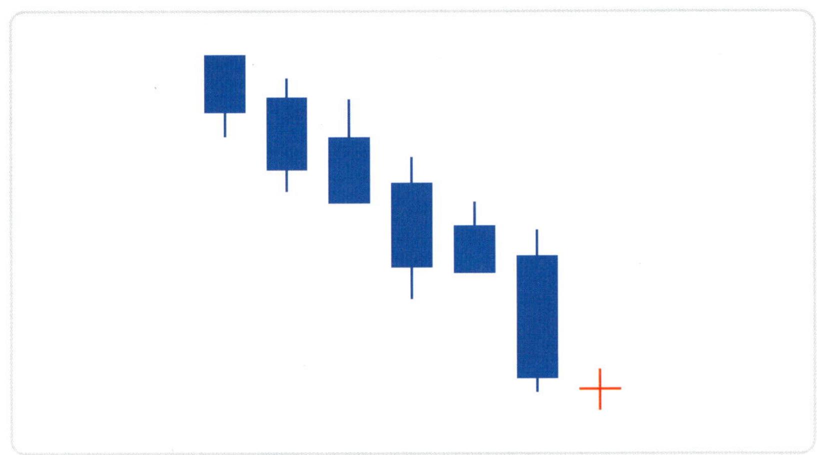

하락추세의 바닥권에서 발생하는 샛별형은 더 이상 하락하지 않고 상승을 모색하는 단계로 풀이할 수 있습니다. 그동안 강한 매도세에 시달렸던 주가가 매수세와 매도세의 팽팽한 대립으로 오르지도 내리지도 않았음을 의미합니다. 나올 물량이 이미 다 나왔을 때 발생할 확률이 높습니다. 바닥권에서 발생한 샛별형은 매수 준비 단계로 해석할 수 있습니다.

④ 투매 후에 나타나는 상승 반전형 양봉

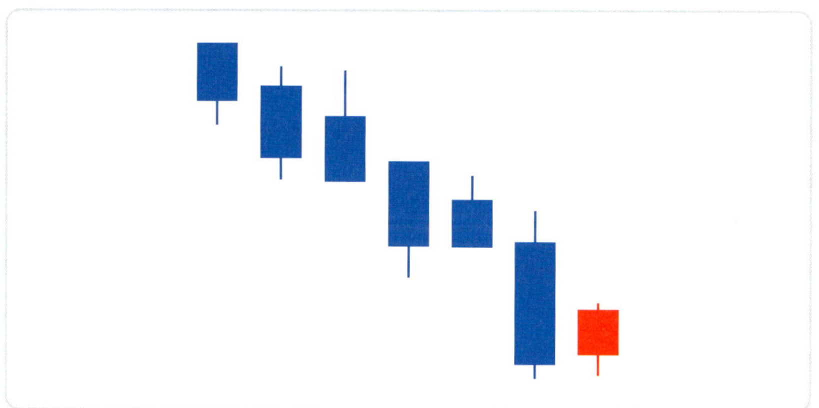

전일의 장대 음봉 안에서 작은 양봉이 웅크리고 있는 패턴입니다. 긴 하락추세에 제동을 거는 모습으로 투매 후 상승으로의 전환을 모색하는 단계입니다. 매도세에 반발하는 매수세가 유입되는 형태로, 당일 봉의 몸통과 꼬리가 작을수록 반전 가능성이 높아집니다.

⑤ 적삼병(3일 연속 양봉 발생)

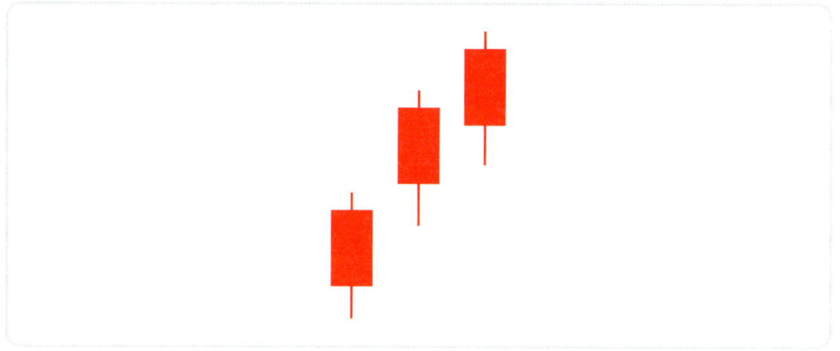

중장기 하락추세 후에 바닥권에서 나타나는 강세 예고 패턴으로 시초가에 비해 종가가 연속적으로 상승하는 3개의 양봉을 나타냅니다. 이는 3일 연속 매수세가 매도세를 압도했다는 의미이므로 이후 일어날 상승을

강력하게 예고합니다. 단, 고가권에서 형성된 적삼병은 단기 고점의 가
능성이 높으므로 주의해야 합니다.

하락전환 패턴

① 천정권에서 발생한 장대 음봉

상승추세 마지막에 나타나는 강력한 하락반전 패턴입니다. 음봉의 길이
가 길수록 하락반전의 의미는 더욱 강합니다. 강력한 이익실현 패턴이
며, 상승하던 주가에 악재가 발생했을 때 나오기도 합니다. 이후 강력한
추가 하락이 발생할 확률이 높습니다.

② 천정권에서 발생한 전날의 양봉을 훼손하는 음봉(흑운형)

상승추세의 과열권에서 나타나며, 고가의 신규 매도세력이 형성되고 있
음을 의미합니다. 비록 전날의 시초가를 깨지는 않았으나 전날 발생한
양봉의 50% 이상을 훼손하며 하락이 발생했으므로 강한 매도세가 짓누
르고 있는 모습입니다. 이후 상승하던 주가가 하락으로 반전할 확률이
높습니다.

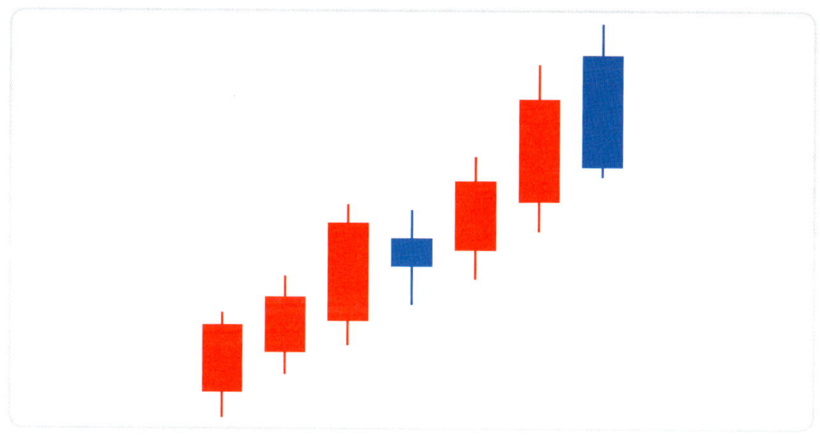

③ 천정권에서 발생한 매수와 매도세의 팽팽한 균형(석별형)

석별형은 샛별형과 반대의 경우입니다. 저녁에 지는 별을 의미해 상승 여력이 다했음을 암시합니다. 상승추세의 천정권에서 발생하는 석별형은 주가가 더 이상 상승하지 않고 하락을 모색하는 단계로 풀이할 수 있습니다. 그동안 강한 매수세로 상승했던 주가가 매수세와 매도세의 팽팽한 대립으로 오르지도 내리지도 않았음을 의미합니다. 이후 하락 반전할 확률이 높으므로 주가의 방향을 예의주시해야 합니다.

세력이 움켜쥔 종목일수록 속임수가 많습니다. 상승추세에 있던 주가가 음봉이 나오면서 하락으로 전환할 것이라는 신호를 보이기도 하지만 세력에 의한 의도적인 속임수일 수 있습니다. 개인들의 물량을 더 많이 빼앗기 위한 작전의 일종이지요. 급등주일수록 이 과정에서 개인들이 물량을 빼앗기며 이후 가벼워진 몸으로 큰 상승을 이뤄내기도 합니다.

④ 장대 양봉 이후 나타나는 하락 반전형 음봉(하락잉태형)

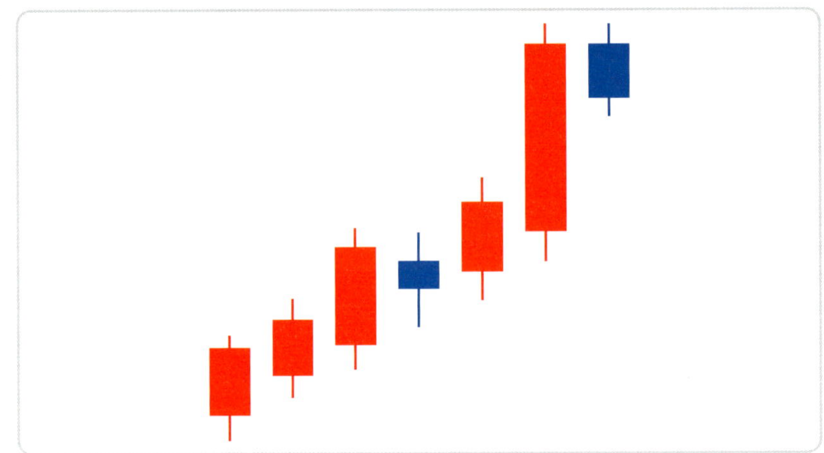

전일의 장대 양봉 안에서 작은 음봉이 웅크리고 있는 패턴입니다. 긴 상승추세에 제동을 거는 모습으로 상승의 마지막 단계에서 일단 주가를 높이 끌어올린 후 하락으로의 전환을 모색하는 단계입니다. 당일 봉의 몸통과 꼬리가 작을수록 반전 가능성이 높아집니다. 단, 상승추세에서 속임수 음봉일 수 있으므로 이후 방향을 예의 주시해야 합니다.

⑤ 흑삼병(3일 연속 음봉 발생)

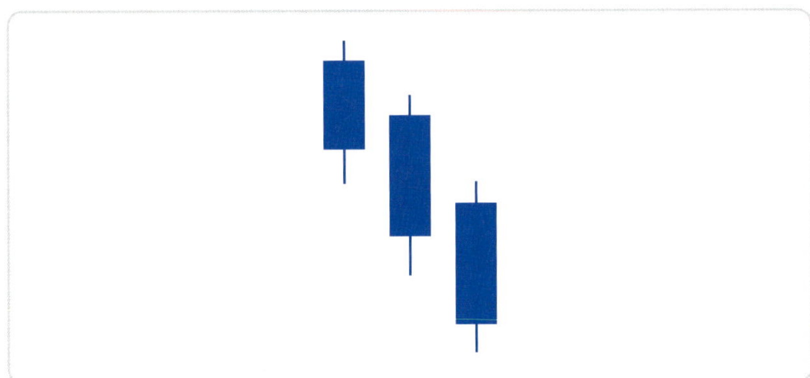

중장기 상승추세 후에 나타나는 약세 예고 패턴으로 시초가에 비해 종가가 연속적으로 하락하는 3개의 음봉이 나타납니다. 이는 3일 연속 매도세가 매수세를 압도했다는 의미이므로 이후 일어날 하락을 강력하게 예고합니다. 단, 저가권에서 형성된 흑삼병은 단기 저점의 가능성이 높기 때문에 이후 주가 변화를 주시해야 합니다.

지속형 패턴

① 상승지속형

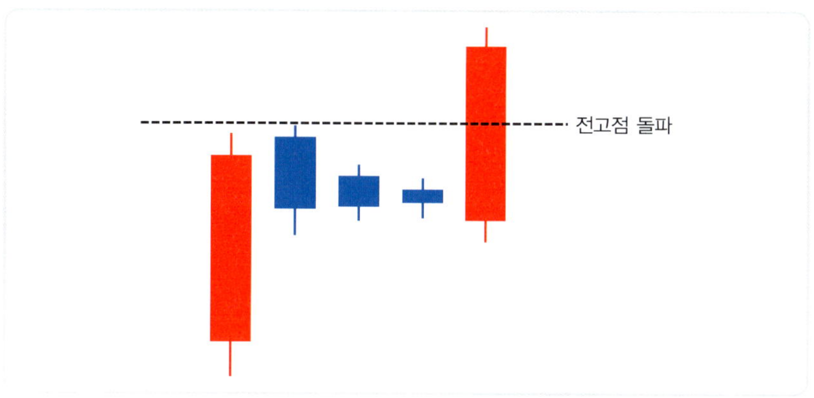

상승추세에서 첫 번째 긴 양봉이 나타난 뒤 3개의 작은 음봉이 나타납니다. 마지막 양봉은 처음의 양봉을 상향 돌파하는 형태로 나타납니다. 상승추세가 지속될 가능성이 높음을 의미하며, 마지막 양봉의 종가 수준을 기준으로 매매시점을 판단할 수 있습니다. 전고점을 돌파하고 있어 향후 주가에 매우 긍정적입니다. 잠시 휴식 후 다시 출발하는 신호로 해석할 수 있습니다.

② 하락지속형

하락추세에서 첫 번째 긴 음봉이 나타난 뒤 3개의 작은 양봉이 나타납니다. 마지막 음봉은 처음의 음봉을 하향 이탈하는 형태로 나타납니다. 하락추세가 지속될 가능성이 높음을 의미하며, 마지막 음봉의 종가 수준을 기준으로 매매시점을 판단할 수 있습니다. 전저점을 이탈하고 있어 향후 주가에 매우 부정적입니다. 잠시 휴식 후 다시 하락하는 신호로 해석할 수 있습니다.

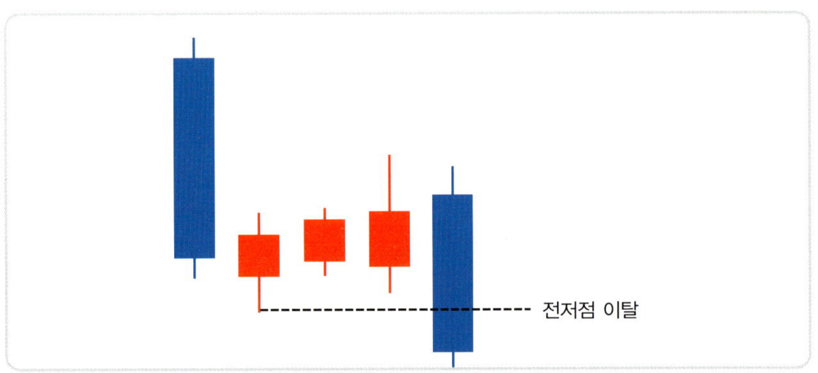

③ 상승 중 나타나는 상승갭

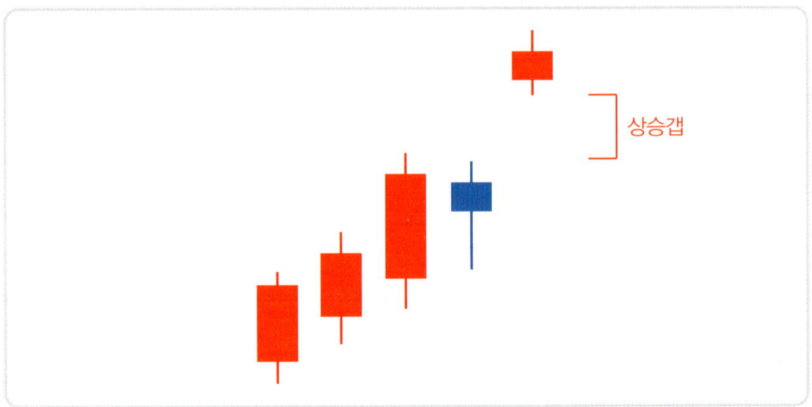

상승추세에 있던 주가가 갭상승하며 강하게 오를 경우에는 추가로 상승할 가능성이 높습니다. 매수세가 매우 강한 모습으로 갭을 메우지 않는 한 상승은 지속될 가능성이 높아집니다.

④ 하락 중 나타나는 하락갭

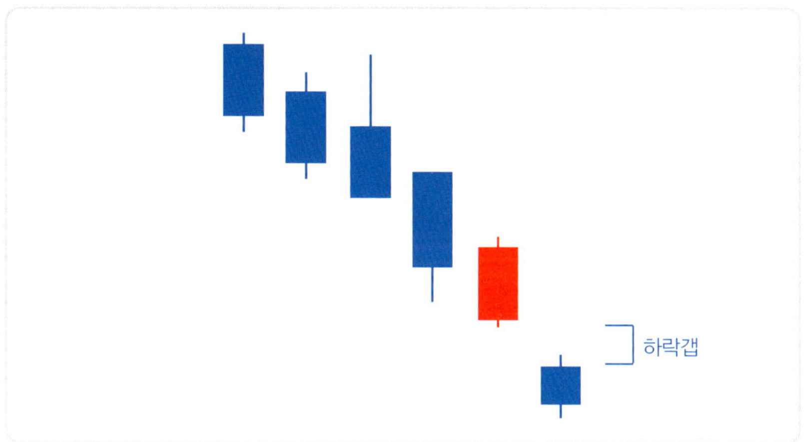

갭상승이란 주가가 전일의 최고가보다 높은 가격에 시초가가 형성된 후 그대로 계속 상승해 양봉을 만들면서 마쳤을 때 발생합니다. 이때 전일과 당일 일봉 사이에 발생하는 공간을 상승갭이라 합니다. 갭하락이란 전일의 최저가보다 낮은 가격에 시초가가 형성된 후 계속 하락할 때를 일컫습니다.

투매란?

보유자들이 자신이 산 가격이나 현재의 가격에 상관하지 않고 '무조건 파는 현상'을 일컫습니다. 크고 강한 하락이 예상될 때 손실을 조금이라도 줄이고자 집단적으로 나타나는 현상으로 매우 빠르고 강한 하락이 일어납니다. 안타까운 사실이지만 투매를 통해 싼 값에 주식을 던지고 나면 이후 주가는 상승으로 전환되는 예가 많습니다. 주도 세력이 투매를 유도해 싼 가격에 주식을 바구니에 쓸어담는 기회로 활용하기도 합니다.

하락하던 주가가 갭하락하며 강하게 내릴 경우에는 추가로 하락할 가능성이 높습니다. 추세적으로 하락하는 종목에서 자주 나타나는 패턴입니다. 악재나 투매가 나왔을 때 하락 압력이 가중되어 보다 빠르고 강하게 하락하는 경우입니다. 반면 하락의 마지막에 투매 물량을 받기 위한 의도적인 갭하락일 수 있으므로 이후 주가의 변화를 주시하며 매수 타이밍을 기다릴 수도 있습니다.

단기적인 추가 상승, 하락 패턴

① 상승 중 나타나는 장대 양봉

상승 중 나타나는 갭상승과 달리 천정권에서 장대양봉이 발생할 경우 과열권으로 판단할 수 있습니다. 상승의 끝자락에서 나타나는 경우가 많아 이후 하락으로 반전될 가능성을 열어두어야 합니다. 차익실현 욕구가 강한 세력이 보다 높은 가격에 팔기 위해 의도적으로 가격을 높여 놓았을 수 있습니다.

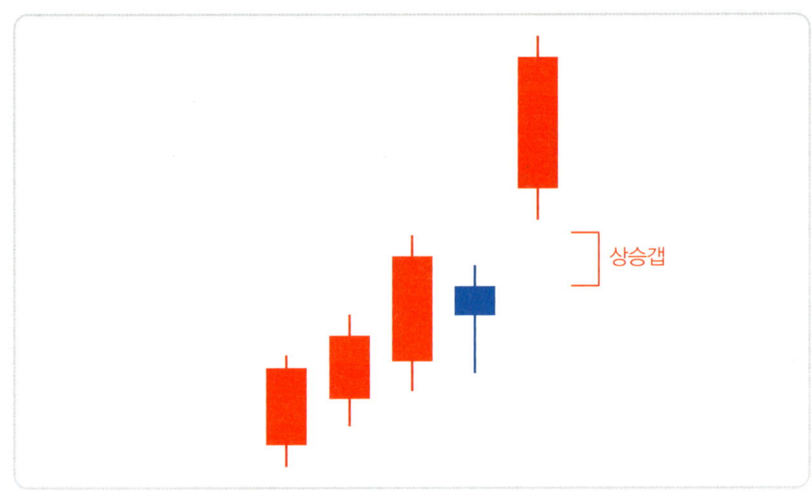

② 하락 중 나타나는 장대 음봉(투매현상)

하락 중 나타나는 갭하락과 달리 바닥권에서 장대음봉이 발생할 경우 추가적인 폭락, 투매로 판단할 수 있습니다. 대량의 거래량을 발생시키며 나타난 경우라면 이후 상승으로 전환될 가능성을 열어두어야 합니다. 이때 바로 매수하기보다는 방향성이 잡힐 때까지 관망하는 게 좋습니다.

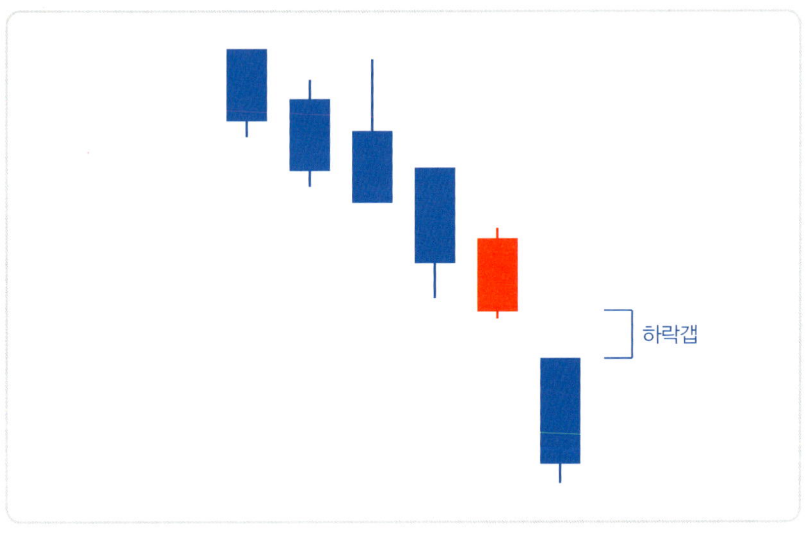

추세선 마스터하기

5일째

추세선이란 주가의 추세를 보여주는 선으로 추세선을 통해 주가의 지지와 저항을 확인할 수 있습니다. 상승추세선과 하락추세선, 횡보추세선에 대해 공부해 봅시다.

상승추세선과 하락추세선

상승추세선

주가가 우상향으로 움직이면서 위 아래로 파동을 그릴 경우, 파동의 아랫봉 2~3곳을 선으로 이은 것을 상승추세선 혹은 지지선이라 합니다. 상승하는 주가도 매일 상승하는 것이 아니라 상승과 하락을 주기적으로 반

Q&A __ 추세선은 무엇일까?

주가의 방향과 흐름을 나타내는 선을 추세선이라 합니다. 추세선은 HTS에 그려져 있지 않습니다. 투자자가 직접 그려 넣어 매매에 참조하는 방식입니다(자동추세선이 나타나도록 HTS를 설정할 수도 있습니다).
추세선은 직선으로 표현합니다. 추세를 따라 추세선을 그어보면 주가가 이 선을 축으로 움직인다는 사실을 확인할 수 있습니다. 이평선과 함께 투자 시 주가의 흐름을 예측하는 매우 유용한 수단입니다.

 LG화학 일봉 : 상승 추세선

 LG전자 일봉

복합니다. 주가가 추세선에 닿으면 매수세가 유입되어 하락을 멈추고 다시 반등을 합니다. 상승추세선은 주가의 등락이 최소 2번 이상 발생했을 때 그을 수 있습니다.

〈차트 1-13〉은 지속적으로 상승중인 LG화학 일봉차트에 추세선을 그은 것입니다. 추세선에 닿을 때마다 주가가 지지되며 상승하는 모습을 보이고 있습니다.

〈차트 1-14〉처럼 하단과 상단에 2개의 추세선을 그으면 완벽한 상승추세선을 만들 수 있습니다. 주가의 지지대와 저항대가 확연히 드러납니다. 주가가 추세선을 벗어나 더 오르기도 하고 더 떨어지기도 합니다. 하지만 그 시간이 길지 않고 곧바로 추세선 안으로 복귀했다면 이는 추세가 붕괴된 것이 아니라 지속적으로 유지되고 있다고 판단할 수 있습니다.

하락추세선

〈차트 1-15〉처럼 주가가 우하향으로 움직이면서 위 아래로 파동을 그릴 경우, 파동의 윗봉 2~3곳을 선으로 이은 것을 하락추세선 혹은 저항선이라고 합니다. 주가가 어느 선까지 상승하면 주식을 팔고자 하는 세력이 늘어나 상승을 멈추고 하락하게 됩니다. 이때 저항선을 연결한 선이 하락추세선입니다. 하락추세선 역시 주가의 등락이 최소 2번 이상 발생했을 때 그을 수 있습니다. 하락추세를 벗어났을 경우 주가는 다시 상승으로 전환될 확률이 높습니다.

상승추세선과 마찬가지로 하단과 상단에 2개의 추세선을 그으면 완벽한 하락추세선을 만들 수 있습니다(차트 1-16). 주가의 지지대와 저항대가 확연히 드러납니다.

 신한지주 일봉 : 하락 추세선

 신한지주 일봉

Q&A __ 추세선 이탈 시 대응방법은?

장기투자자가 아니라면 추세 이탈 시 매도하는 게 좋습니다. 기업을 믿고 장기적 관점에서 가치투자를 하고 있다면 추세에 상관없이 보유할 수도 있습니다. 판단이 빠른 투자자라면 추세 붕괴 시 일단 매도했다가 복귀 시 재빨리 매수해 리스크에 대비할 수 있습니다. 증시 전반에 영향을 미치는 일시적인 돌발 악재에 의해 추세를 벗어났을 경우 매도보다는 관망하는 자세가 좋습니다. 이때는 추세를 벗어났던 주가가 수일 혹은 몇 주 안에 추세 복귀하는 경우가 많기 때문입니다.

횡보추세선

횡보란 주가가 큰 상승과 큰 하락없이 일정한 가격대를 오르내리며 옆으로 움직이는 것을 말합니다. 따라서 이 경우에는 주가 파동의 윗봉 2~3곳을 연결한 저항선과 아랫봉 2~3곳을 연결한 지지선이 서로 평행 상태를 이어가기 때문에 흔히 '박스권'이라 불리기도 합니다. 〈차트 1-17〉에서

차트 1-17 삼성전기 일봉 : 횡보추세선

박스권 상단과 하단을 오르내리는 주가의 흐름을 확인할 수 있습니다.

지지선에서 매수, 저항선에서 매도

추세선을 통해 지지선과 저항선을 알 수 있었습니다. 이를 이용해 매매에 활용한다면 매우 안정적인 수익을 거둘 수 있습니다.

상승추세선의 경우 지지선에서 매수합니다. 저항선은 보조적으로 활용해 매도에 참고할 수 있습니다. 중기 보유자라면 주가가 상승추세선을 타고 상승할 때는 보유합니다. 그러나 〈차트 1–18〉처럼 주가가 상승추세선을 붕괴시킬 때는 매도해야 합니다.

〈차트 1–19〉의 하락추세선의 경우 저항선에서 매도합니다. 보유중인 주가가 하락했을 경우 무작정 매도하기보다는 하락추세선의 저항대까지 주가가 올라오면 매도해 손실을 최소화 할 수 있습니다. 하락추세선의 지지대는 선택적으로 활용할 수 있습니다. 지지선에서 매수하고 저항선에서 매도하면 차익을 거둘 수 있습니다.

하지만 이 경우 추가 하락의 위험이 높기 때문에 하락추세선을 따라 매매하는 것은 되도록 피해야 합니다. 하락추세선을 주가가 강하게 돌파하는 경우 매수 관점으로 볼 수 있습니다.

횡보추세선의 경우 지지선에서 매수하고 저항선에서 매도합니다. 지지선을 붕괴시킬 시에는 매수를 보류해야 합니다. 또한 저항선을 돌파 시에는 매도를 보류해야 합니다.

★ **투자 포인트** ★ 상승추세선 붕괴 시 매도
하락추세선 돌파 시 매수

차트 1-18 삼성전기 일봉 : 상승추세선 붕괴 시 일단 매도

차트 1-19 신한지주 일봉 : 하락 추세선 돌파 시 매수로 대응

추세선을 활용한 전략적 매매법

실제 종목을 중심으로 추세선을 이용한 매매법을 알아봅시다. 추세선만 잘 그어도 한 종목에서 여러 번의 매매 타이밍을 잡을 수 있습니다.

〈차트 1-20〉 LG전자의 경우 추세선만으로도 수없이 많은 매수와 매도의 맥점을 찾을 수 있습니다. 상승추세선과 하락추세선, 박스권 상단의 저항대와 하단의 지지대를 활용해 매수, 매도 시점을 알 수 있습니다.

 LG전자 일봉

Q&A ＿ 지지, 저항대 돌파와 거래량의 관계는?

지지대를 붕괴시키며 하락하거나 저항대를 뚫고 올라가며 상승할 경우 거래량이 많을수록 추가적인 하락, 상승의 확률이 높아집니다. 상승의 경우 그만큼 많은 매수세가 주가의 강력한 기존 저항대를 뚫고 올라간 것이므로 저항대가 지지대로 변하면서 추가 상승에 대한 신뢰가 생기겠지요. 지지대도 마찬가지입니다. 기존에 더 이상 하락하는 것을 막던 지지대가 거래량 증가와 함께 붕괴되었다면 그만큼 많은 매도세가 몰렸다는 의미입니다. 기존 주주들이 이탈했다는 뜻이므로 주가가 다시 탄력을 받기 위해서는 시간이 필요하겠지요. 따라서 지지선과 저항선의 붕괴, 돌파 시에는 거래량을 유심히 살펴야 합니다.

이동평균선 마스터하기

이동평균선은 주가를 평균해 선으로 표시한 주가의 흐름입니다. 줄여서 이평선이라 합니다. 이동평균선은 5일선, 20일선, 60일선, 120일선, 200일선 등이 많이 활용되며 이동평균선까지 마스터하면 차트 분석에 자신감이 생길 것입니다. 오늘은 이동평균선에 대해 공부해 봅시다.

봉에 대한 공부를 마치며 자심감이 붙은 나개미. 이제 주식의 개념이 어렴풋이 손에 잡힐 듯했습니다. 그런데 봉차트를 공부하다 보니 봉 아래에 실선처럼 얽혀 있는 이평선(이동평균선)이 궁금했습니다. 주식공부와 함께 주식방송 시청을 병행하던 그는 가장 빈번하게 5일선, 20일선 등의 말을 들을 수 있었습니다. 주가의 평균이라고 하는데 어떻게 이평선이 만들어지는지 원리도 알기 어려웠습니다.

어느 날, TV에서 5일선, 20일선이라는 단어가 나오고 출연자가 "이동평균선! 이게 바로 가장 중요합니다"라고 말하는 것을 듣자 궁금증이 더했습니다.

'복잡하게 얽힌 저 실타래를 풀어야 해!'

'어 그리고 보니 응집되어 있던 실타래가 풀리면서 주가가 오르거나 내려가네.'

이평선이 모여 있을 때는 주가에 큰 변화가 없다가도 이평선들 간의 간격이 벌어질 때는 주가가 오르거나 내리는 것이었습니다.

나개미는 곧바로 수화기를 들어 김원기 대표에게 물었습니다.

"대표님, 이동평균선도 중요하지요?"

"물론입니다. 봉만 알아서는 '앙꼬' 없는 찐빵이나 다름없습니다."

"봉과 이동평균선을 알면 차트의 반은 아는 것이나 다름없습니다. 개인투자자들이 가장 자주 보면서도 어렵게 느끼는 부분이 바로 차트니까요. 차트를 모르면 전문가의 말도 잘 이해되지 않고 주식공부에도 재미가 붙지 않습니다. 투자자들이 가장 익숙해져야 할 부분이 바로 봉과 이평선이라 할 수 있지요."

"아하 그렇군요. 봉과 이평선은 바늘과 실이다라고 생각하면 될까요?"

"네, 맞습니다. 나개미 씨의 실력이 하루가 다르게 늘어가는 모습이 보입니다. 자, 조금 더 힘을 내서 앞으로 나아가 봅시다."

이동평균선이란 무엇인가

이동평균선이란 특정 기간 동안 가격의 평균치(종가기준)를 연결한 선입니다. 줄여서 '이평선'이라고 합니다. 주로 주가 이동평균선이 활용되며, 거래량 이동평균선을 보조적으로 활용하기도 합니다.

이동평균선은 투자에서 매우 중요한 역할을 합니다. 봉차트와 함께 이동평균선이 HTS의 차트에 그려지면서 차트가 완성됩니다. 봉차트가 바이올린이라면 이동평균선은 베이스처럼 뒤에 깔리면서 차트의 이해를 돕습니다. 봉의 모양과 봉을 연결한 차트, 그리고 이동평균선의 흐름은 기술적 분석의 기본적인 도구로 활용되지요.

이동평균선의 종류와 의미

이동평균선을 구하는 공식

5일선은 '5일 이동평균선'을 줄여서 부르는 말입니다. 최근 5일간의 주가 평균을 의미합니다. 최근 5일 동안 아래와 같이 주가(종가)가 형성되었다고 가정해 볼까요?

제1일	제2일	제3일	제4일	제5일	5일간 총합	5일평균
10,500원	10,000원	9,800원	9,500원	10,000원	49,800원	49,800/5=9,960원

5일간의 가격을 모두 합해 5로 나눈 결과 9,960원이라는 가격이 나왔습니다. 따라서 5일 이동평균선은 9,960원 가격에 위치하고 있을 것입니다.

제6일째 되는 날의 가격이 정해지면 제1일의 가격이 빠지는 대신 제6일째의 가격이 포함되어 5일 이동평균선 값이 정해집니다. 그렇기 때문에 5일선은 고정되어 있지 않고 날마다 변하는 것입니다.

그렇다면 20일 이동평균선은 어떻게 산출될까요? 맞습니다. 최근 20일의 주가를 모두 합해 20으로 나누면 됩니다. 투자자들은 일반적으로 5일, 20일, 60일, 120일 이동평균선을 사용하며 차트에 이미 자동으로 그려져 있으므로 따로 그릴 필요는 없습니다.

이동평균선의 의미

증시는 토요일과 일요일을 제외한 주5일 동안 열립니다. 5일 이동평균선은 5일의 평균이기도 하지만 1주일 평균이기도 합니다.

그렇다면 20일 이동평균선은 어떤 의미일까요? 증시는 매월 20일 가량 열립니다. 따라서 20일선은 최근 1개월의 주가 평균을 의미하겠지요. 60일선은 3개월로 1분기, 120일은 6개월 동안의 평균을 의미합니다.

5일 이동평균선 (5일선)	5일 평균 1주일 평균	60일 이동평균선 (60일선)	60일 평균 1분기 평균
20일 이동평균선 (20일선)	20일 평균 1개월 평균	120일 이동평균선 (120일선)	120일 평균 6개월 평균

이동평균선의 활용 1

앞서 일봉은 단기 흐름을, 주봉과 월봉은 보다 긴 흐름을 나타낸다고 했지요? 이동평균선도 마찬가지입니다. 5일선에서 120일선으로 갈수록 긴 기간의 평균을 나타냅니다. 따라서 5일선의 변화가 가장 심하고, 120일선의 변화가 가장 작습니다. 5일선이 역동적으로 움직이는 데 반해 120일선은 완만하게 움직입니다.

〈차트 1-21〉은 봉차트와 이동평균선이 어우러진 GS 일봉차트입니다. 5일선은 주가의 변화에 민감하게 움직이지만 20일선은 5일선보다 완만하게 움직이고 있습니다. 120일선은 약 20~25도 가량 위를 향해 있으며 이동평균선의 경사가 완만함을 확인할 수 있습니다.

이동평균선의 이러한 특징을 이용해 단기 매매자는 5일선을 중시하며 중장기 매매자는 20일, 60일, 120일, 200일 이동평균선을 활용합니다.

이동평균선의 활용 2

각 이동평균선의 활용도를 보다 자세히 알아볼까요?

이평선의 설정

각 증권사마다 조금씩 차이는 있지만 일반적으로 HTS 설치 후 처음 차트를 열면 5일, 20일, 60일, 120일 이동평균선이 자동으로 그려져 있습니다. 사용자가 자신에게 맞는 이동평균선을 그려 넣을 수도 있습니다.

① 5일선 : 5일선은 주가와 가장 밀접하게 동행하며 움직입니다. 이격(이동평균선과 주가의 차이 혹은 거리)이 생기는 경우도 가장 많고 주가와 떨어졌다가 다시 붙는 속도도 가장 빠릅니다. 따라서 이러한 이격을 이용해 초단기 매매나 스윙매매에 활용합니다. 혹은 단기적인 주가 흐름을 파악하는 기준으로 삼습니다. 〈차트 1-22〉는 5일선을 깨지 않고 급하게 상승하는 패턴을 보여줍니다.

차트 1-22 삼성정밀화학 일봉 : 상승폭이 큰 종목의 5일선 매매

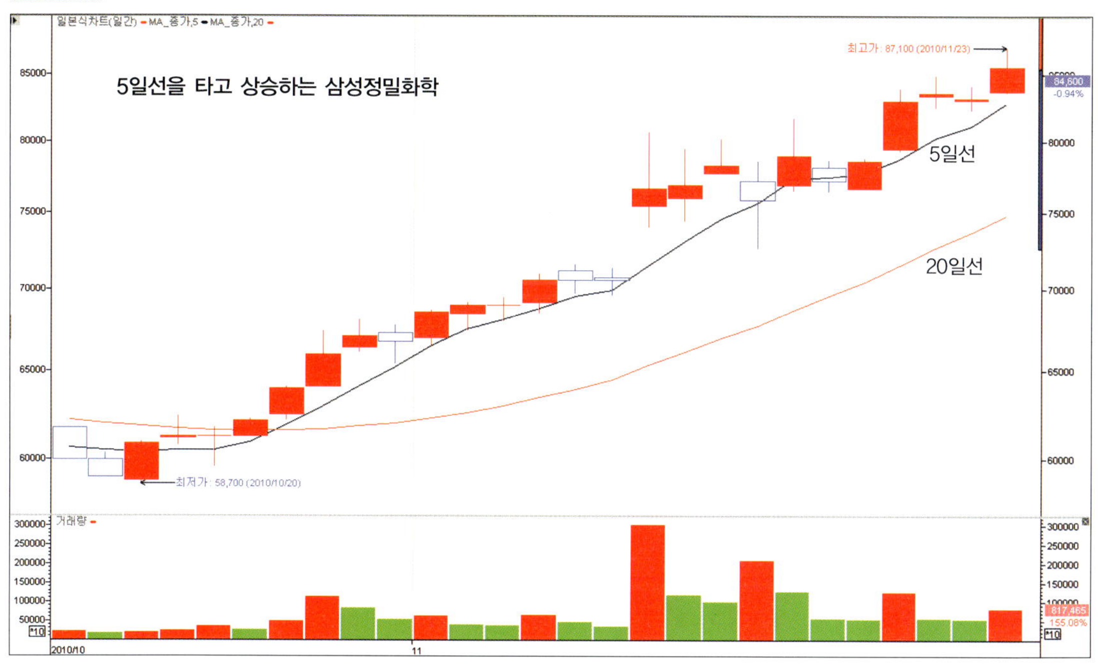

차트 1-23 LG화학 일봉 : 급등주의 10일선 매매

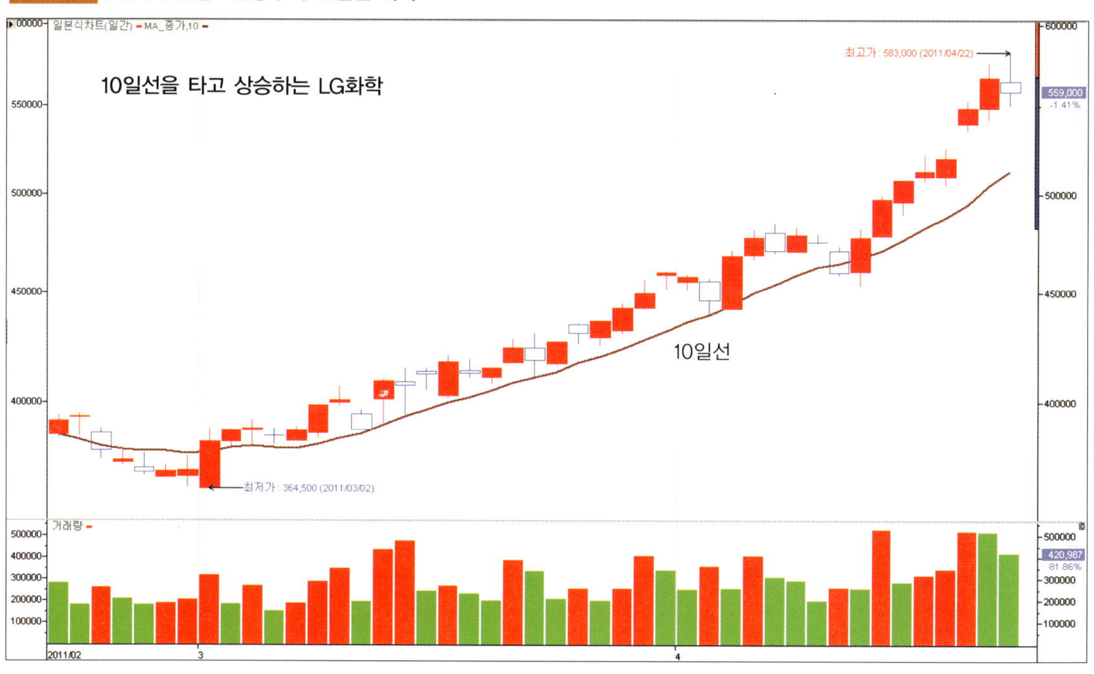

② 10일선 : 10일선은 이미 설정된 HTS도 있고, 사용자가 직접 넣어야 할 경우도 있습니다. 급등주 매매자들이 흔히 10일선을 매도 기준선으로 잡습니다. 〈차트 1-23〉의 급등하던 주가가 10일선을 깨고 내려오면 매도 후 관망합니다. 깨지 않으면 보유하면서 시세의 급등을 지속적으로 노립니다.

③ 20일선 : '세력선' 이라고도 불리는 20일선은 주가를 관리하는 주체가 들어오고 나가는 기준선 역할을 합니다. 20일선을 중시하는 투자자는 5일선을 무시한 채 주가가 20일선을 지지하는지 체크합니다. 그러다가 〈차트 1-24〉처럼 20일선이 붕괴되면 매도로 대응합니다. 반대로 지지부진하거나 하락하던 주가가 대량의 거래량을 동반하며 20일선을 강하게 돌파하며 상승했을 경우 주도세력의 입성으로 판단하고 매수로 대응합니다.

③ 60일선 : 60일선은 '수급선' 이라고 합니다. 중장기적으로 상승하는 주식의 경우 20일선을 깨는 경우는 종종 발생하지만 60일선은 잘 깨지 않는 특성이 있습니다. 〈차트 1-25〉의 주가가 60일선을 붕괴하며 이탈했을 때는 주도세력의 이탈로 주가 회복에 시간이 다소 걸릴 수 있습니다
〈차트 1-25〉의 종목은 20일선 이탈이 잦은 데 반해 60일선은 깨지 않고 견조하게 상승하는 경우입니다. 견조하게 지지되던 60일선 이탈 후 힘차게 오르던 주가가 힘을 잃고 비틀거리는 모습을 확인할 수 있습니다.

 LS 일봉 : 20일선을 타고 상승하는 종목. 20일선 이탈 시 매도

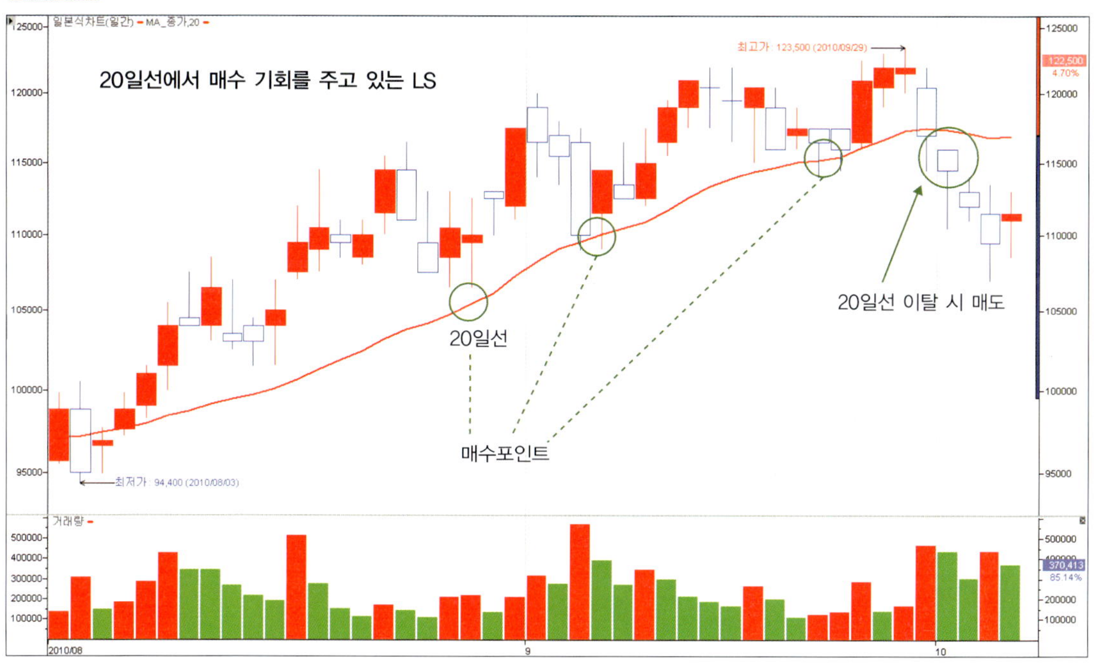

 포스코 일봉 : 60일선을 타고 상승하는 경우, 60일선 이탈 시 매도

③ 120일선 : 120일선은 경기와 가장 밀접하게 연동되는 특성을 보여 '경
기선'이라고도 합니다. 경기가 좋을 때는 상승 각도를, 경기가 나쁠 때
는 하락 각도를 보입니다. 종합지수에서는 120일선의 각도로 경기 흐
름을 체크할 수 있습니다. 개별종목에서도 120일선을 기준으로 업종
의 경기 흐름을 체크할 수 있겠지요. 단 주가는 경기를 6개월 선행한
다고 했지요? 120일선은 현재의 경기가 아니라 6개월 후의 경기를 반
영합니다. 120일선은 매수와 매도에 활용하기보다는 흐름을 체크하는
선으로 활용가치가 높습니다.

⑥ 200일선 : 필자는 이 선에 '활주로선'이라는 이름을 붙였습니다. 주가
의 비행과 착륙이 이 선을 중심으로 이뤄지기 때문입니다. 주가 상승
을 예견하는 강력한 선으로 큰 폭의 상승을 하는 종목은 200일선에서

차트 1-26 현대비앤지스틸 일봉 : 200일선을 타고 상승하는 경우

Q&A __ 골든크로스와 데드크로스란?

단어의 의미를 떠올리면 골든과 데드의 특징을 파악할 수 있습니다. 먼저 골든크로스는 20일선 아래에 있던 5일선이 20일선 위로 뚫으며 올라갈 때를 말합니다. 60일선 아래에 있던 20일선이 60일선을 뚫고 올라갈 때도 골든크로스라고 합니다. 반면 데드크로스는 20일선 위에 있던 5일선이, 혹은 60일선 위에 있던 20일선이 아래로 뚫고 내려갈 때를 말합니다. 골든크로스는 주가에 청신호, 데드크로스는 주가에 적신호로 받아들일 수 있습니다. 골든크로스가 청신호인 이유는 단기 이평선이 장기 이평선을 뚫고 올라오는 경우이므로 주가 상승이 시작됐음을 알려주기 때문입니다(5일선이 20일선보다 주가변동을 빠르게 반영한다고 했지요?). 반대로 데드크로스가 적신호인 이유는 단기 이평선이 장기 이평선을 붕괴시키며 내려가는 경우이므로 주가 하락이 시작됐음을 알려줍니다. 10배 상승하는 종목도 골든크로스에서 시작되며, 반토막이 난 주가도 데드크로스에서 시작합니다. 따라서 골든크로스와 데드크로스는 주가의 방향을 예측하는 데 중요합니다.

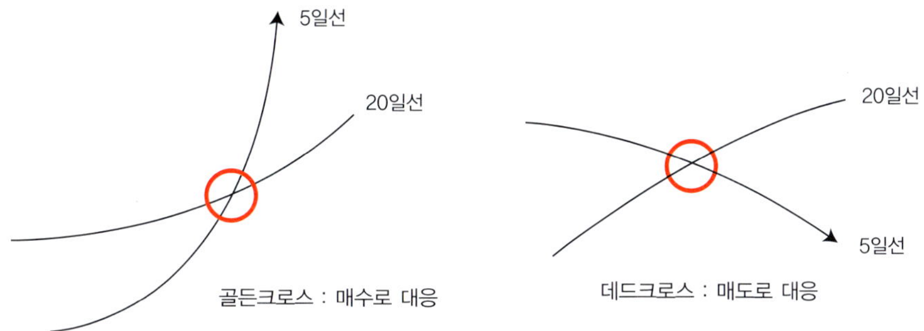

매집과정을 거친 후 하늘로 비행하는 경우가 많습니다.

좋은 기업에 문제가 발생하지 않는 한 주가는 200일선을 기준으로 이륙을 시작하며 기름이 떨어져 착륙하더라도 200일선 근처에서 휴식을 취합니다. 휴식을 취한 주가는 체력이 비축되면 다시 비행을 시작합니다. 따라서 가장 안전하게 수익을 주는 이동평균선이라 할 수 있습니다.

거래량이 실린다면 더 크게 상승할 확률이 커집니다. 〈차트 1-26〉 현대비앤지스틸은 200일선을 기준으로 상승하는 경우입니다.

참조 : 4부 25일째

단, 주가가 200일선을 강하게 붕괴시키며 하락할 때는 해당 종목의 생명이 다했음을 알리는 신호로 받아들여야 합니다. 기업에 심각한 문제가 발생했거나 글로벌경기가 침체 국면으로 빠질 때 발생합니다. 200일선을 깨고 하락하는 주식에 미련을 갖기보다는 200일선에서 비행과 착륙을 반복하는 다른 종목에 관심을 갖는 게 좋습니다.

⑦ 그 밖의 이동평균선 : 단기 트레이더들이 중시하는 선으로 '3일선'이 있습니다. '트레이딩선'이라고도 합니다. 급등주는 3일선을 기준으로 상승하는 경우가 많습니다. 단기매매자의 경우에는 3일선의 지지 여부를 확인하면서 보유하고 3일선을 이탈 시에는 매도로 대응합니다. 초보투자자의 경우에는 급등주 3일선 매매는 위험하므로 사용을 금하는 게 좋습니다.

또 다른 이동평균선 그려 넣는 법

HTS의 차트설정을 이용해 자신이 원하는 이동평균선을 넣을 수 있습니다. 차트창에서 오른쪽 마우스를 클릭한 후 '차트설정'을 누르면 이동평균선을 삭제, 추가할 수 있습니다.

HTS에 200일선이 없다면?

증권사에 따라 이동평균선의 종류가 조금씩 다릅니다. 대부분의 HTS에는 200일선이 설정되어 있지 않습니다. 이 책에서는 200일선이 매우 중요하므로 200일선을 설정해 두는 게 좋습니다.

차트 1-27 삼성전자 일봉 : 차트 설정

차트 1-28 삼성전자 일봉 : 이동평균선 설정법

왜 주식투자를 해야 하나요?

여러분은 지난 6일 동안 차트에 대해 알아보았습니다. 아직 다 이해가 되지 않았다면 다시 복습하는 시간을 가져보세요. 오늘은 쉬어가는 의미로 주식투자를 왜 해야 하는지 알아보도록 하겠습니다.

왜 주식투자인가?

월급만으로는 부자가 되기 어려운 시대, 지금은 투자의 시대입니다. 주식투자가 왜 중요한지 그 이유를 하나씩 짚어봅시다.

부동산 불패신화의 종결

지난 수십년 동안 부동산은 절대 실패하지 않는 투자처로 각광을 받으며 서민이 부자로 가는 지름길로 통했습니다. 무리하게 대출을 끌어서라도 아파트를 사놓으면 집값이 척척 불어나던 시절이 있었습니다.

하지만 이제는 부동산으로 돈을 벌기가 매우 어려운 시대입니다. 특히 부동산 신화의 몰락을 인구구조의 변화에서 찾는 이들이 많습니다. 한국의 부동산 불패신화를 이끌었던 소위 386세대의 은퇴가 시작되면서 매수 주체가 사라지고 있습니다. 거기에 역피라미드 상태인 한국의 인구감

소로 집을 새로 사야 할 층이 급격이 얇아지고 있고, 청년실업 등의 여파로 신규 구매 여력 또한 많이 낮아져 있는 상황입니다. 내 집을 살 돈으로 인생을 즐기며 살자는 레저문화도 확산되고 있습니다.

일부에서 걱정하는 부동산 위기가 오지 않더라도 부동산에 투자하면 무조건 자산을 불릴 수 있다는 환상은 버려야 할 때입니다.

일본의 예

가까운 일본의 경우를 보더라도 1980년대 부동산 버블이 사회문제가 되어 많은 사람들이 고통을 겪었습니다. 노숙자가 거리에 넘쳐나고 집을 사기 위해 졌던 빚을 갚느라 평생 은행의 노예가 되었습니다. 그 여파로 일본은 아직도 저성장의 늪에서 헤어나지 못하고 있습니다.

그 충격이 너무나 컸기에 금리를 거의 제로 수준으로 낮춰도 생기를 잃은 경제에 활력이 돌지 않습니다. 그렇게 개개인의 자산 폭락은 국가 경제에 막대한 영향을 미칩니다. 특히 구매력의 저하를 불러와 내수가 붕괴되고 기업이 어려움을 당하며, 일자리가 사라지는 악순환의 고리에 빠지게 됩니다.

일할 날은 적고 돈 쓸 날은 많은 시대

IMF라는 혹독한 시련을 겪으면서 평생직장의 개념이 사라졌습니다. 언제라도 회사에서 퇴출될 수 있는 게 샐러리맨의 현실입니다. 정년도 예전에 비해 대폭 낮아졌습니다. 일할 수 있는 기간은 짧아진 반면 수명은 20~30년 이상 늘어났습니다. 예전에는 60~65세까지 일을 하고 축복 속에서 은퇴를 한 후 5~10년 정도 노후생활을 보내면 인생의 사이클이 종결되었습니다. 그러나 지금은 어떻습니까? 은퇴는 50~55세인데, 수명은 80세를 넘어 90세를 바라보고 있습니다.

은퇴 후 30년이라는 말이 괜히 나온 게 아닙니다. 일할 수 있는 기간은 겨우 25년 정도, 노후는 30년, 자녀는 잘해야 2명, 적으면 1명. 1인 자녀가 결혼해 양가 부모 4인을 책임져야 하는 상황입니다. 이렇듯 인구구조의 변화, 수명 연장, 기업의 인사제도 변화라는 3대 요소가 융합되어 우리의 노후를 불안하게 하고 있습니다.

대안은 주식투자

긴 노후를 남에게 의지하지 않고 풍족하게 살려면 ①모아둔 재산이 많거나, ②노후에도 수익을 창출할 방법을 구축해야 합니다. 이 문제를 동시에 해결할 수 있는 방법으로 주식보다 좋은 대안은 없습니다. 주식은 직장을 다니거나 자영업을 하면서도 병행이 가능하고, 은퇴 후에도 얼마든지 지속할 수 있습니다. 한번 배워두면 은퇴당할 염려가 없는 평생직장인 셈이지요.

어떤 금융상품보다 나은 수익률

자산관리가 붐을 이루고 있습니다. 과연 자산관리가 무엇일까요? 채권이나 보험, 적금, 펀드 등 금융상품이 대부분으로 큰 수익을 기대하기가 어렵습니다. 보다 큰 수익을 위해 주식투자를 고려한다면 좋은 선택이 될 수 있습니다. 우량한 종목을 선택해 투자한다면 안정적으로 빠르게 자산을 증식시킬 수 있습니다.

실제로 강남부동산과 채권, 주식의 지난 30년의 수익률을 비교했더니 주식이 압도적으로 1위를 차지했다는 보고서가 있습니다. 부동산이 최고의 재테크로 각광 받았던 시절조차도 부동산보다 주식의 수익률이 높았다는 사실은 많은 시사점을 줍니다. 주식투자는 경제가 발전하는 한, 투자한 회사의 펀더멘탈이 좋고 미래 성장성을 확보했다면 장기적으로 꾸준한 수익을 거둘 수 있게 합니다.

역대 재테크 수익률 순위	주식 〉 강남부동산 〉 채권

저평가된 한국주식

한국의 주식은 저PER 상태를 유지하고 있습니다. 지정학적 리스크만 없었더라도 이미 종합지수는 3000, 4000 포인트를 넘보고 있을지도 모릅니다. IMF 이후 한국증시의 상승도 외국자본에 의한 영향이 큽니다. 주요 이머징 국가 중 성장성이 가장 뛰어나다는 평가가 잇따르면서 외국계 자본이 대규모 유입되었고, 연기금 등도 주식 비중을 늘려나갈 계획인 점 등 한국증시는 여러 가지 호재를 갖고 있습니다.

이렇듯 저평가에 자금유입이 활발하다는 의미는 향후 주가가 상승할 가능성이 많다는 뜻이며, 우리 기업들이 글로벌화에 성공한 점 등을 보았을 때 한국증시의 대세 상승을 점쳐볼 수 있습니다.

주식은 투기가 아닌 투자로 접근

채권이 대표적인 안전자산으로 분류되는 데 반해 주식은 비안전자산(위험)으로 분류됩니다. 일정한 수익률이 보장되지 않는 주식의 특성상 위험한 자산인 것은 분명합니다. 하지만 투기적인 마음만 제어한다면 얼마든지 안전자산으로 활용할 수 있습니다.

주식투자에 자신이 없다면 배당이 확정된 우량주에 투자해 안정적인 수익을 거두는 게 좋습니다. 투자 실력이 일정 수준 이상이라 하더라도 내가 잘 아는 기업, 실적과 자산가치가 우수하고, 미래 성장성이 뛰어난 기업, 이러한 좋은 기업이 저평가 국면에 있을 때 분할 매수한다면 얼마든지 안전하게 수익을 거둘 수 있습니다.

오늘의 수익률 몇 %에 집착할 것이 아니라 부동산에 투자하듯 중장기적으로 꾸준히 보유하는 게 좋으며 그래야만 주식의 위험성을 피하고 자산관리의 장점을 누릴 수 있습니다.

현대인의 필수, 경제공부 효과

주식투자를 하다 보면 무엇보다 경제공부가 병행된다는 이점이 있습니다. 주식을 잘하기 위해서는 한국을 비롯한 글로벌 경제의 동향, 금리, 환율 등에 관심을 가져야 하므로 경제공부가 자연스럽게 됩니다. 이렇게 공부를 하다보면 국내 주식뿐만 아니라 해외주식에도 관심을 가질 수 있게 되고, 해외부동산이나 금리가 높은 채권 동향도 파악할 수 있습니다. 주식투자를 통해 여타의 투자상품도 알 수 있고, 경제에 대한 해박한 지식도 얻을 수 있어 1석 2조, 3조의 효과를 거두게 됩니다.

현대인에게 경제공부는 필수입니다. 대통령을 뽑을 때도 제1의 덕목으로 경제를 살리는 인물을 선택하는 게 최근의 추세입니다. 그만큼 경제가 차지하는 비중이 높다는 증거입니다. 그 어떤 투자도 주식처럼 경제공부에 혜안을 갖게 하지 못합니다. 주식과 함께 공부를 하면 경제공부에 재미가 붙습니다.

정배열과 역배열

8일째

정배열의 이평선은 지지선 역할을 하고 역배열의 이평선은 저항선 역할을 합니다. 오늘은 정배열 과 역배열에 따른 주가의 상승과 하락에 대해 공부해 봅시다.

정배열과 역배열

정배열

정배열은 5일선이 맨 위에 있고 순차적으로 20일, 60일, 120일 선이 위치한 상태를 말합니다. 정배열에서 이평선은 강력한 지지선이며 단기로는 5일선을 지지하면서 상승하지만 5일선 이탈 시에는 20일선을 지지선으로

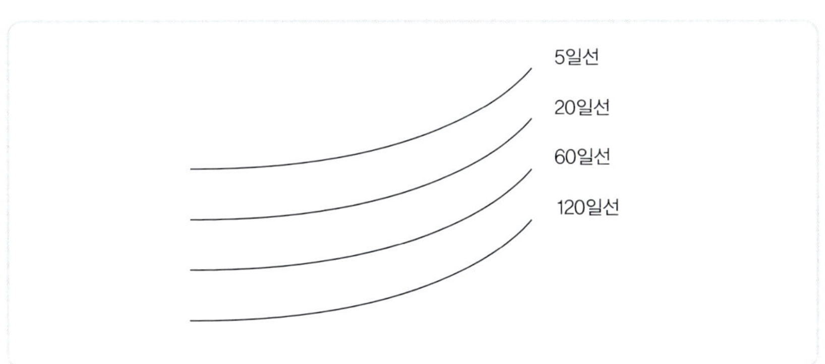

상승추세를 이어 나가며 각각의 이평선은 지지선 역할을 합니다.

정배열된 차트를 보면 주가가 상승추세라는 것을 알 수 있습니다. 정배열 상태를 유지하며 상승 중에 있는 기아차 일봉(차트 1-29)을 보면 5일선을 이탈해도 그 아래 위치한 20일선과 60일선에서 지지를 받으며 상승추세를 이어가고 있습니다.

2009년과 2010년 한국증시 주도주이자 대장주로 군림한 기아차의 경우 일봉, 주봉, 월봉이 모두 정배열 상태를 이루며 강력하고 꾸준한 상승을 보이고 있습니다. 글로벌 금융위기 이전의 조선주와 이후의 자동차주가 대표적인 업종들입니다. 월봉까지 정배열 상태를 유지하고 있는 기아차는 긴 기간 동안 추세적으로 상승하고 있음을 차트를 통해 보여주고 있습니다.

정배열 종목은 조정 시 매수 기회를 준다

정배열 상태에서는 조정 시에 매수할 기회를 주는 게 특징입니다. 5일선보다는 20일선, 20일선보다는 60일선을 매수 포인트로 잡는다면 보다 안정적인 장기 보유가 가능해집니다.

정배열 종목은 언제 매도해야 하나요?

매도 타이밍에는 너무나 많은 요소가 영향을 미치기 때문에 언제 파는 게 좋은지에 대해서는 정답을 논할 수 없습니다. 단, 너무 단기적인 이평선에 차익을 실현하기보다는 중장기 이평선을 믿고 가는 게 좋습니다. 하지만 분명한 사실은 시세가 다한 경우 주가가 정배열 상태의 이평선을 차례로 붕괴시키며 더 이상 상승하지 못하고 하락한다는 것입니다. 이와 함께 급하게 상승하던 이평선의 기울기도 점차 하락합니다.

60일선을 트레이딩선으로 잡았다면 주가가 60일선을 붕괴시키지 않

 기아차 일봉 : 정배열 차트

 기아차 주봉 : 정배열 차트

 기아차 월봉

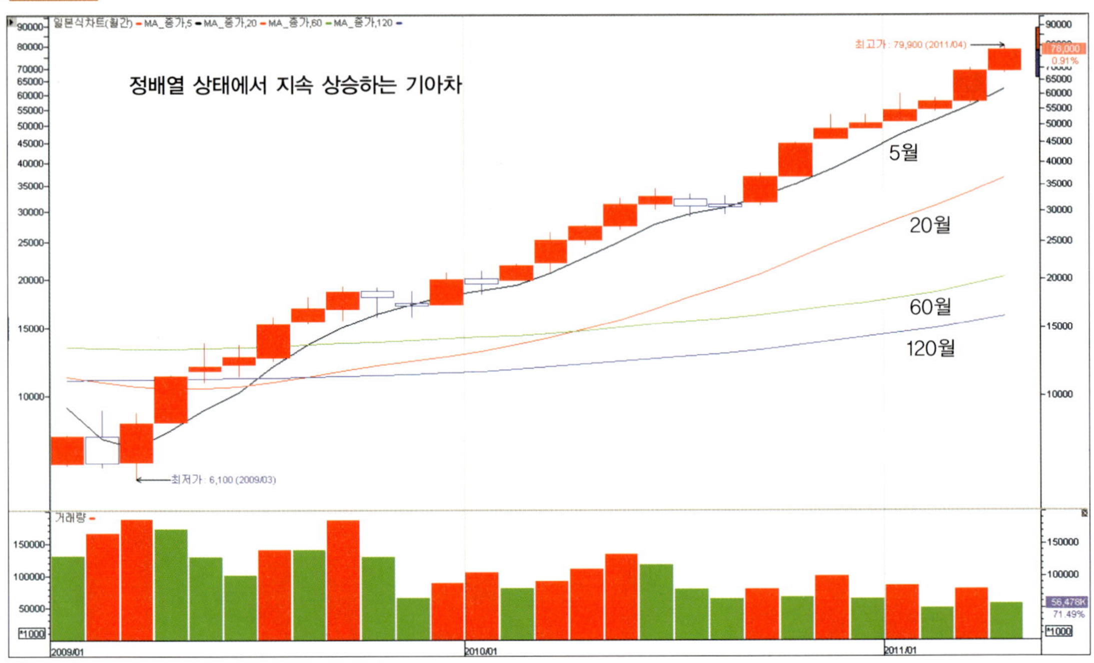

 현대미포조선 주봉 : 정배열을 유지하며 크게 상승했던 종목

주도주와 정배열이 만났을 때

주도주는 상승률이 크고 상승 기간이 길기 때문에 당연히 정배열을 이룰 것입니다. 정배열 상태에 있는 주도주를 미리 선점했다면 시세의 끝까지 수익을 누적시키는 것이 좋습니다. 5일선 혹은 20일선이 붕괴되었다고 하여 섣불리 매도하기보다는 200일선이 붕괴되지 않는 이상 지속적으로 보유하며 풍성한 결실을 거두는 자세가 좋습니다.

는 한 지속적으로 보유합니다. 60일선을 이탈하면 매도로 대응하고, 다시 60일선을 올라타면 매수로 대응합니다. 200일선을 중심으로 놓는다면 60일선과 마찬가지로 대응하면 됩니다.

역배열

역배열은 정배열과 반대의 개념으로 120일선이 제일 위에 있고 순차적으로 60일, 20일, 5일선이 위치한 상태를 말합니다. 역배열 종목에서는 중단기 모든 이평선이 강력한 저항선 역할을 합니다. 역배열 종목은 불안한 투자심리로 인해 시간이 갈수록 매물벽이 쌓이기 때문에 거래량이 크게 늘지 않는 한 추세 반전이 어렵습니다.

역배열된 차트를 보면 주가가 하락추세라는 것을 알 수 있습니다.

매물벽이란?

팔고자 하는 매물이 많이 몰려 있는 가격대를 말합니다. 하락하는 종목은 대부분의 종목 보유자들이 손실 상태일 것입니다. 따라서 자신이 산 가격대까지 주가가 오르면 팔고자 하는 대기 매도자들이 많을 수밖에 없습니다. 하락하는 종목이 상승으로 전환되기 어려운 이유가 바로 두터운 매물벽 때문입니다. 반면 지속 상승하는 종목은 보유자 대부분이 수익 상태이므로 매물벽이 거의 없겠지요.

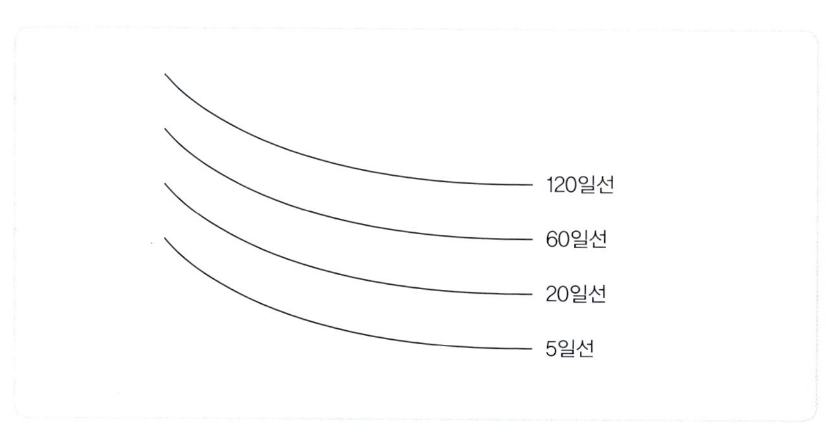

- 역배열의 대한전선 일봉: 봉의 대부분이 이평선 아래에 놓여 있는 모습으로, 이평선 위로 올라섰다가도 얼마 못가 금세 힘없이 떨어진다.

〈차트 1-33〉은 역배열의 대한전선 일봉 차트입니다. 2008년 초 7만원 대 중반을 기록했던 주가가 1/10 토막이 난 상태입니다. 역배열 종목을 섣불리 매수했다가는 큰 낭패를 당하기 쉽습니다. 역배열의 경우 위에서 짓누르는 힘이 강해 상승 강도가 약합니다. 따라서 역배열 종목에 미련을 갖기보다는 정배열 종목을 찾는 게 수익률 관리에 훨씬 효과적이겠지요? 대한전선의 경우 봉의 대부분이 이평선 아래에 놓여 있는 모습으로 봉이 이평선을 올라탔다가도 금세 아래로 떨어지고 있습니다.

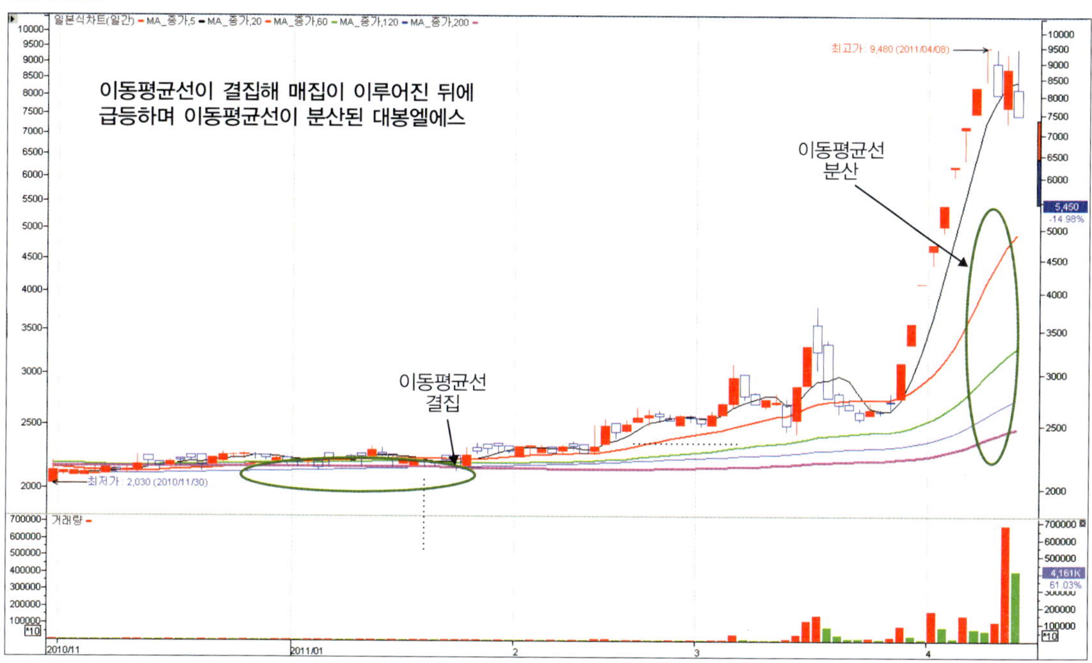

이동평균선의 결집과 분산

이동평균선은 모이면 벌어지고, 벌어지면 모이는 과정을 반복합니다. 5
일, 20일, 60일, 120일선 등의 이동평균선이 한곳으로 모이는 것을 이동
평균선의 결집이라고 합니다. 이동평균선의 결집 후에 주가는 상승 또는
하락 중 한곳의 방향으로 움직이게 되어 있습니다. 이평선의 결집은 힘의
응축으로 볼 수 있습니다. 이동평균선의 분산은 결집과는 반대로 5일, 20
일, 60일, 120일선의 간격이 넓게 벌어지는 현상을 말합니다. 이동평균선
의 분산은 주가가 상승하거나 하락한 경우에 발생합니다.

이평선의 결집이 강할수록 주가 상승도 큽니다. 이평선의 분산현상도
강하게 나타나겠지요. 〈차트 1-34〉 대봉엘에스의 경우에도 상승 전에는
이평선의 결집현상이 나타났습니다. 결과적으로 이평선의 결집 기간에
매집이 이루어졌다고 볼 수 있습니다.

일봉이 겁을 줄 때는?

일봉 차트가 요란하게 흔들리면서 보유할지 매도해야 할지 혼란하게 할 때는 주봉과 월봉을 참조하면 흔들리는 마음을 잠재울 수 있습니다. 좋은 종목은 일봉 차트를 수시로 흔들면서 개인투자자들이 보유하기 어렵게 만듭니다. 주도세력의 개인 물량 털기이지요. 주봉을 보는 순간 흔들렸던 마음이 일시에 잦아드는 효과를 볼 수 있습니다. 일봉에서는 '이제 끝이구나' 라고 생각했던 강한 하락세가 주봉에서는 자연스러운 이평선 터치일 경우가 많습니다.

순환매가 뭐지요?

어떤 종목이나 업종에 호재가 발생하거나, 단순한 자금의 이동으로 투자금이 몰려 주가가 상승할 경우, 그 종목과 연관성이 있는 종목도 주가가 상승하게 되는 것을 '순환매' 라고 합니다. 이는 호재가 발생한 종목에 최초로 투자한 투자자가 이득을 본 후 다음 투자 대상을 찾아 재투자하게 되는데, 이때 일반적으로 유사한 업종이나 연관성이 있는 종목이 선정되기 때문입니다. '업종별 순환매' 혹은 '테마주 순환매' 등이 있습니다. 보통 순환매는 일정한 시차를 두고 순환하며 상승 종목군이 바뀝니다. 따라서 상승세가 유사 종목군을 옮겨 다니면서 확산되므로 순환매 종목을 포착해 투자할 경우 한 종목을 지속적으로 보유하는 것보다 효과적인 수익 창출이 가능합니다. 20일선을 매매기준으로 삼을 경우 순환매에 잘 대응할 수 있습니다.   – 출차: 네이버 지식백과 인용 및 보완

투자에 유익한 매매패턴 마스터하기

차트를 보면 종목마다 특정한 연속적인 흐름을 보입니다. 이를 패턴이라고 합니다. 과거에 나타났던 패턴이 미래에도 똑같이 나타난다는 보장은 없으나 반복되는 경향이 높다는 데 착안해 패턴을 만든 것입니다.

아마란스 어드바이저(Amaranth Advisors)라는 헤지펀드에서 일하는 32세의 브라이언 헌터는 에너지, 특히 천연가스 선물거래를 담당했습니다. 그의 투자 전략은 옵션을 사고파는 방식으로 천연가스의 선물가격에 배팅하는 형태였습니다. 2005년 여름 천연가스 거래가격은 100만 BTU당 7~9달러였지만, 헌터는 초가을까지 가격이 상당히 오르리라 예상했고 당시 시세로는 터무니없이 높은 12달러에 선물옵션을 잔뜩 사들였습니다.

그해 늦여름 태풍 카트리나, 리타, 윌마가 멕시코만 연안을 강타해 석유 플랫폼과 정제시설이 완전히 파괴되자 천연가스 가격은 13달러를 훌쩍 뛰어넘었고, 헌터가 높은 가격으로 사둔 옵션의 가치도 상승했습니다. 이 거래로 아마란스와 투자자들은 10억 달러가 넘는 수익을 챙겼으며, 이듬해 8월까지 20억 달러에 달하는 수익을 올렸습니다.

최고조에 달했던 가격이 하락세를 보이자 헌터는 이런 추세가 뒤집어져 가스 가격이 오름세로 돌아서리라 예상하고 엄청난 모험을 한 번 더 감행했습니다.

그러나 가격은 5달러 이하로 급락했고, 이 거래로 단 일주일만에 헌터는 아마란스 총자산의 절반인 50억 달러의 손실을 기록했습니다. 아마란스는 당시 역사상 최대 공시 손실액인 65억 달러에 이르는 금액을 잃고 청산되었습니다.

아마란스는 어떤 실수를 했을까요? 브라이언 헌터와 직원들은 자원시장을 매우 잘 알고 있다고 믿었습니다. 아마란스의 설립자 닉 모니스는 헌터를 '리스크 조절과 판단에 지극히 능통한 사람'이라고 생각했습니다. 그러나 헌터가 성공했던 이유는 시장에 대한 이해력이 뛰어나서가 아니라 태풍처럼 누구도 예상하지 못한 자연재해 덕분이었습니다. 파산 직전 헌터 자신도 "시장에 무슨 일이 일어날지 안다고 생각할 때마다 뭔가 다른 일이 생긴다"고 고백했지요. 그는 리스크를 효율적으로 관리하지 못했고 예측 불가능한 에너지 시장을 제대로 판단하지 못했습니다.

– 〈보이지 않는 고릴라〉 내용 중 일부 발췌

차트가 손에 잡히자 한층 더 자신감이 붙은 나개미. 이제 투자를 시작해도 되겠다는 생각으로 김원기 대표에게 대뜸 물었습니다.

"제가 이제 본격적으로 매매를 시작해도 될까요?"

"아직은 아닙니다. 투자에서는 무엇보다 욕심을 잘 다스려야 합니다."

김원기 대표는 나개미에게 그 이유를 차근차근 설명했습니다.

"나개미 씨가 투자에 자신감을 갖는 것은 좋은 자세입니다. 하지만 위의 사례처럼 현재의 실력으로 투자했다가 자칫 수익이라도 난다면 자신을 객관적으로 보는 시각이 흐려질 수 있습니다. 차라리 손실이 나서 자신의 실력을 제대로 파악하는 것이 나을 수도 있습니다. 투자자들은 차트가 눈에 익으면 투자를 해도 되겠다는 생각으로 공부를 멈추고 섣불리 투자세계로 뛰어듭니다. 처음에는 종목을 신중하게 골라 소액으로 투자하기 때문에 평정심을 유지하며 수익거래를 할 수 있습니다. 그러나 금액이 커지고 매매가 잦아지면서 신중함과 평정심을 잃어 갑니다."

"네. 옳은 말씀입니다. 그럼 어떻게 해야 하나요?"

"투자자들의 이런 방식을 방지하는 여러 가지 기법이 있습니다. 그중 하나가 바로 매매패턴입니다. 패턴이란 과거 반복되는 주가의 흐름을 정형화한 것으로 투자자가 섣불리 따라붙거나 공포에 질려 싼값에 주식을 처분하는 행태를 방지해줍니다. 100% 정확하지는 않지만 어느 정도 반복되는 경향이 높기 때문에 패턴을 잘 익혀두면 투자에 큰 도움을 받을 수 있습니다."

"아하! 그렇군요. 패턴을 알면 자신의 실력에 자만하지 않고 과거의 자료를 통해 확률 높은 투자를 할 수 있겠군요."

"그렇지요!"

패턴이란?

패턴 공부를 통해 주가의 미래를 예측하고 대응할 수 있습니다. 특정한 연속적인 흐름을 보이는 패턴에는 상승이 예상되는 상승패턴과 하락이 예상되는 하락패턴이 있습니다.

패턴은 어떻게 활용하나요?

주가의 패턴은 짧게는 1~2개월, 길게는 6개월 이상에 걸쳐 완성되므로 단기매매보다는 중장기 매매에 활용하는 게 바람직합니다. 또한 패턴을 분석하기 위해서는 주가의 흐름을 관찰하는 습관이 필요합니다. 패턴이 완성되기 전 미리 예측해 매매를 한다면 오히려 낭패를 볼 수도 있기 때문입니다. 반면 패턴은 과거 오랜 기간 동안 반복되어 나타난 특성 때문에 잘 익혀두면 수익을 극대화하고 손실을 최소화하는 데 도움이 됩니다.

투자에 유익한 매매패턴

쌍바닥(이중바닥)형 (하락 ➡ 상승 전환)

쌍바닥형은 주가가 하락해 1차로 반등에 성공한 뒤 다시 하락해 전 저점 부근에서 지지가 되어 차트 모양이 2개의 바닥을 형성하는 것입니다. 바닥권에서 나타나는 패턴으로 쌍바닥을 형성하고 나면 주가는 상승하는 경우가 많습니다. W자형 패턴이라고도 합니다. 왼쪽 저점보다 오른쪽 저점이 높아진 쌍바닥은 신뢰도가 더 높습니다.

주가가 B지점에서 두 번째 지지를 받은 후 추세선 돌파되는 지점에서 매수포인트가 됩니다(1차 매수포인트). 보다 안전한 매매를 원한다면 2차 매수 지점에서 주가가 다시 지지받는 것을 확인한 후에 매수합니다(2차 매수 포인트).

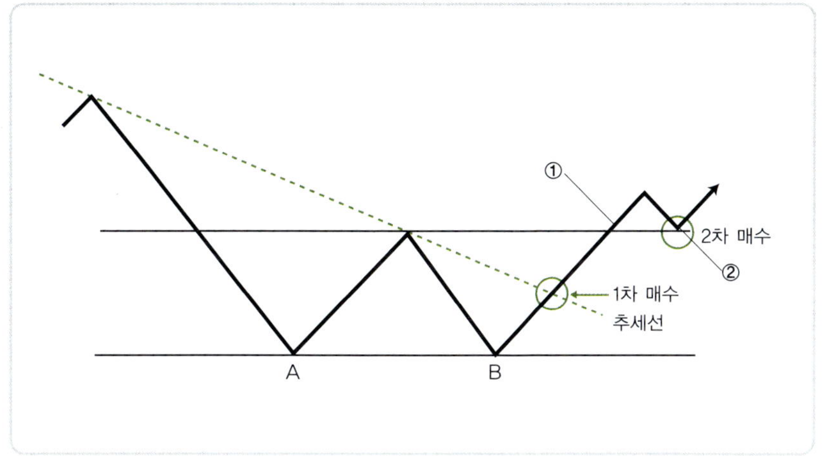

원형바닥형(하락 ➡ 상승 전환)

원형은 오랜 시간에 걸쳐 완성되며 기준선을 돌파한 시점부터는 강력하게 상승하는 특징이 있습니다.

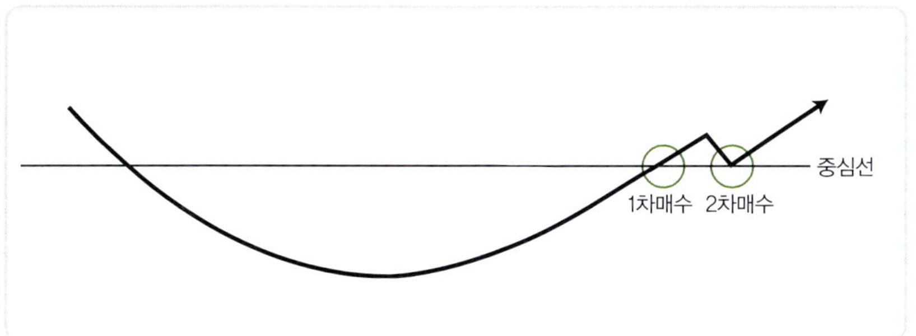

원형바닥형은 주가가 반원을 그리며 바닥권을 벗어나 서서히 상승세로 전환하려는 패턴으로 판독하기가 쉽고 성공할 확률이 높습니다. 중심선을 상향 돌파 시에는 거래량이 급증하는 것이 특징입니다.

삼각형(상승 ➡ 하락 전환 혹은 추가 상승)

삼각형은 주가가 반복적인 등락을 하다가 그 등락폭이 줄어들어 삼각형

굳이 2차매수 지점에서 매수할 필요가 있나요?

주가의 흐름은 예측한대로 흘러가지 않는 경우가 많습니다. 따라서 미리 예측하여 선행하기보다는 확인 후 후행하는 게 좋습니다. 1지점에서 돌파할지, 저항에 부딪힐지 알 수 없으므로 1지점을 돌파하는지 확인 후 매수하는 게 좋습니다. 주가는 저항선을 돌파한 후 재차 지지테스트를 하는 경우가 많으므로 주가가 지지를 받는 2지점이 안전한 매수포인트가 됩니다.

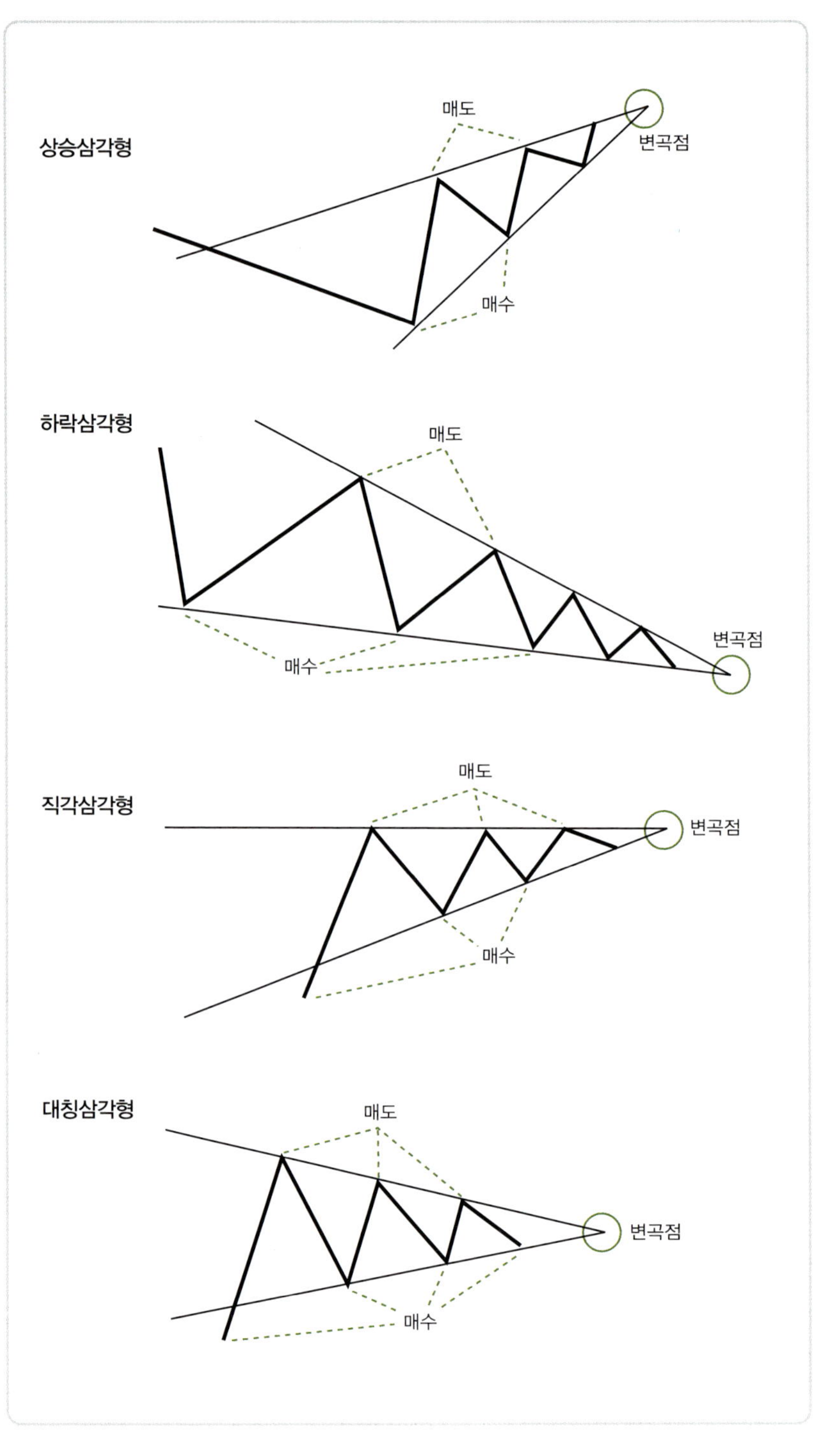

상승삼각형
매도
변곡점
매수

하락삼각형
매도
매수
변곡점

직각삼각형
매도
변곡점
매수

대칭삼각형
매도
변곡점
매수

모양을 만드는 패턴으로 향후 추가 상승과 하락 중에서 한가지로 방향성이 정해지는 패턴입니다.

삼각형에는 상승삼각형, 하락삼각형, 직각삼각형, 대칭삼각형이 있으며 주가가 힘의 응집을 보이는 삼각형의 꼭짓점에서는 상승 또는 하락으로 방향이 정해집니다.

고점을 이은 선은 저항선 역할을, 저점을 이은 선은 지지선 역할을 합니다.

삼각형의 오른쪽 꼭짓점 부근은 향후 주가 방향의 중요한 변곡점이며 삼각형의 하단 지지선을 붕괴시킬 경우 강력한 하락으로 반전할 가능성이 높습니다. 반대로 상단 저항선을 뚫을 경우 강력한 추가 상승이 가능해집니다. 따라서 조급하게 미리 매매하기보다는 방향이 정해진 후 매매에 참여하는 게 좋습니다.

쌍봉(M자)형(상승 ➡ 하락 전환)

쌍바닥과 반대의 경우로 주가의 천정권에서 나타나는 패턴입니다. 쌍봉형은 상승추세에 있던 주가가 더 이상 상승하지 못하고 앞 고점 부근 가격대에서 저항을 받으며 차트 모양이 2개의 고점을 형성합니다. M자형 패턴이라고도 합니다. 쌍봉을 형성하고 나면 주가는 하락하는 경우가 많

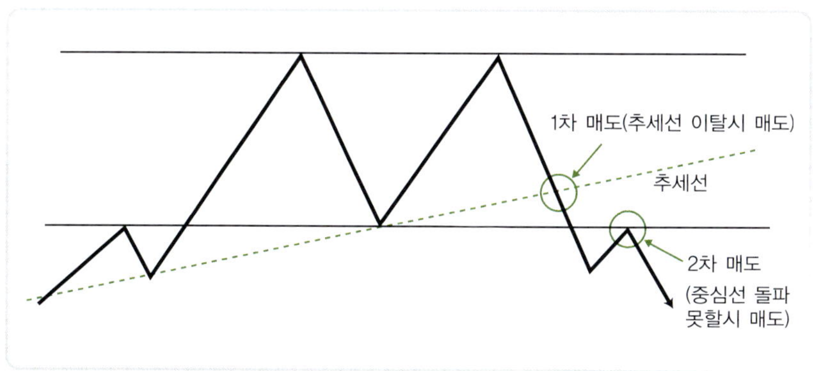

습니다. 주가의 하락반전을 암시하는 패턴으로 급등한 종목이라면 쌍봉이 나오는지 유심히 관찰해야 합니다.

★ **투자 포인트** ★　• 바닥권 탈피형 패턴에 비해 주가의 고점에서 나타나는 천정형 패턴은 짧은 기간에 완성되는 특징이 있습니다.
　• 고점에서 큰 음봉이 발생하여 대량의 거래량이 수반될 때는 매도해야 됩니다.

헤드앤숄더형(상승 ➡ 하락 전환)

머리와 양어깨를 의미한다고 해서 헤드앤숄더형이라 부릅니다. 헤드앤숄더형은 3개의 고점이 형성되며 중앙의 고점이 가장 높습니다. 헤드앤숄더형이 완성된 경우 주가의 방향은 기존 추세의 전환을 예고하는 것으로 상승에서 하락으로 전환되는 패턴입니다.

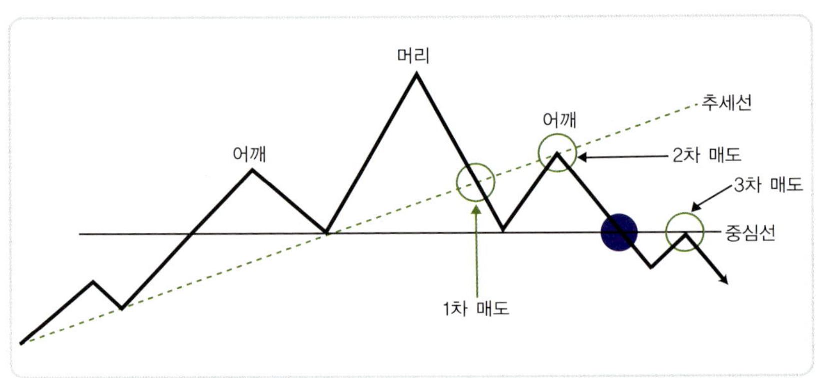

역헤드앤숄더형(하락 ➡ 상승 전환)

역헤드앤숄더는 헤드앤숄더와 반대의 모양입니다. 역헤드앤숄더는 머리 부분이 가장 저점을 형성합니다.

특징으로는 헤드앤숄더와는 반대로 이 패턴이 완성되어 갈수록 거래량이 증가한다는 것입니다.

1차 매수지점에서 매수하지 못했다면 2차, 3차 지점에서 매수로 대응합니다.

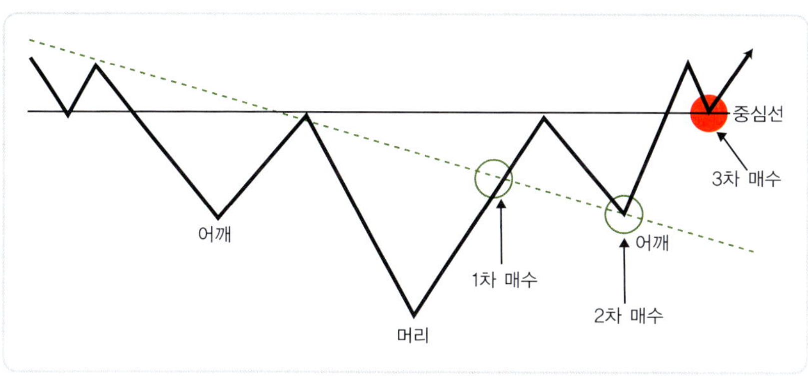

박스형

박스형이란 주가가 일정한 가격대 안에서 상승과 하락을 반복하며 횡보하는 패턴을 말합니다. 위쪽은 저항선, 아래쪽은 지지선의 역할을 하며 매수 세력과 매도 세력의 힘이 비슷할 때 나타납니다.

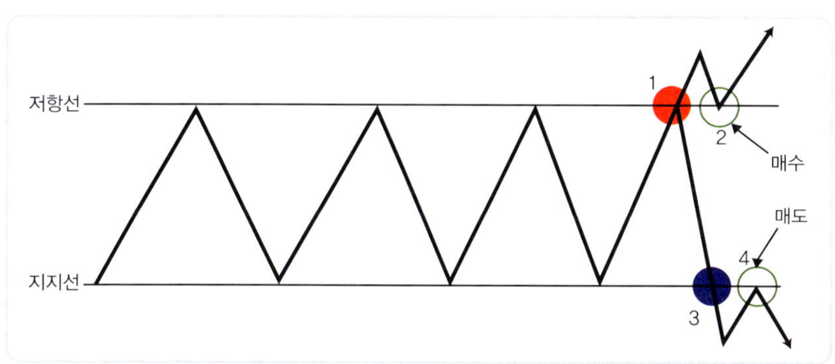

패턴 매매의 주의점

일정한 패턴을 그리며 움직이는 우량한 종목일수록 주도세력의 진입과 이탈에는 많은 시간이 소요됩니다. 따라서 1~2주 혹은 1개월 미만의 기간 동안 발생한 패턴은 신뢰도가 그만큼 낮습니다. 초보투자자의 경우 모양이 비슷하다고 해 '쌍봉, 쌍바닥' 등으로 섣불리 판단해 매수와 매도로 대응하는 경우가 많습니다. 이때 잦은 매매로 인해 주가의 큰 흐름을 놓치는 우를 범할 수 있으므로 서두르지 않고 숲을 보는 안목으로 패턴을 이해해야 합니다.

박스권에 대응하는 방법은 2가지가 있습니다. 먼저 박스권 하단에서 매수해 상단에서 매도합니다.

두 번째는 박스권에서 횡보하던 주가가 박스권 상단의 저항선을 뚫고 상승할 때 매수로 대응하는 방법입니다(1차 매수 포인트). 이때 거래량이 실린다면 추후 상승 가능성도 높아집니다. 박스권 돌파 시 매수하지 못했다면 주가가 박스권 상단을 다시 지지 테스트하러 내려올 때 매수할 수 있습니다(2차 매수 포인트). 그러나 박스권 횡보를 보이던 주가가 박스권 하단을 깨고 추가 하락할 때는 매도해야 합니다(3, 4차 매도 포인트).

다음은 실제 차트를 통해 패턴을 알아보도록 합시다.

기술적 분석의 유의점

기술적 분석은 기본적 분석과 달리, 주가나 거래량의 움직임을 보고 매매하는 방법입니다.

기술적 분석은 주식의 매매시점을 파악할 수 있도록 과거의 주가흐름과 그 습성을 파악해 정형화하고 이를 분석하고 앞으로의 주가를 예측하는 데 목적이 있습니다.

기술적 분석에 따라서 확신 있는 종목을 적절한 타이밍에 매수했더라도 예상을 빗나갈 수 있다는 여지를 남겨두는 게 중요합니다. 주식투자는 수익도 중요하지만 손실을 얼마나 잘 방어하느냐에 따라 수익률이 결정됩니다.

신중하게 선택한 종목이라도 여러분이 생각하는 그림과 다르게 그려진다면 일단 매도한 후 다음 기회를 노려야 합니다. 특히 상승장에 길들여진 투자자일수록 주식은 결국 오른다는 환상에 사로잡히기 쉽습니다. 상승장에 심취한 투자자는 하락장에서 어떤 대응도 못한 채 큰 손실을 보는 경우가 흔합니다.

미래를 확신하기 어려운 주식에서 뼈아픈 손실을 방지하는 팁을 하나 드리자면, 주가가 쌍봉을 형성한 뒤 대량의 거래량이 발생하며 음봉이 연속 출현시에는 매도한다는 원칙입니다. 테마주, 급등주, 실적이 뒷받침되지 않은 종목일수록, 투자 경험이 적은 투자자일수록 이 원칙을 지키는 게 좋습니다.

투자자가 실패하는 가장 큰 원인 2가지는 첫째 잦은 매매, 둘째 하염없이 떨어지는 종목을 고집스럽게 보유할 때가 대부분입니다. 이 두 경우만 피해도 주식투자로 반드시 성공할 수 있습니다.

차트 1-35 삼성SDI 일봉 : 쌍바닥형

차트 1-36 코스피 차트

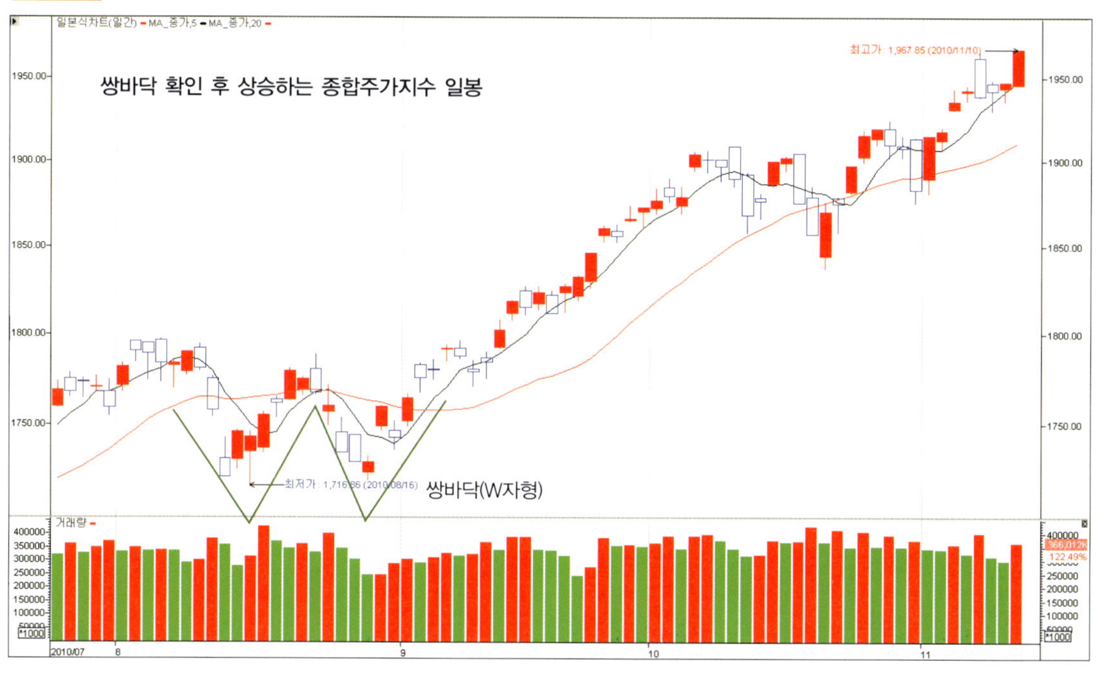

차트 1-37 삼성중공업 일봉 : 쌍봉형

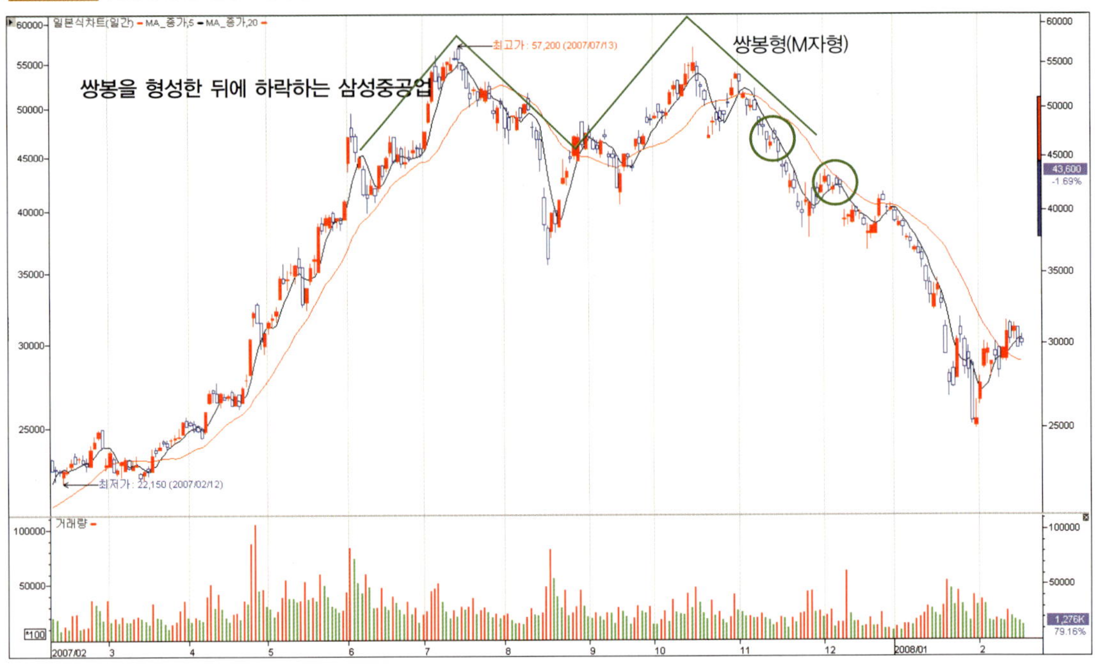
쌍봉을 형성한 뒤에 하락하는 삼성중공업
최고가 : 57,200 (2007/07/13)
쌍봉형(M자형)
최저가 : 22,150 (2007/02/12)

차트 1-38 현대중공업 일봉 : 역헤드앤숄더형

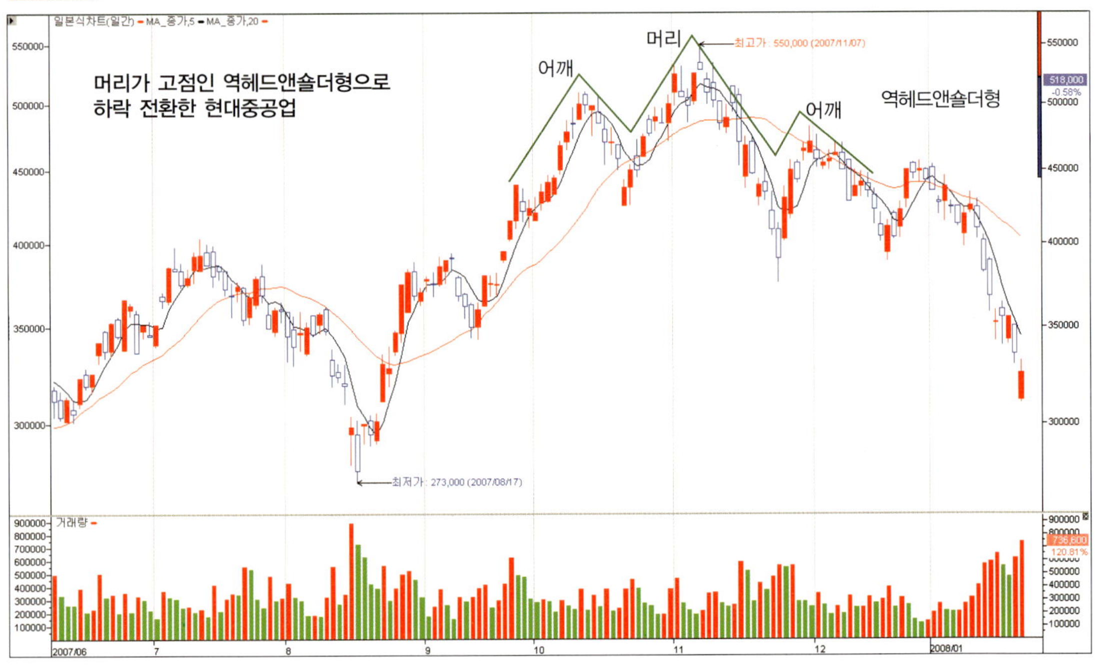
머리가 고점인 역헤드앤숄더형으로
하락 전환한 현대중공업
어깨
머리
최고가 : 550,000 (2007/11/07)
어깨
역헤드앤숄더형
최저가 : 273,000 (2007/08/17)

차트 1-39 신한지주 일봉 : 헤드앤숄더형

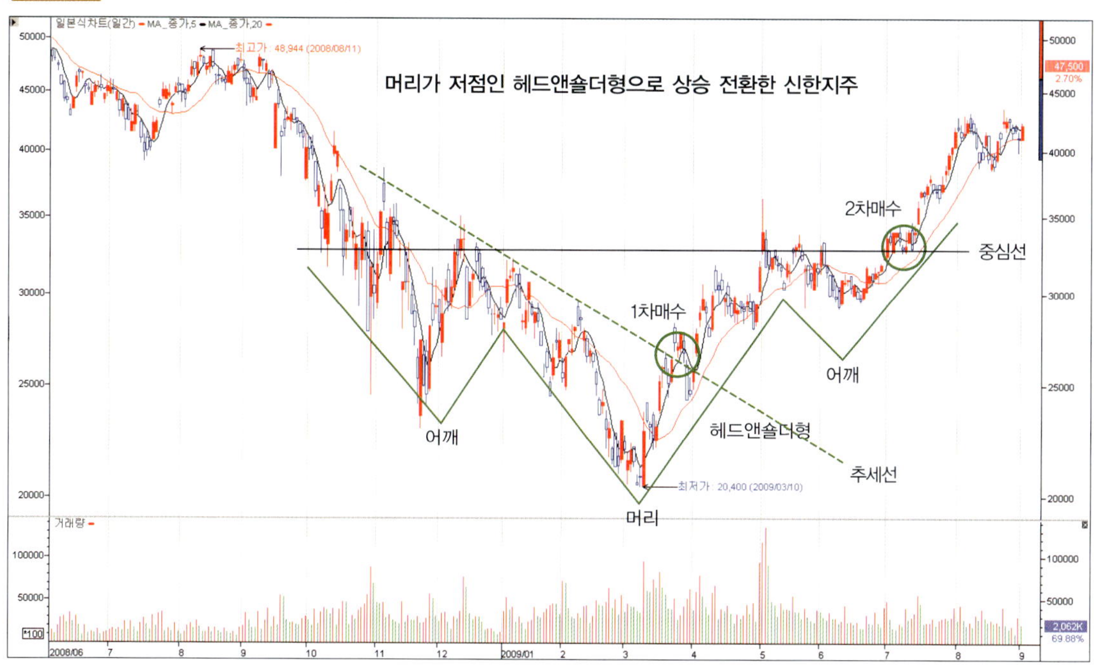

일본식차트(일간) MA_종가,5 MA_종가,20
최고가 48,944 (2008/08/11)
머리가 저점인 헤드앤숄더형으로 상승 전환한 신한지주
2차매수
중심선
1차매수
어깨
어깨
헤드앤숄더형
추세선
최저가 20,400 (2009/03/10)
머리
거래량
47,500
2.70%
2,062K
69.88%

차트 1-40 두산 일봉 : 원형바닥형

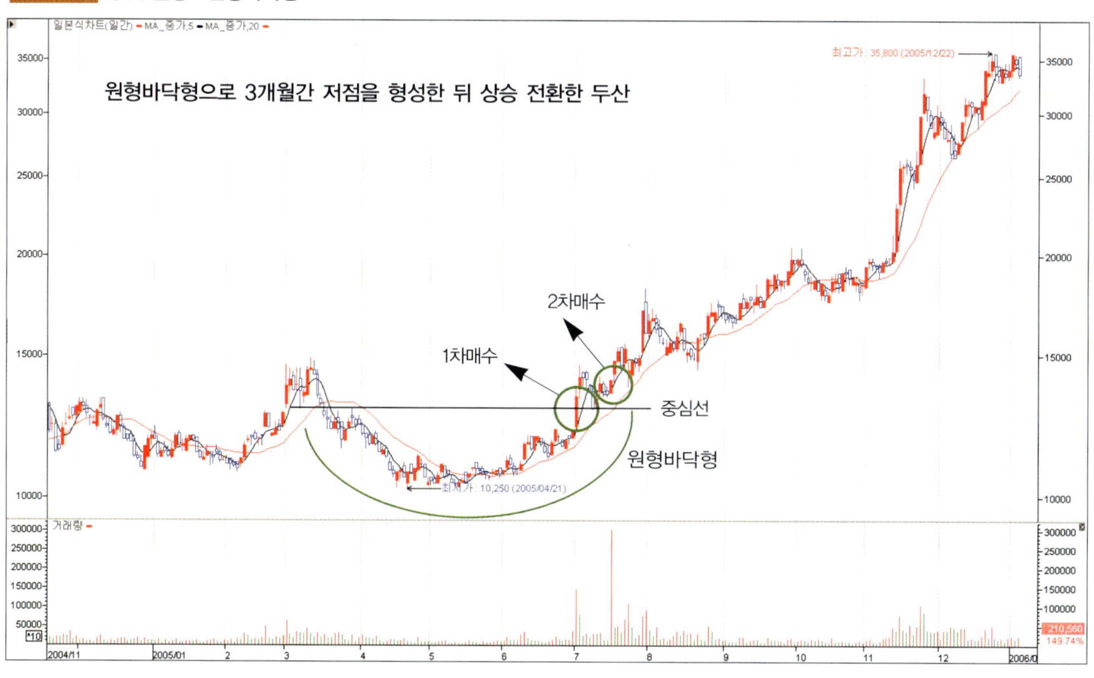

일본식차트(일간) MA_종가,5 MA_종가,20
최고가 35,800 (2005/12/22)
원형바닥형으로 3개월간 저점을 형성한 뒤 상승 전환한 두산
2차매수
1차매수
중심선
원형바닥형
최저가 10,250 (2005/04/21)
거래량
210,560
149.74%

 코스닥 일봉 : 박스형

 LG전자 일봉 : 삼각형

보조지표 활용하기

기본적 분석과 봉, 거래량, 이평선이 주요 지표라면 차트분석에서 보조적으로 사용하는 지표를 보조지표라 합니다. 다양한 보조지표를 잘 활용하면 매매에 효과적으로 이용할 수 있습니다.

10일째

보조지표란 무엇인가요?

보조지표란 단어의 의미 그대로 보조로 활용하는 지표입니다. 기본적 분석과 기술적 분석(캔들, 거래량, 이평선)이 주요 지표에 해당한다면, 보조지표는 그외의 기술적 분석을 도와주는 도구들로 스토캐스틱, MACD, RSI 등이 있습니다. 보조지표는 차트만으로는 알 수 없는 다양한 신호를 포착하게 하므로 활용법을 잘 익혀두면 투자에 많은 도움을 받을 수 있습니다.

스토캐스틱 Stochastic Oscillator(Fast, Slow and Full)

스토캐스틱은 현재의 주가가 일정 기간 동안 어느 수준에 위치하는지를 보여주는 지표입니다. 〈차트 1–43〉을 보면 2개의 스토캐스틱이 보입니

다. 위는 스토캐스틱 Fast, 아래는 스토캐스틱 Slow로 Fast가 Slow에 비해 주가의 변동성을 보다 민감하게 반영합니다.

> 80 이상 : 과매수권 ➡ 80% 하향돌파시 매도
> 20 이하 : 과매도권 ➡ 20% 상향돌파시 매수

스토캐스틱이 20 이하로 내려가면 과매도 상태로 주가 상승이 임박했음을 감지할 수 있습니다. 반면 80 이상일 때는 과매수 상태로 주가 하락이 임박했음을 예상할 수 있습니다.

차트 1-43 삼성SDI 일봉

스토캐스틱 활용법

스토캐스틱은 주가에 너무 민감하게 반응하기 때문에 중장기 투자보다는 단기투자에 활용하는 것이 좋으며, Fast(위)보다는 Slow(아래)를 활용하는 게 더 효율적입니다.

MACD

MACD는 단기 이동평균값에서 장기 이동평균값을 뺀 차이로 두 이동평균 사이의 관계를 보여주는 지표입니다. 주가의 추세를 확인하는 대표적인 보조지표로 주가의 변곡점을 찾아내는 데 활용합니다. 개별종목보다는 종합지수에서 유용한 지표입니다.

기준선(0선) 근처에서 발생하는 매수, 매도 신호는 신뢰도가 떨어집니다.

너무 자주 사고팔게 되는데요?

스토캐스틱 사인에 너무 일일이 대응하다 보면 주식을 사고파는 횟수가 늘어나 수익률 관리가 어려워집니다. 보조지표인 만큼 다른 투자지표와 병행하면서 참조용으로 사용하는 것이 좋습니다. 중요 이평선이 이탈되지 않는다면 스토캐스틱이 매도 사인을 내도 보유하거나 매수 사인이 나왔더라도 이평선 돌파에 실패한다면 매수를 보류해야 합니다.

개별종목에도 효과적일까요?

MACD는 시장 전반을 보는 데 도움을 주는 지표입니다. 따라서 개별종목보다는 종합지수에 적용했을 때 시장이 과열권인지 지나친 과매도권인지 판단할 수 있게 합니다. 개별종목에 적용 시 시장과 반대로 투자할 수도 있으므로 종합지수보다 주의해서 사용해야 합니다.

증시의 대폭락을 암시하는 강력한 지표가 바로 MACD입니다. 과거 대폭락 전에는 언제나 MACD는 매도신호를 보냈습니다. MACD 신호에 따른 투자자는 서브프라임으로 시작된 글로벌금융위기 당시 매도 후 관망하는 자세를 취할 수 있었습니다. 이후 매수신호는 한국증시가 최저점을 찍은 며칠 후 나왔습니다. 이처럼 MACD는 중장기적으로 매수시기와 매도시기를 포착할 수 있는 중요한 지표입니다.

MACD의 매커니즘

MACD는 두 개의 선이 움직이면서 매수신호와 매도신호를 발생시킵니다. 단, 신호가 발생된 경우 주가의 상승이나 하락에 늦게 대응할 수밖에 없는 단점이 있습니다. 이런 단점을 보완하기 위해 두 선의 간격과 막대그래프(오실레이터)를 활용합니다.

> 2개 선 간격 좁아지면 ➡ 막대그래프 짧아짐 ➡ 매수(매도) 신호 암시

기준선(0선)에서 멀어진 지점에서 신호가 발생할수록 신뢰도가 높아집니다. 〈차트 1-45〉처럼 ①의 경우 많이 하락한 상황에서 매수신호가 발생했으므로 신뢰도 높은 매수 포인트가 될 수 있습니다(②번도 마찬가지 경

우). 급등한 지점에서 발생하는 매도신호, 급락한 지점에서 발생하는 매수신호일수록 신뢰도가 높습니다.

MACD의 장점

개인투자자들은 일반적으로 과열권에서 매수를 하고, 과매도권에서 매도를 합니다. 즉 급등한 지점에서 매수를 하고, 급락한 지점에서 매도를 하는 우를 범한다는 것입니다. MACD를 활용할 경우 신호에 따르기만 하면 되기 때문에 일반적인 개인투자자들과 반대로 투자할 수 있습니다. 역발상 투자를 가능하게 합니다.

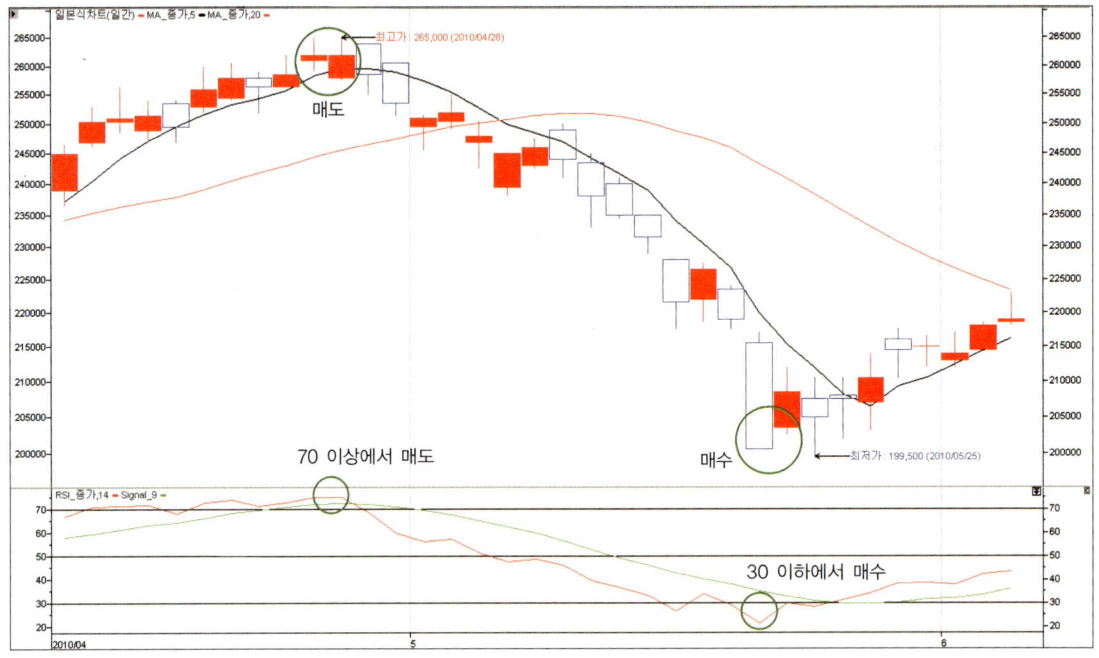

RSI

RSI는 일정 기간 주가의 상승폭과 하락폭을 비교해 수치로 보여주는 보조지표입니다. RSI 값이 0%에 가깝다는 것은 하락강도가 상대적으로 강하다는 것이고 100%에 가깝다는 것은 상승강도가 상대적으로 강하다는 것을 나타냅니다.

70 이상 : 과매수권 (과열국연) ➡ 매도
30 이하 : 과매도권 (침체국연) ➡ 매수

왕초보가 절대 피해야 할 주식 베스트 5

1. 회사명을 자주 바꾸는 종목

이름 없는 소형종목 중에 회사명을 자주 바꾸는 경우를 볼 수 있습니다. 기업 실적이 좋지 않은 회사가 이름을 바꿔 새로운 회사인 것처럼 행세하며 투자자들을 현혹하려는 수단으로 활용합니다. 과거 좋지 않았던 회사 이미지를 가리려는 방편이겠지요. 주로 코스닥의 비우량 회사들이 주식으로 시세차익을 노려 머니게임을 진행하기 위한 수단으로 많이 사용하므로 주의해야 합니다.

2. 1,000원 이하의 저가주

주식의 가격이 싼 데는 분명 이유가 있습니다. 우리가 물건을 고를 때에도 비싼 물건은 품질이 좋고 싼 물건은 품질이 안 좋듯이 주식도 마찬가지입니다. 회사의 실적이 수반되는 우량한 회사는 주가가 높을 수밖에 없는 반면 부실한 재무구조를 가진 회사는 주가가 낮을 수밖에 없습니다.

그러나 이렇게 너무나 당연하고 단순한 원리를 개인투자자들이 간과하는 경우를 종종 보게 됩니다. 개인투자자들은 같은 자금으로 10주보다는 100주, 200주를 매수해야만 심리적인 만족감이 높아지는 경향이 있습니다. 삼성전자 1주를 사는 것보다는 같은 금액으로 소형주 1,000주를 샀을 때 포만감과 함께 기업에 투자했다는 생각이 드는 것이지요.

연령대에 따라 살펴보면 나이가 많고 투자자금이 많은 사람은 고가주를 선호하고, 젊고 투자경력이 짧으며 투자자금이 적은 사람은 저가주를 선호합니다. 저가주는 최악의 경우에는 상장폐지가 될 뿐만 아니라 대주주의 변경이 잦고 또 대주주가 투기를 노리고 급등락을 시켜 투자자에게 막대한 피해를 입히기도 합니다. 따라서 저가주, 특히 1,000원 미만의 동전주식에는 투자하지 않는 게 좋습니다.

3. 테마를 형성하며 급등한 종목

'자전거주, 원자력주, 항공우주주…' 이들의 공통점은 무엇일까요? 이들은 2009년 증시에 화려하게 등장했던 테마주라는 것입니다. 대체 테마주는 어떤 속성을 가진 걸까요? 테마주는 특정한 이슈나 재료에 따라 관련된 여러 종목들이 무리를 지어 주가의 등락을 함께 합니다. 한번 테마가 형성되고 큰 시세가 난 종목들의 경우 세력이 빠져나가면 제자리로 돌아가는 것이 테마주들의 말로입니다.

그런데 개인투자자들이 테마주의 화려한 급등만 기억합니다. 그래서 또 예전처럼 화려하게 급등할 거라고 예견하다 손실을 입게 됩니다. 그러니까 개인투자자들은 세력들이 팔아먹은 지역인 8부 능선에서 주로 매수하는데 이때 주가가 내려오면 물타기 및 홀딩전략으로 손실을 키우게 됩니다.

따라서 테마를 형성하며 급등하는 종목들은 단기간에 시세 급등이 이루어졌으므로 단기 관점으로 접근해야 합니다. 또한 재무구조 대비 월등히 고평가 국면을 지속하며 많은 개인투자자에게 큰 손실을 안겨준다는 사실을 잊지 말아야 합니다.

4. 200일선 밑에 있는 주식

"200일선 밑에 있는 주식은 종목 선정 시 배제해야 합니다." 늘 자신감 있게 주장해 온 말입니다. 종목을 선정할 때 200일선 밑에 있는 주식은 아직 불황기의 주식으로서 시장에서 관심 대상이 아닙니다. 200일선 위에서 주가가 형성되는 종목들로 압축해 선정하는 기준점을 만들어야 합니다.

200일선 밑에 주가가 형성되어 있다는 것은 재무구조가 불량하거나 실적이 저조하다는 말입니다. 시장에서 관심의 대상이 되지 못해 중기적인 상승흐름이 아직 준비되지 못한 신호로 보면 됩니다. 그러므로 200일선이 우상향으로 상승 진행 중이고 또 200일선 위에서 주가가 협띠를 형성하거나 정배열 초기 상승 국면에 있는 종목으로 압축해 선정해야 합니다.

5. 전 정권에서 대시세난 주식

주식은 시대의 흐름을 반영합니다. 특히 정부의 정책과 과제에 편승해 최고 권력자의 의지에 따라 움직이는 경향을 보입니다. 과거 정부의 정책들을 보면 DJ 정부 시절에는 벤처기업이, 노무현 정부 시절에는 조선주, 중공업, 철강주들이 정부의 정책에 편승해 급등했습니다.

그런데 문제는 차기 정부는 앞 정권에서 일궈놓은 분야는 관심의 대상이 아니라는 것입니다. 차기 정부는 새로운 정책을 내세우는데 그러면 그에 맞는 업종과 종목이 새롭게 등장하게 됩니다. 그러므로 앞 정권에서 상승했던 종목은 배제하고 현 정권의 정책을 연구해야 합니다.

PART 2

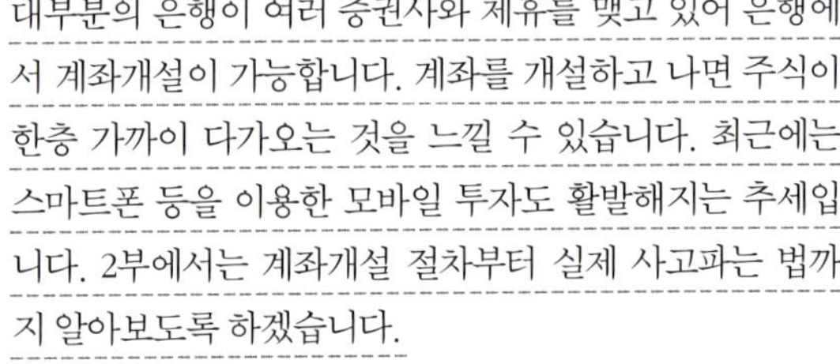

대부분의 은행이 여러 증권사와 제휴를 맺고 있어 은행에서 계좌개설이 가능합니다. 계좌를 개설하고 나면 주식이 한층 가까이 다가오는 것을 느낄 수 있습니다. 최근에는 스마트폰 등을 이용한 모바일 투자도 활발해지는 추세입니다. 2부에서는 계좌개설 절차부터 실제 사고파는 법까지 알아보도록 하겠습니다.

계좌개설부터 매매까지

계좌개설과 HTS 이용법

자, 이제 본격적으로 실전에 돌입해 볼까요? 실제 전투를 치르기 위해서는 증권투자만을 위한 계좌를 개설해야 합니다. 그리고 대부분의 투자자들이 이용하고 있는 HTS도 설치해야 합니다. 차근차근 알아보도록 합시다.

지난 10일간 골방에 갇혀 자신과의 기나긴 싸움을 벌인 나개미는 이제 드디어 집 밖으로 나와 맑은 공기를 마셨습니다. 드디어 계좌를 개설하러 가는 길입니다. 그런데 어느 증권사로 가야 하는지도 모르겠고, 은행에서 증권계좌 개설이 가능하다는 말을 들은 기억도 났습니다. 나개미는 할 수 없이 친절한 김원기 대표에게 전화를 걸었습니다.

"계좌개설 절차는 아주 쉽습니다. 먼저 은행에 가서 OO증권 계좌를 만들고 싶다고 말하세요. 요즘은 인터넷이 발달해 매매도 인터넷으로 하고 입출금도 은행을 통해 쉽게 할 수 있습니다."

"아하! 은행에서도 계좌개설이 가능하군요."

"은행에서 해당 증권계좌의 아이디와 비밀번호를 만들고 나면 다시 집으로 돌아와 증권사 홈페이지에 접속해 HTS를 다운받습니다. 그런 다음 은행에서 발급한 아이디와 비밀번호를 이용해 정식 회원가입을 합니다. HTS가 아닌 증권사 홈페이지에서 회원가입하는 방법도 있습니다. 어차피 HTS를 다운 받아야 하므로 HTS를 통한 회원가입이 편하겠지요."

"네. 아주 쉽군요."

"가입절차는 쉽지만 HTS를 다운 받은 후 자주 접속해 사용법을 익혀두는 게 중요합니다. HTS를 사용하다 보면 '이렇게 유익한 기능이 있는지 미처 몰랐네' 하고 놀라는 투자자들이 많죠."

"HTS로 매매만 하는 게 아닌가요?"

"HTS가 매매의 기본 도구인 것은 맞습니다. 하지만 HTS를 잘 활용하면 시장 상황과 유용한 정보도 얻을 수 있습니다. 투자자들의 편리성을 위해 각 증권사마다 다양한 분석도구와 정보를 제공하고 있지요."

"네. 잘 알겠습니다."

계좌개설부터 해볼까요?

증권사 선택

국내에는 30개가 넘는 증권사가 있습니다. 삼성증권, 미래에셋증권, 대우증권 등은 대형증권사로 분류하고, 단기매매자들이 가장 선호하는 증권사는 키움증권입니다. 대형증권사일수록 전산시스템이 안정적이고 정보제공 능력이 뛰어나므로 수수료만 보고 중소형 증권사를 선택하기보다는 안정성을 우선으로 하는 게 좋습니다.

계좌를 개설하기 위해서는 먼저 증권사를 선택해야 합니다.

교보증권	신한금융투자	대신증권	대우증권	동부증권	동양종금증권	메리츠증권	미래에셋증권	부국증권	삼성증권
유진투자증권	신영증권	HMC투자증권	골든브릿지증권	한국투자증권	NH투자증권	한양증권	한화증권	현대증권	우리투자증권
SK증권	하나대투증권	하이투자증권	키움증권	IBK증권					

계좌개설

하나대투증권을 선택했다는 가정 하에 계좌개설 방법을 알아보겠습니다. 계좌를 개설하는 방법에는 2가지가 있습니다. 증권사에 직접 가는 방법이 있고, 연계 은행에서 개설하는 방법도 있습니다. 먼저 증권사에서 직접 개설하는 방법입니다.

① 하나대투증권 영업점을 찾아 계좌개설 창구 직원에게 계좌를 개설한다고 말합니다. 이때 필요한 서류는 실명확인증표(주민등록증, 여권, 운전면허증 등)와 도장(서명도 가능)입니다.

지참물 : 주민등록증, 도장

② 계좌개설을 신청하면 계좌등록 신청서와 투자목적 기재서 등을 작성하게 됩니다.

계좌개설신청서

③ 증권계좌가 개설되면 은행처럼 통장이 주어지지는 않으며 증권카드를 발급받게 됩니다. 증권카드를 통해 입출금을 할 수 있습니다. HTS를 이용하고 싶다면 계좌개설 시 창구직원에게 HTS를 이용하고 싶다는 의사를 전달해야 합니다. HTS를 신청하면 시크릿 카드가 따로 발급되고 홈페이지에 접속해 HTS를 설치하면 됩니다.

④ 은행을 이용할 경우에도 크게 다르지 않습니다. 하나대투증권과 연계된 은행을 찾아 창구직원에게 하나대투증권 계좌를 개설하겠다고 말하면 됩니다. 지참물은 동일합니다. 은행을 이용할 경우 해당 은행과 연계계좌가 되므로 입출금은 해당 은행을 통해서 하게 됩니다. 하나대투증권과 연계된 은행은 다음과 같습니다.

하나 은행	KB	우리 은행	농협	IBK기업 은행	시티 은행
제일 은행	외환 은행	부산 은행	광주 은행	대구 은행	

선물옵션계좌와 수익증권계좌의 경우 다소 은행에 제약이 있지만 거의 동일합니다.

⑤ 은행에서 계좌개설을 신청하면 서류를 작성하고 증권카드를 발급받습니다. 증권카드를 이용해 해당 은행에서 입출금이 가능합니다. 증권사와 마찬가지로 HTS 사용 의사를 전달합니다.

HTS 설치

자, 드디어 계좌를 개설했습니다. 최근에는 대부분의 투자자들이 증권사를 방문해 주식을 사고파는 대신 HTS를 이용해 집에서 간편하게 매매합니다. 먼저 하나대투증권 홈페이지에 접속합니다. http://www.hanaw.com

① 홈페이지에 접속해 〈회원가입〉 메뉴를 클릭합니다. 이곳에서 먼저 ID와 접속비밀번호를 등록합니다.

② ID와 접속비밀번호 등록을 마쳤으면, 공인인증서 발급 등록을 해야 합니다. 사용자 ID와 접속비밀번호, 주민등록번호 등을 입력해 공인인증서를 발급받습니다. 공인인증서 발급 시 전자서명 비밀번호를 입력하는 란이 나옵니다. HTS 접속 시 ID와 접속비밀번호,

 증권사 홈페이지 초기 화면

전자서명 비밀번호를 입력해야 하므로 서로 혼동하지 않도록 구별해 등록하는 게 좋습니다. 혹시 잊어버릴 수 있으므로 모두 메모해 두는 게 좋겠지요?

→②의 과정은 HTS 다운로드 이후 HTS 상에서 직접 등록할 수도 있습니다.

③ 공인인증서 등록까지 마쳤으면 HTS를 다운로드해 설치합니다. 설치 과정은 여타 프로그램과 동일하므로 큰 어려움은 없습니다.

④ HTS 설치 후 실행 버튼을 누르면 아래와 같은 화면이 모니터에 뜹니다.

⑤ ID와 ID비밀번호, 공인인증 비밀번호를 차례로 입력한 후 '연결' 버튼을 누르면 HTS가 실행됩니다.

〈시세조회전용〉에 클릭을 하면 계좌잔고가 나타나지 않아 매매는

그림 2-2 HTS 구동 시 로그인 화면

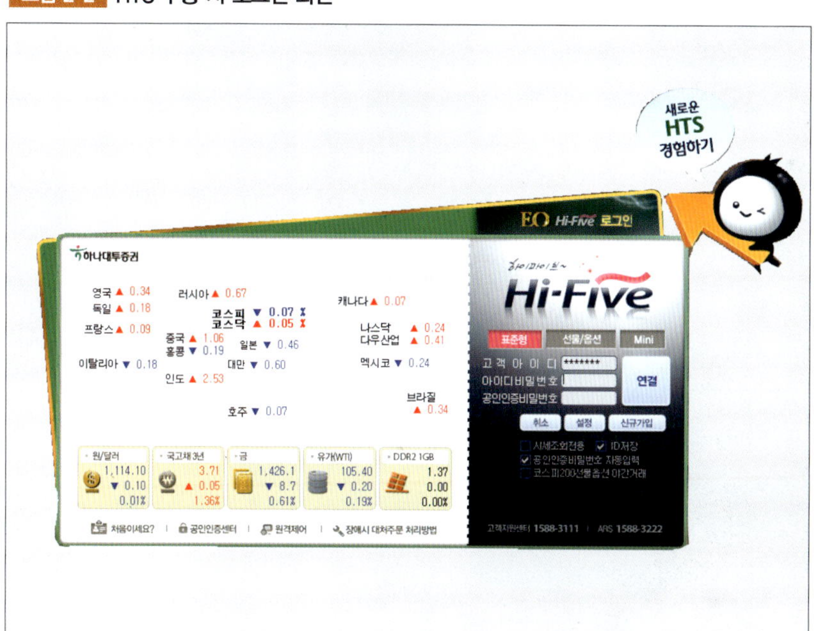

할 수 없지만, 주가의 현재가나 매매동향, 차트 등을 볼 수 있게 설정할 수 있습니다. 굳이 매매를 하지 않을 경우 〈시세조회전용〉을 클릭해 간편하게 이용하기도 합니다.

⑥ 연결이 되면 계좌개설 시 등록한 4자리수의 비밀번호를 한번 더 입력합니다. 〈시세조회전용〉일 경우 이 과정을 생략하고 곧바로 접속이 됩니다.

⑦ 비밀번호를 입력하면 드디어 HTS 세상이 열립니다.

그림 2-3 비밀번호 입력 화면

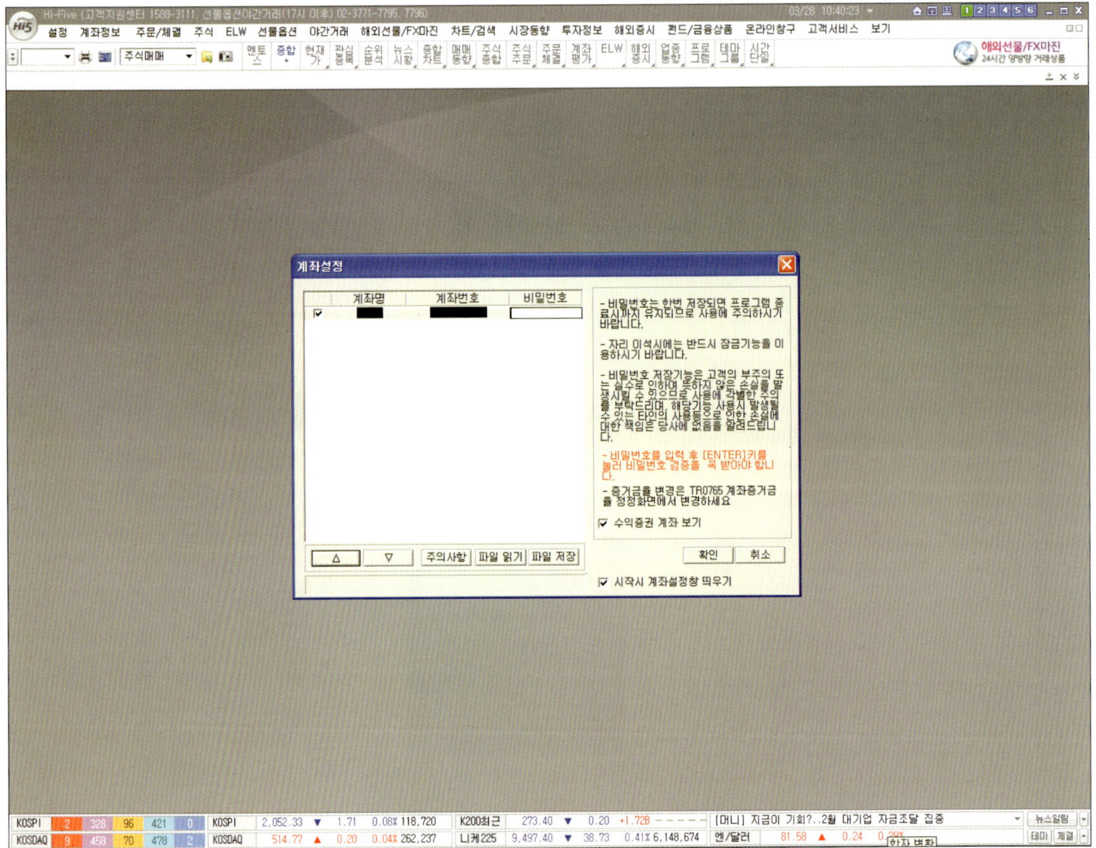

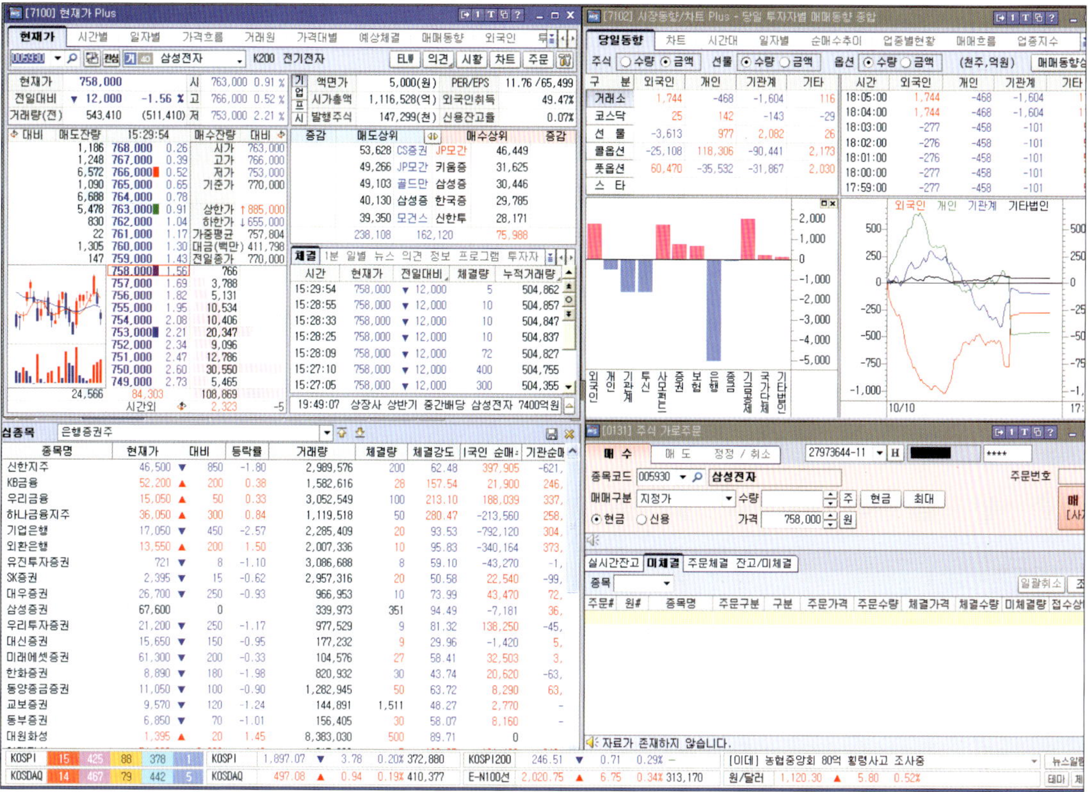

HTS를 효율적으로 이용하려면

HTS의 이용은 사용자에 따라 입맛에 맞게 배열하는 게 좋습니다. 증권 사마다 HTS를 통해 다양한 정보를 제공하므로 설치 후 각 메뉴들을 꼼 꼼히 살펴보는 게 좋겠지요. 먼저 가장 중요한 〈현재가〉 화면부터 보겠 습니다.

현재가

① 현재가 화면의 숫자들은 당일 주가가 올랐을 때는 빨간색, 주가가
내렸을 때는 파란색으로 표시됩니다. 〈그림 2-5〉를 보면 화면 좌
측 상단 숫자들이 모두 빨간색으로 표시되어 있습니다. 당일 삼성
전자의 주가가 0.11% 상승했기 때문입니다.

② 삼성전자의 현재가는 891,000원입니다. 전일 대비 1,000원 상승
(0.11%)한 모습입니다. 거래량은 383,562주였습니다. 거래량 오른
편의 (450,459)는 전날의 거래량을 의미합니다.

③ '시', '고', '저'는 각각 시가, 고가, 저가를 의미합니다. 시가는 시
초가, 시작가라고 하며 이날 삼성전자가 892,000원에 거래를 시작

그림 2-5 현재가

했다는 의미입니다. 고가는 이날의 가장 높은 가격, 저가는 가장 낮은 가격을 의미합니다. 삼성전자의 현재가 891,000원은 장이 끝난 후기 때문에 '종가' 입니다. 종가는 오후 3시 증시가 끝날 때 결정된 가격입니다. '기준가' 는 전날의 가격을 의미합니다. '대금(백만)' 은 하루 거래대금을 의미합니다. 체결된 가격대의 총거래량을 곱해 산출된 수치로 이날 총 3,411억원 가량이 거래되었습니다.

④ 호가창이라 합니다. 설정에 따라 5호가, 10호가 창이 주로 쓰이는데 10호가가 사용하기 편리합니다. 각 가격대별 주문대기 수량을 확인할 수 있습니다. 890,000원에 사기 위해 대기중인 수량이 6,246주, 891,000원에 팔기 위해 대기 중인 수량이 2,626주로 표기되어 있습니다. 890,000원 이하는 매수(사자) 대기 주문물량이며, 891,000원 이상은 매도(팔자) 대기 주문물량입니다.

⑤ ELW, 의견, 시황, 차트, 주문란이 보입니다. ELW는 해당 종목과 연계된 ELW 종목 리스트를 출력해 줍니다. '의견' 은 기업의 재무상태, 실적, 주주구성 현황, 영위하는 업종, 증권사 애널리스트들의 투자의견 등 기업에 대한 전반적인 내용을 요약해놓은 페이지입니다. '시황' 은 해당 종목과 관련된 뉴스와 기사 등을 볼 수 있게 합니다. '차트' 를 클릭하면 차트로 이동합니다. '주문' 은 주문창으로 이동합니다.

⑥ '기' 라는 글자가 음으로 반전되어 있습니다. 기업의 기본정보를 뜻합니다. 액면가와 시가총액, 발행주식수, PER와 EPS, 외국인 비중, 신용잔고 등을 확인할 수 있습니다. '업' 을 클릭하면 업종현황이 나옵니다. 삼성전자의 경우 전기전자업종이므로 전기전자업종 전체의 이날 등락률과 거래량, 시초가, 고가, 저가 등을 확인할 수 있습니다.

5호가와 10호가 창
5호가 창은 매수 대기 물량 5개, 매도 대기 물량 5개를 보여주는 창입니다. 10호가 창은 매수 대기 물량 10개, 매도 대기 물량 10개를 보여줍니다. 매매가 잦은 투자자일수록 10호가 창을 활용해 매수와 매도 대기 물량을 체크하는 경향이 높습니다.

PART 2 계좌개설~매매

‘프’를 클릭하면 프로그램 매매 현황이 나옵니다. ‘시’는 시세상세 현황으로 52주 최고, 최저가 등이 나옵니다.

⑦ 이날 각 증권사별 매도, 매수 현황을 확인하는 란입니다. 거래원이라고 합니다. 이날 삼성전자는 CLSA가 가장 많이 매수했고, 2위 매수자는 노무라증권과 UBS입니다. 매도를 보면 외국계 증권사가 1, 2, 5위를 차지하고 있습니다.

⑧ 체결현황을 보여줍니다. 현재 시각은 장 마감 이후로 동시호가를 보여주고 있습니다. 장중에는 체결이 이루어질 때마다 체결가격과 체결수량이 보여집니다.

⑨ 공시와 뉴스 등의 헤드라인이 표시되고 있습니다.

현재가창은 증권사마다 조금씩 차이가 있으므로 내가 사용하는 HTS를 살펴보며 어떻게 구성되어 있는지 꼼꼼히 체크해두는 게 좋습니다.

화면 구성하기

HTS 화면구성에는 정답이 없습니다. 자기 입맛에 맞는 게 최고입니다. 초보 투자자를 위해 몇 가지 방법을 가이드하면 다음과 같습니다.

① 가장 기본적인 설정은 현재가창, 차트, 관심종목, 주문창으로 만들어 봅시다. 현재가창을 통해 현재 거래 상황을 파악하고, 차트로 주가 흐름을 관찰합니다. 관심종목 리스트를 통해 다른 종목들의 시세 변화를 확인합니다. 주문창을 통해 매수와 매도를 합니다. 관심종목을 클릭하면 현재가와 차트 창이 해당 종목으로 바뀝니다. 주문창을 띄워 신속한 주문이 가능하도록 배치한 설정입니다.

Q&A __ 상한가와 하한가

이날 삼성전자의 상한가는 1,023,000원, 하한가는 757,000원입니다. 국내 증시는 시세 안정을 위해 하루 최대 상승률과 하락률을 각각 15%로 제한하고 있습니다. 주가 상승률이 15%에 이르면 더 이상 상승하지 못하고 사고자 하는 사람의 매수 대기 물량이 쌓이게 됩니다. 매도가 없는 한 체결되지 않습니다. 아래 오스코텍의 현재가 창을 보면 2,425원까지 올라 상한가를 기록하고 있습니다. 사자 물량이 35,166주가 대기 중입니다. 이날 주가는 더 이상 오르지 않습니다.

하한가는 반대의 경우로 현재가란이 파랗게 표시되면서 가장 낮은 가격인 1,795원에 팔자 물량이 쌓여 있을 것입니다.

좌측 차트를 보면 빨간색 기둥이 높이 솟아 있는 모습이 보입니다. 상한가의 경우 가격 좌측에 ↑ 표시가 표기됩니다. 투자자들이 가장 좋아하는 화살표지요. 반대로 하한가는 ↓ 표시가 파랗게 표기됩니다. 투자자들이 가장 싫어하는 화살표입니다.

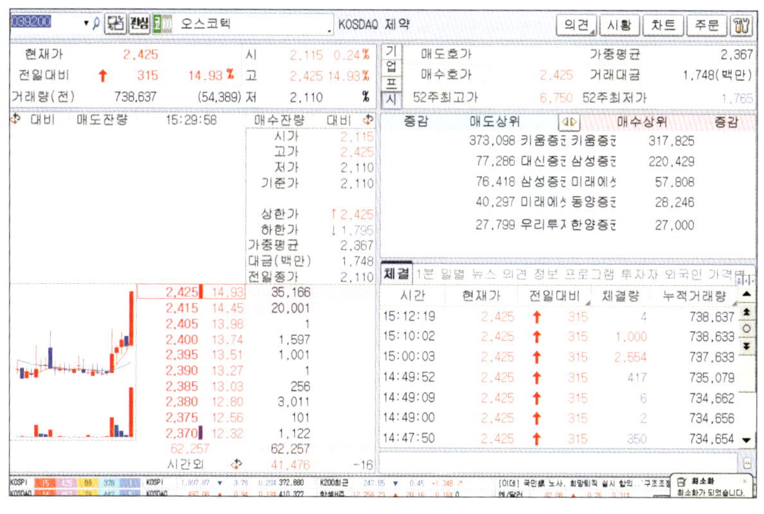

② 〈그림 2-7〉은 주문창 대신 당일 시장동향창을 띄운 모습입니다. 외국인과 기관, 개인투자자들의 매매동향과 선물, 옵션 현황 등을 실시간으로 확인할 수 있습니다. 시세 관찰이 목적이라면 주문창보다는 시장동향을 나타내는 창을 띄워 놓는 게 좋겠지요.

 기본적인 현재가창

그림 2-7 현재가창 2

관심종목 등록

상장기업 전체를 모두 모니터링할 수 없기 때문에 그중에 내가 관심 있는 종목을 미리 설정해 리스트를 만들어 놓으면 시세 관찰이 용이해집니다.

① 〈주식 ➡ 관심종목〉을 클릭하면 아래와 같은 창이 뜹니다.

② '새그룹'을 클릭해 그룹 이름을 설정합니다. 여러 개의 관심그룹을 설정할 수 있습니다. '은행증권주'라는 그룹 이름을 지정한 후 해당 업종의 종목들만 모을 수도 있습니다. 대형우량주를 관심종목으로 묶고 싶다면 그룹 이름을 지정한 후 해당 종목을 추가하면 됩니다.

➡ 테마별 분류, 업종별 분류, 기업규모별 분류, 선호하는 종목별 분류 등

그림 2-8 관심종목 등록

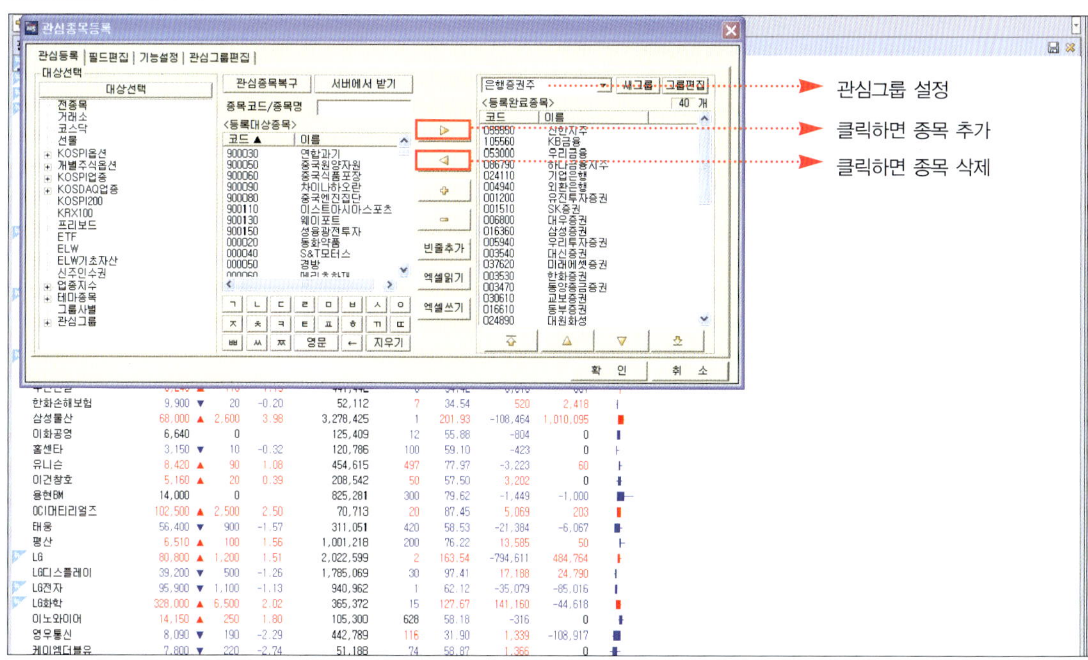

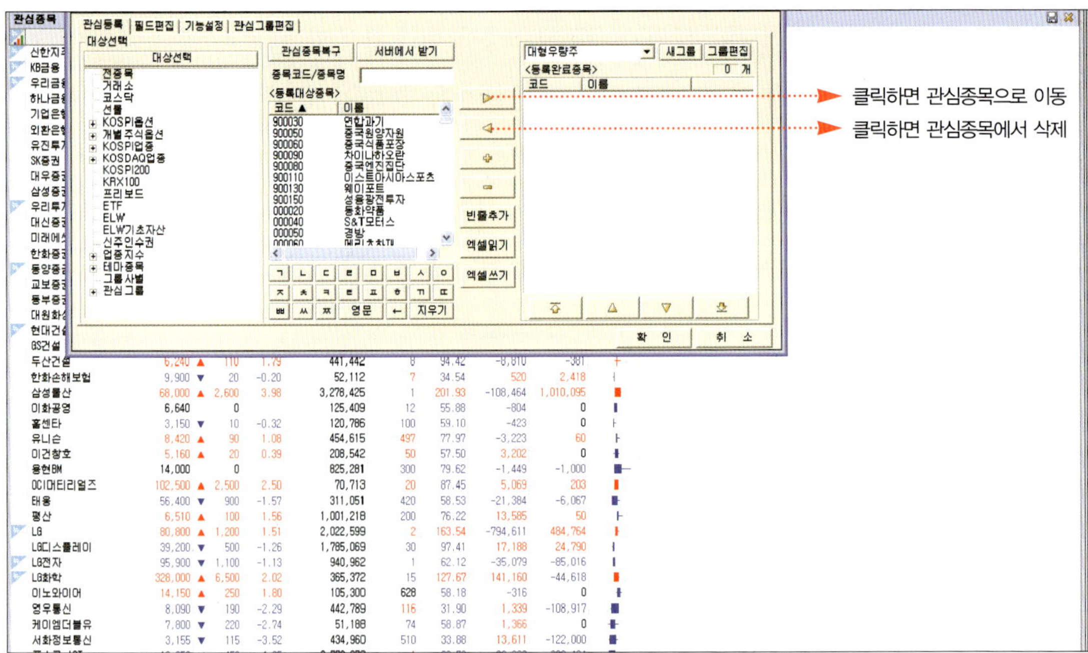
클릭하면 관심종목으로 이동
클릭하면 관심종목에서 삭제

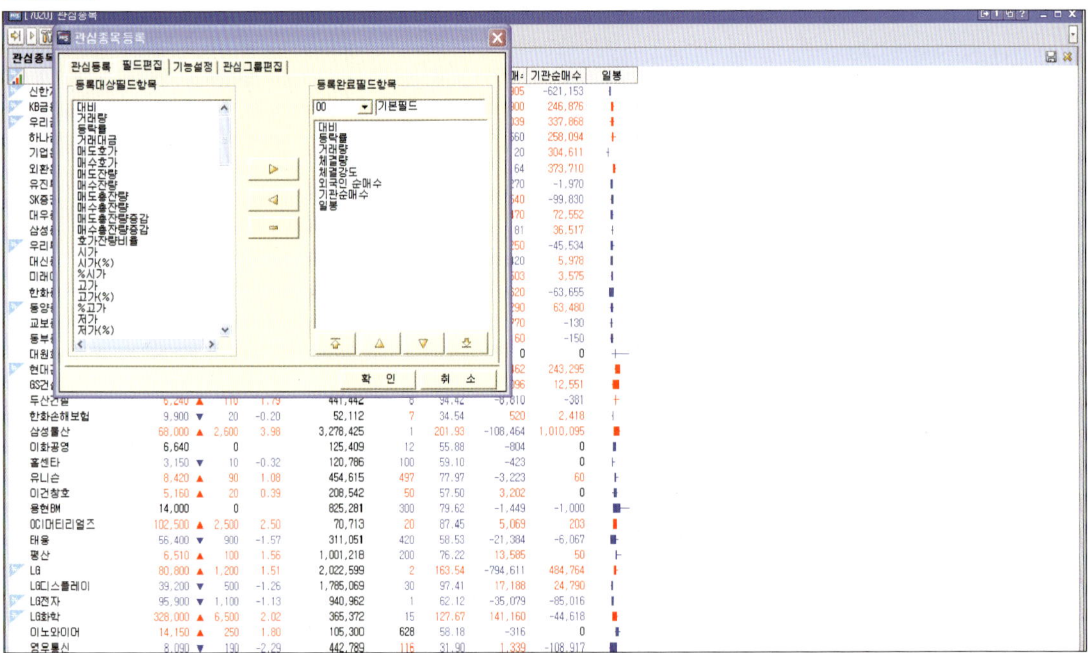

③ 종목을 먼저 선택한 후 ▷를 클릭하면 관심종목으로 이동합니다.
◁를 클릭하면 관심종목에서 삭제됩니다.

④ 〈그림 2-10〉처럼 '필드편집'을 클릭하면 관심종목 설정창에 어
떤 정보를 출력할지 결정할 수 있습니다. 현재가와 체결량, 거래
량, 외국인 순매수, 기관 순매수, 일봉 등 여러 가지로 설정이 가
능합니다.

본격적으로 사고팔자,
매수와 매도법

계좌를 개설한 여러분은 이제 주식을 사고팔 수 있게 되었습니다. 오늘은 HTS를 이용해 실제 주식을 사고파는 방법과 효과적인 매수·매도법을 알아보도록 하겠습니다. 간혹 매수와 매도를 반대로 시행해 낭패를 당하는 경우가 있으므로 단어의 의미와 방법을 잘 익혀두어야 합니다.

본격적으로 주식을 사고팔고 싶어요

이제까지 HTS 설치와 기본적인 사용법을 알아보았습니다. 이제부터는 본격적으로 주식을 사고파는 방법을 익혀보도록 하겠습니다.

매수하기(사자)

주식을 사는 행위를 '매수'라 합니다. 주문창에서 〈매수〉를 클릭한 후 가격과 주문수량을 입력합니다. 보통 〈매수〉를 클릭하면 현재가가 매수가격란에 적혀 있습니다. 내가 사고 싶은 만큼의 수량을 입력한 후 현금매수(사자) 버튼을 클릭하면 매수주문이 입력됩니다. 가격과 수량을 모두 적는 매수를 '지정가 매수'라 합니다.

삼성전자의 현재가가 891,000원인데, 보다 싸게 사고 싶다면 888,000원에 매수주문을 실행합니다. 만약 10주 매수주문을 했다면 888,000원에 매수 대기 중인 245주에서 여러분이 주문한 10주가 추가되어 255로 숫자가 변하는 것을 확인할 수 있습니다.

매수 대기하지 않고 바로 사고 싶다면 891,000원에 10주 매수주문을 넣으면 주문 즉시 체결됩니다. 그러면 현재 891,000원에 매도 대기 중인 물량이 2,626에서 2,616으로 줄어드는 것을 확인할 수 있습니다. 891,000원 팔자로 내놓은 물량이 2,626주가 있기 때문에 곧바로 체결이 되는 것이지요. 만약 891,000원에 3,000주 매수 주문을 넣었다면 매도하려고 내놓은 물량 2,626주를 모두 살 수 있고, 사지 못한 374주는 매수주문 잔량으로 남게 됩니다. 나머지 물량은 누군가 891,000원에 팔자로 내놓으면 비로소 체결이 됩니다.

만약 894,000원에 1만 주를 매수주문했다면 어떻게 될까요? 891,000

그림 2-11 매수하기

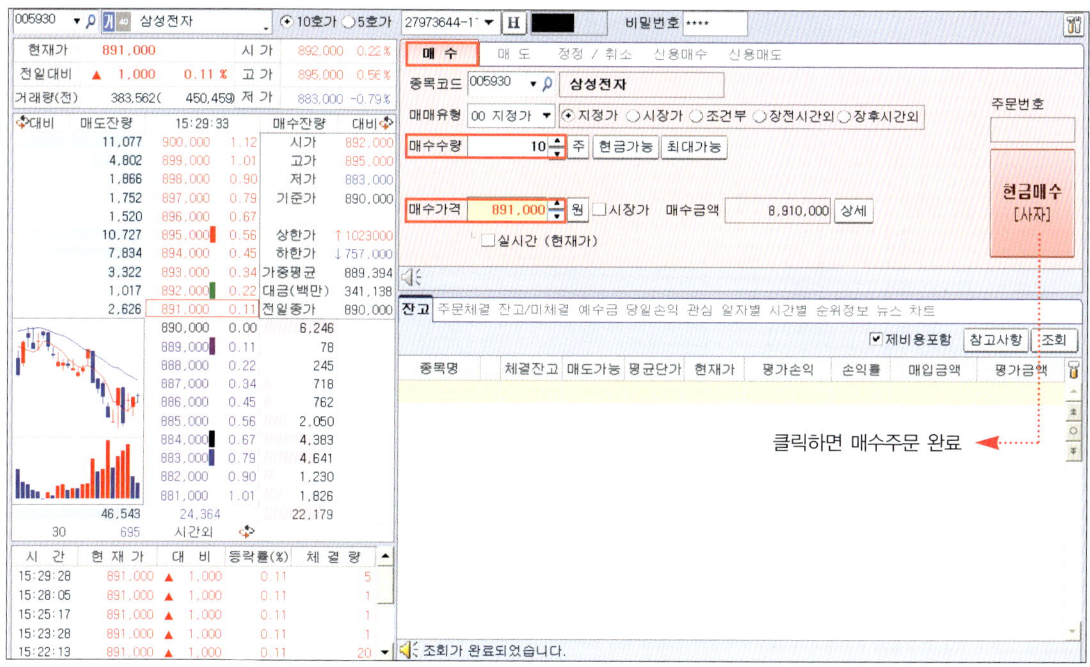

원의 2,626주, 892,000원의 1,017주, 893,000원의 3,322주가 일시에
체결되면서 894,000원의 일부 주문량까지 체결됩니다. 그러면서 현재
가는 894,000원으로 변합니다. 삼성전자야 그럴 일이 드물겠지만 저가
주의 경우 일시에 여러 호가가 체결되는 매수세를 관찰할 수 있습니다.
혹은 주문 실수로 여러 호가가 동시에 체결되는 해프닝이 벌어지기도
합니다. 매수주문이 체결되면 체결통보 신호와 함께 '잔고'란에 매수가
격과 수량, 수익률이 표시되면서 나타납니다.

매도하기(팔자)

매도는 계좌에 보유한 종목을 대상으로 주문할 수 있습니다. 보유하지
않은 종목을 매도할 수는 없겠지요. 매수와 마찬가지로 매도가격을 먼저
설정하고 매도수량을 입력한 후 오른쪽 현금매도(팔자) 버튼을 누르면 매

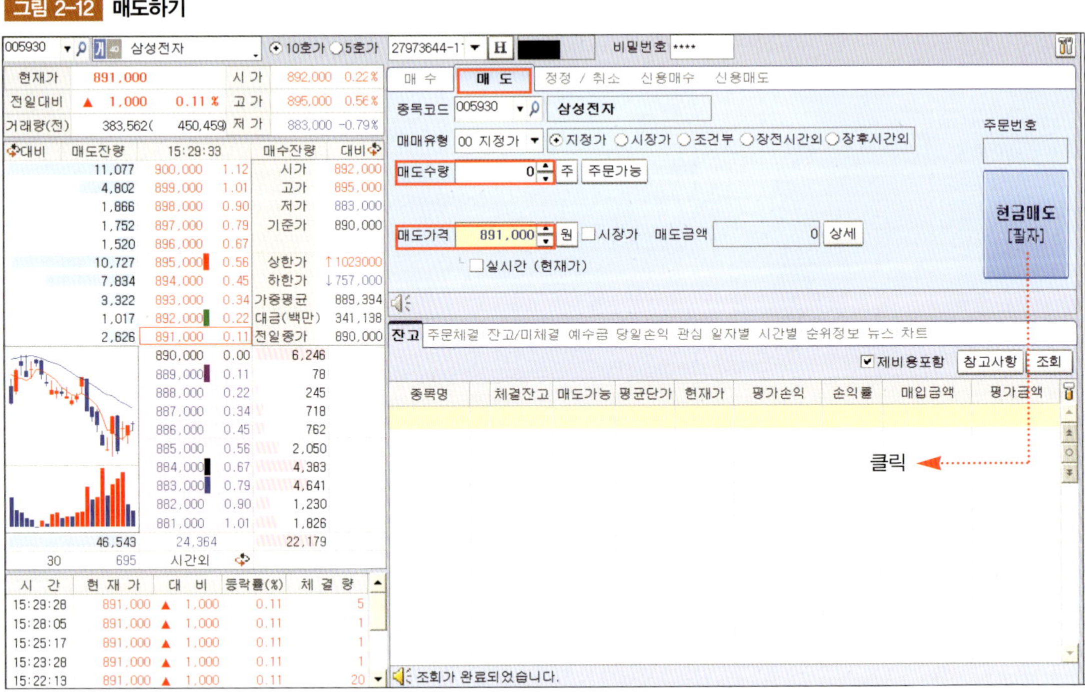

그림 2-12 매도하기

도주문이 입력됩니다.

정정/취소하기

'정정'은 매수나 매도로 내놓은 물량의 가격만 바꿀 때 사용합니다. 정정 가격과 수량을 입력한 후 '정정' 버튼을 클릭하면 가격이 바뀝니다. 이때 가격만을 바꾸면 내가 내놓은 모든 물량의 가격이 일제히 바뀌지만(잔량 전부), '잔량전부' 란을 클릭한 후 수량을 따로 입력하면 입력한 만큼의 물량만 가격이 바뀝니다. 예를 들어 888,000원에 10주 매수주문을 한 후 5주에 대해서만 891,000으로 정정하며 5주를 먼저 매수체결하는 식입니다. 나머지 5주는 888,000원에 그대로 매수대기 상태에 있습니다.

'취소'는 주문한 물량을 취소할 때 사용합니다. 잔량 전부를 취소할 수도 있고, 일부만 취소할 수도 있습니다.

주문 실수를 줄이자
매수와 매도 버튼을 누르기 전 가격과 수량이 맞는지 다시 한번 확인하는 습관을 들이는 게 좋습니다. 한순간의 실수가 손실을 키울 수 있습니다. 대형우량주의 경우 큰 손실이 날 확률이 작지만, 소형주의 경우 가격과 수량이 터무니없을 경우 급등과 급락을 하기도 합니다. 수량이 많고 가격이 터무니 없을수록 호가창의 변화가 심하게 일어납니다.

그림 2-13 정정 · 취소하기

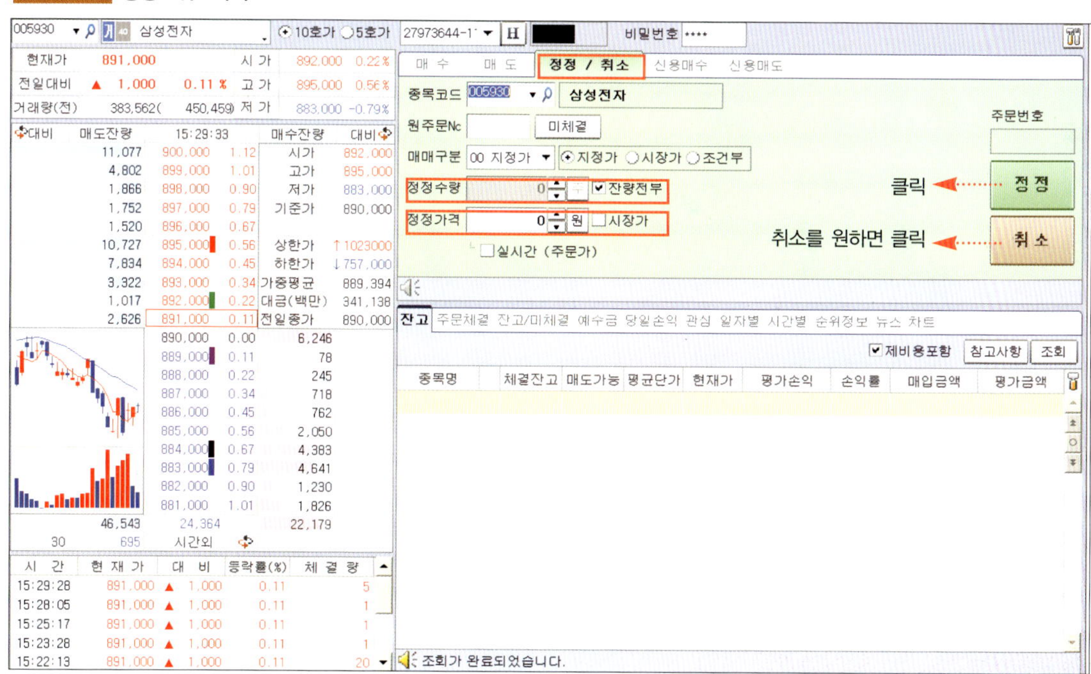

매매주문 방법

① 지정가 주문

매수나 매도자가 자신이 정한 가격에 주문을 내는 경우를 말합니다. 가장 빈번하고 흔한 주문 형태입니다.

② 시장가 주문

매수나 매도자가 수량은 지정하되 가격은 지정하지 않는 경우를 말합니다. 시장가 주문을 클릭하면 가격을 입력하는 란이 반전되면서 가격을 적을 수 없게 변합니다. 이때는 시장에서 현재 형성되고 있거나 형성될 가격으로 주문이 이뤄집니다. 매수의 경우 현재 매도 주문 가격에 체결이 되고, 매도 주문의 경우 매수주문 가격으로 체결됩니다. 주문을 내자마자 체결되기를 바란다면 시장가 주문이 유효합니다.

단, 호가가 촘촘할 때는 불이익이 상대적으로 적으나, 호가 공백이 있을 때는 지나치게 높은 가격, 혹은 낮은 가격에 체결된다는 단점이 있습니다. 예를 들어 삼성전자를 매수할 때 매도 호가창에서 891,000원과 892,000원에 매도잔량이 없다면 893,000원에 체결이 됩니다. 특히 여러 호가를 동시에 체결하면서 급등락하는 종목의 경우 호가 공백이 자주 발생하므로 각별히 주의해야 합니다.

③ 조건부 지정가 주문

장중에 지정가로 주문을 냈으나 그 가격에 체결이 되지 않았을 경우 마감 전 동시호가 시간에 지정가에서 시장가로 주문이 바뀌는 주문 형태입니다. 주문을 내놓고 호가창을 계속 주시할 수 없거나 개인 사정으로 HTS를 꺼놓아야 하거나, 외출 등 여러 상황이 발생했을 때 지정가에 오면 체결이 되면 좋고, 동시호가에라도 반드시 체결되기를 바랄 경우 이용하면 좋습니다.

④ 최유리 지정가 주문

수량만 지정하고, 가격은 지정하지 않는 주문 형태입니다. 매수주문의 경우 최우선 매도호가의 가격으로, 매도주문의 경우 최우선 매수호가의 가격으로 지정됩니다.

⑤ 최우선 지정가 주문

수량만 지정하고 가격은 지정하지 않는 주문 형태입니다. 최유리 지정가 주문과 다른 점은 매수주문 시 최우선 매수호가의 가격으로, 매도주문시 최우선 매도호가의 가격으로 지정됩니다. 최유리 지정가는 곧바로 체결이 되지만, 최우선 지정가는 매수와 매도 대기 상태에 놓입니다.

⑥ 조건부여 주문

일정한 조건을 설정해 주문하는 형태를 말합니다. IOC주문의 경우 체결 가능한 수량은 매매를 하게 하고, 매매가 되지 않은 수량은 취소하도록 설정한 주문방식입니다. FOK주문의 경우 주문을 낸 수량 전부가 매매체결이 가능할 때는 매매가 가능하지만 그렇지 않을 경우에는 수량 전부를 취소하는 조건을 설정한 주문방식입니다.

목표수량을 정한 상태에서 수량단위로 매매하고자 할 때 이용하는 방식으로 주로 기관투자자들이 자주 활용합니다.

매매체결의 원칙

공정하고 합리적인 매매를 위해 매매체결 원칙을 세워 우선순위를 부여
하고 있습니다. 매매체결 원칙에는 가격우선, 시간우선, 수량우선, 위탁
매매우선이 있습니다.

① 가격우선의 원칙

가격이 유리한 주문이 가장 먼저 체결되는 원칙입니다. 매수주문일
경우 가장 높은 가격에, 매도주문일 경우 가장 낮은 가격에 주문한
물량이 가장 먼저 체결이 됩니다. 삼성전자의 경우 870,000원보다
는 885,000원으로 매수 주문을 넣었을 때 더 빨리 체결이 되겠지
요. 매도는 반대로 900,000원보다는 893,000원에 주문했을 때 더
빨리 체결됩니다.

② 시간우선의 원칙

시간상으로 먼저 주문한 물량이 나중에 주문한 물량보다 먼저 체결
되는 원칙입니다. 890,000원에 매수 잔량이 6246주입니다. 6246
주란 한 사람의 주문수량이 아니라, 여러 사람의 주문수량이 합쳐
진 수량일 가능성이 높습니다. 10주+46주+77주+2주+5주 등의 매
수주문이 있다고 합시다. 이 주문수량 중 0.1초라도 먼저 주문한
수량이 먼저 체결됩니다. 여러분이 890,000원에 매수주문을 걸어
놓았음에도 불구하고 890,000원까지 왔던 주가가 다시 올라갈 때
여러분의 주문은 체결되지 않을 수도 있습니다. 앞서 주문한 수량
만 체결된 후 다시 상승할 수도 있겠지요.

③ 수량우선의 원칙

주문한 시간과 가격이 일치할 때는 수량이 많은 주문자에게 체결 우선권을 줍니다. 장중에는 이와 같은 우연의 일치가 잘 일어나지 않지만, 동시호가에서는 중요하게 작용할 때도 있습니다. 예를 들어 연일 하한가나 상한가를 기록하는 종목의 경우 누가 먼저 체결 되느냐에 따라 수익률이 급변할 수 있으므로 동시호가 때 0.1초라 도 먼저 체결되도록 치열한 경쟁이 일어나기도 합니다.

④ 위탁매매 우선의 원칙

단일가로 체결되는 동시호가에서는 증권사 주문보다 고객의 주문 이 우선한다는 원칙을 말합니다.

시간외 단일가 주문

증권거래의 정규시간은 오전 9시부터 오후 3시까지입니다. 그밖에 '시간 외 단일가' 거래가 있습니다. 오전 7시30분~8시30분까지는 전일의 종가 기준으로, 오후 3시~3시30분까지는 당일의 종가 기준으로 주문을 낼 수 있습니다. 매수주문 시 매도주문이 있을 경우에 한해 체결이 되고, 매도 도 마찬가지입니다. 이를 장전시간외, 장후시간외라 하며 주문을 낼 수 있습니다.

오후 3시30분부터 6시까지는 단일가 매매로 거래가 가능합니다. 단일가 매매는 30분 단위로 매매가 이뤄집니다. 4시, 4시반, 5시, 5시반, 6시로 총 5번에 걸쳐 단일가 매매를 할 수 있습니다. 정규장의 상승과 하락 범위가 15%인데 반해 단일가 매매는 종가 대비 상승 5%, 하락 5%의 범위를 벗어 날 수 없습니다. 체결방식은 동시호가와 동일하게 매수세와 매도세의 힘겨 루기에 의해 결정됩니다. 하나의 가격에서 동시에 체결이 이뤄집니다.

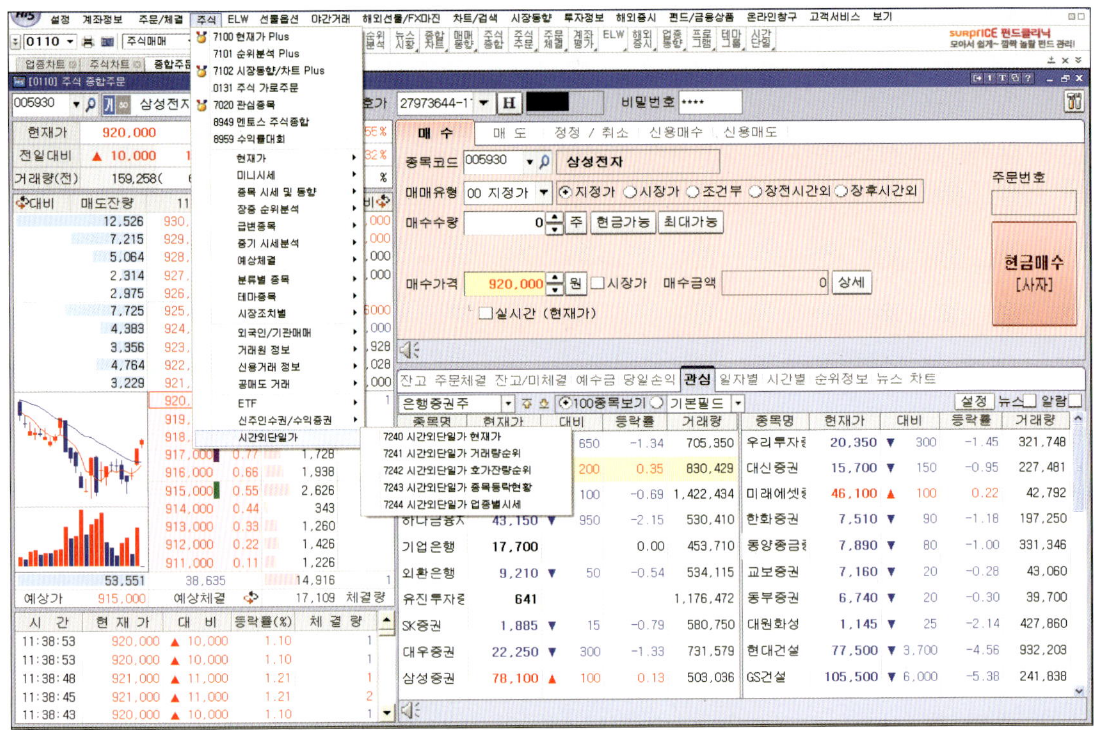

ADVICES

동시호가란?

동시호가는 장이 시작되기 전과 끝나기 전 두 번 실행됩니다. 장 개시 전인 아침 8:00~9:00까지 1시간 동안, 마감 전인 오후 14:50~15:00까지 10분 동안 진행됩니다. 동시호가 시간대에는 주문이 곧바로 체결되지 않고 이 시간에 나온 주문물량이 똑같은 시간에 접수된 것으로 간주해 단일한 가격으로 동시에 체결되도록 합니다. 개장 전 동시호가를 통해 시초가가 결정되고, 마감 전 동시호가를 통해 종가가 결정됩니다. 동시호가에서는 시간우선 원칙은 적용되지 않으며, 가격과 수량우선 원칙만 적용됩니다.

동시호가 시간에 호가창을 보고 있으면 주문이 체결되지는 않고 매수와 매도 주문이 입력되면서 주가가 힘겨루기를 하는 모습을 확인할 수 있습니다. 얼마에 시작하느냐와 얼마에 끝나느냐를 결정하는 시간이므로 미묘한 신경전이 벌어지기도 합니다.

주문 잘하는 방법을 알려주세요

매수와 매도에도 원칙이 있습니다. 아무 때나 사고팔 수 있는 것이 주식이지만 그렇게 해서는 수익률 게임에서 승리하기가 그만큼 어려워집니다. 오늘은 효과적인 매수·매도법을 알아보도록 하겠습니다.

13일째

어떻게 하면 주문을 잘하나요?

거래수수료를 아끼자

거래수수료는 주식을 사고팔 때 내는 세금을 말합니다. 증권회사에 지급하는 위탁수수료와 국가에 내야 하는 증권거래세가 있습니다. 매수 시에는 위탁수수료만 내고, 매도 시에는 위탁수수료와 증권거래세를 모두 내야 합니다. 국가에 내는 증권거래세는 0.3%로 증권사마다 동일하지만 증권사에 지급하는 위탁수수료는 조금씩 차이가 있습니다.

오프라인의 경우 보통 매매 총금액의 0.5%를 위탁수수료로 내야 합니다. 최근에는 대부분 HTS를 이용하기 때문에 HTS 매매를 통한 수수료를 지급하는데 오프라인보다 훨씬 저렴합니다. 증권사에 따라 0.015%에서 0.15%까지 다양하므로 증권사 선택 시 미리 살펴보아야 합니다. 파생상품인 선물, 옵션, ELW 등에는 증권거래세가 부과되지 않습니다.

잦은 매매가 수수료를 증가시킨다

수수료의 경우 매매를 자주 하지 않는 투자자에게는 큰 의미가 없지만 매매가 잦은 경우에는 상당한 부담이 됩니다. 하루에도 수십 번씩 사고파는 투자자들이 의외로 많습니다. 금액이 많으면 하루 수수료만 수십만 원에 이르기도 합니다. 예를 들어 1천만원을 거래했을 때 수수료는 0.15%이며 증권거래세는 0.45%입니다. 1천만원으로 매수와 매도를 했다면 총 0.6%를 수수료로 지급한다는 결론이 나옵니다. 금액으로는 6만 원입니다. 몇 번만 사고팔아도 금세 10만원이 훌쩍 넘어갑니다.

따라서 매수와 매도 시에는 신중하게 판단해야 합니다. 수익을 많이 내고도 수수료 때문에 계좌가 마이너스를 기록하는 단기 매매자들이 국내 증시에 많다는 사실을 잊지 마세요.

신용, 미수매매는 절대 피하자

증권사는 투자자가 보유한 금액보다 더 많은 주식을 살 수 있도록 돈을 빌려줍니다. 이를 이용한 거래를 신용거래라 합니다. 신용거래를 하려면 신용거래 약정서를 작성해야 합니다. 상승장에서 제한적으로 신용거래를 활용하면 수익이 극대화되기도 하지만, 한번 사용하다보면 신용거래만 하게 됩니다. 마약처럼 한번 해볼까 하는 마음이 결국 중독에 이르게 합니다. 처음부터 아예 사용하지 않는 것이 좋습니다.

표 2-1 증권사 수수료 체계

증권사명	온라인 주식 수수료	계좌개설 가능 지점, 은행
이트레이드증권	0.015%	국민, 신한, 우리, 하나, 농협, 기업, 시티, 외환, 제일, 대구, 부산은행 등
키움증권	0.015%	국민, 신한, 우리, 하나, 농협, 기업, 시티, 외환, 제일, 대구, 부산은행 등
동양종합금융증권	은행개설 0.015% 지점개설 0.019%	동양종합금융증권 지점. 국민, 우리, 시티, 신한, 하나은행 등
한국투자증권	은행개설 0.015% 지점개설 0.5%~0.08%	한국투자증권 지점. 하나, 국민, 우리, 농협, 시티은행 등
하나대투증권	은행개설 0.015% 지점개설 0.1%~0.08%	하나대투증권 지점. 하나, 국민, 우리, 농협, 시티은행 등
동부증권	은행개설 0.024% 지점개설 0.1%	동부증권 지점. 국민, 우리, 신한, 시티, 외환, 기업은행 등
미래에셋증권	0.029%	미래에셋 지점. 우리, 하나, 시티, 기업, 부산, 제일은행 등
현대증권	0.16%~0.08% 거래금액별 차등	현대증권 지점. 우리, 하나, 시티, 기업, 부산, 제일은행 등
대우증권	0.5%~0.08% 거래금액별 차등	대우증권 지점. 국민, 우리, 신한, 시티, 외환, 기업은행 등
삼성증권	0.5%~0.08% 거래금액별 차등	삼성증권 지점. 국민, 우리, 신한, 광주, 외환, 기업은행 등
우리투자증권	0.5%~0.09% 거래금액별 차등	우리투자증권 지점. 우리, 경남, 광주, 국민, 시티, 외환은행 등
대신증권	0.071%부터 거래금액별 차등	대신증권 지점. 국민, 우리, 기업, 하나, 신한, 외환, 농협, 우체국, 시티, 대구, 광주, 제일, 부산은행 등
SK증권	0.015%	SK증권 지점. 국민, 우리, 시티, 기업, 농협, 대구, 하나, 제일, 부산은행, 새마을금고 등

Q&A __ 모바일 트레이딩 시스템(MTS) 수수료는?

최근 유행하고 있는 스마트폰이나 아이패드를 이용한 거래의 경우 수수료는 0.1% 정도입니다. HTS 수수료가 0.015%인 증권사가 많은 점과 비교하면 6배 이상 차이가 납니다. PC 활용이 가능하다면 HTS를 통한 매매가 좋고, PC 앞에 앉아 있을 수 없는 경우라면 모바일 트레이딩 시스템을 활용하면 됩니다.

수익이 배가 되지만, 손실도 배가 되는 제도

신용과 미수거래를 하면 내가 보유한 현금의 2배 이상의 주식을 살 수 있습니다. 수익도 2배가 될 수 있겠지요. 하지만 문제는 하락했을 때입니다. 손실이 2배가 됩니다. 신용거래로 수익이 2배가 나도 투자자들은 대부분 작은 수익에 만족해 주식을 처분하기 쉽습니다. 그런데 주가가 하락해 손실이 2배가 되면 아까운 마음에 주식을 팔지 못합니다.

매매를 잘하는 투자자는 신용거래를 원칙적으로 하지 않습니다. 신용거래가 아니어도 충분히 높은 수익을 거둘 수 있기 때문입니다. 신용거래는 투자자의 마음을 불안하게 해 시장을 객관적으로 볼 수 없게 만듭니다.

투자자의 환상을 자극하는 신용거래의 단점

신용거래일수록 상승에 대한 기대감만 잔뜩 부풀려놓아 투자자를 환상에 젖게 합니다. 하지만 주가란 내 마음대로 흘러가는 게 아니지요. 언제라도 올랐다가 내리기를 반복하는 게 주가의 기본 속성입니다. 이 과정에서 신용거래자는 큰 피해를 보게 됩니다. 현금으로만 주식을 산 투자자는 주가 상승과 하락에 보다 의연하게 대처할 수 있습니다. 최악의 경우 주가가 폭락해도 다시 올라올 때까지 버티면 그만이지요.

하지만 신용거래는 3개월 후까지 주식을 처분하지 않으면 증권사에서 강제로 반대매매를 단행합니다. 내가 팔고 싶지 않아도 손실에 관계없이 보유주식이 매도처리됩니다. 주가 하락 시 손실을 그대로 확정해야 한다는 단점이 생기는 것이지요.

깡통의 지름길

또 하나 신용거래의 위험성은 주가의 과도한 하락 시 깡통을 차게 한다는 점입니다. 1백만원으로 2백만원 어치의 주식을 매수했다고 가정해 봅시다. 주가가 50% 하락한다면 2백만원 어치의 주식이 1백만원이 된다는 뜻이지요? 그러면 내가 보유한 현금이 몽땅 날아간 셈입니다. 여기서 깡통이 발생합니다.

주가가 급락할 때 투자자들은 손실분을 빨리 회복하려는 마음에서 신용거래를 일삼습니다. 주가가 반등하면 다행이지만 폭락장에서 주가하락의 끝을 섣불리 예측할 수 없습니다. 많이 떨어진 상태에서는 극적으로 더 많이 떨어지는 장이 폭락장입니다.

폭락장이 아니더라도 주가가 과도하게 떨어지면 깡통에 대한 두려움 때문에 밤에 잠을 잘 수 없습니다. 다음날 또 떨어지면 깡통에 가까워지는 자신의 계좌를 안타까운 마음으로 바라볼 수밖에 없겠지요. 이런 마음으로 제대로된 투자가 가능할까요? 실수로 신용주문이 체결되었더라도 빨리 다시 팔고 현금으로만 사도록 해야 합니다.

나눠 사고 나눠 팔자

나눠서 사고 나눠서 파는 것을 분할 매수, 분할 매도라 합니다. 하루에도 오늘 내가 사고 싶은 물량을 3번으로 나누어 아침에 30%, 장중에 30%, 막판 동시호가에 40% 등으로 나눠서 매수합니다. 혹은 월요일마다 일정량씩 매수하는 것도 좋고, 매월 월급날 이후 주가가 떨어진 날 매수하는 원칙을 세울 수도 있습니다. 펀드로 말하면 적립식 펀드라 할 수 있습니다. 분할해서 사는 이유는 위험을 분산하기 위함입니다. 아침에 100%를 샀을 경우 그날 음봉이 발생해 주가가 하락했다면 이날 산 물량은 모두 마이너스(−)를 기록할 것입니다. 하지만 나눠서 샀을 경우 주가가 많이 떨어졌더라도 위험이 분산되어 그날의 마이너스 모두를 감수하지 않아도 되는 상태가 됩니다. 혹은 장중 크게 하락했을 때 산 물량이 희석되어 이날 산 물량이 플러스가 될 수도 있습니다.

주가가 올랐다 하더라도 아까워할 필요는 없습니다. 위험을 분산했다는 사실이 중요합니다.

분할 매수·매도는 여유를 준다

매도의 경우에도 원칙을 정해놓고 나눠서 팔면 주가에 대응하기가 한결 쉬워집니다. 나눠서 팔면 주가가 고점을 찍고 하락하더라도 일부 물량은 매도한 상태이므로 수익을 일정 부분 확정할 수 있습니다. 주식을 일시에 팔았을 경우에는 주가가 내가 매도한 가격 이상으로 상승하면 다시 매수하고 싶은 욕심이 생깁니다. 분할해서 매도한 경우에는 보유물량이 있으므로 욕심을 제어할 수 있겠지요. 분할로 매도한 후 주가가 하락한다면 다시 매수시점을 잡아 매도한 만큼 매수할 수도 있습니다.

분할 매수와 분할 매도는 포트폴리오 관리와 마찬가지로 수익률을 관리하는 행위이므로 되도록 지키도록 해야 합니다.

현금 올인을 금하자

투자자들은 대부분 현금 보유를 무척 싫어합니다. 현금을 보유한다는 것은 곧 수익 기회를 잃는 것으로 여기기 때문이지요. 계좌를 주식으로 꽉꽉 채워놓고 오르기만을 바라는 게 투자자의 전형입니다. 전문가나 애널리스트들이 TV에 나와 현금비중을 20% 혹은 50%로 유지하라는 말을 하지요. 왜 그럴까요? 수익을 낼 자신이 없어서일까요?

현금을 주식으로 100% 바꿔놓았다는 것은 곧 여러분의 계좌가 '욕심'으로 가득 찼다는 것을 의미합니다. 욕심으로 가득 찬 투자자는 시장을 객관적으로 볼 수 없습니다. 오직 오르기만을 바랄 수밖에 없지요.

주가란 오르기도 내리기도 합니다. 생각보다 많이 오르거나 많이 내리기도 합니다. 여러분의 예상이 맞아야만 하는 극단적인 계좌보다는 올라도 내려도 기회가 있는 탄력적인 계좌운용이 바람직합니다.

탄력적인 계좌운영을 위한 필수 요건

계좌를 탄력적으로 운영하기 위해서는 항상 비워두는 자세가 필요합니다. 절호의 기회가 왔을 때 현금이 없으면 손가락만 빨고 있어야 합니다. 묘하게도 이런 기회는 현금이 없을 때, 즉 계좌에 주식만 가득 채워져 있을 때 옵니다.

오르락내리락하는 주가 흐름에 잘 대처하기 위해서는 오르면 일부를 덜어내고, 내리면 추가로 매수하는 전략이 좋습니다. 주가 상승기에도 조정은 항상 있기 마련이므로 조정을 대비해 현금을 보유해야 합니다. 주가 하락기에는 현금이 가장 좋습니다. 잃지 않는 것도 투자란 말을 명심하세요. 주식을 들고 있지 않다면 주가가 아무리 많이 떨어져도 단 한 푼의 손실도 나지 않겠지요. 주가가 많이 하락한 후 싼 가격에 주식을 매수할 수 있다면 그만큼 수익을 거둔 것과 같습니다.

주식에서 성공과 실패의 운명은 이런 사소한 결정에서 갈린다는 사실을 잊지 말아야겠습니다.

수익이 나면 인출하자

내 창고에 금덩이가 한 말이라도 팔아서 음식을 사야 배가 부를 수 있습니다. 금덩이가 여러분의 배를 부르게 할 수는 없습니다. 주식에서도 아무리 많은 수익을 올렸더라도 증권계좌에서 돈을 빼내야만 비로소 사용이 가능하겠지요. 생활자금이 될 수도 있고, 급한 곳에 쓸 수도 있을 것입니다.

투자자들은 한번 증권계좌로 돈을 입금하면 여간해서는 인출하지 않습니다. 불가피한 일이 있을 경우에만 빼내지요. 현금이 많을수록 수익도 많이 거둘 수 있다는 환상 때문입니다. 하지만 이 역시 욕심입니다. 수익을 거뒀으면 수익금 중 일부 혹은 여러분이 정한 투자금액만 남겨두고 인출해 안전자산으로 옮겨 놓는 게 좋습니다.

자신에게 맞는 수준의 총투자금액 유지

수익이 나서 계좌의 총금액이 높아지면 수익과 손실도 그만큼 커질 것입니다. 벌었던 돈을 다시 반납하는 이유는 벌어들인 돈을 계좌에 꼭꼭 움켜쥐고 있기 때문입니다. 이런 불상사를 피하기 위해 계좌의 총금액을 여러분에게 맞는 수준으로 유지하는 게 좋습니다.

2,000만원을 운용하던 투자자가 수익이 나서 5,000만원이 되었다면 투자방법도 달라집니다. 투자자마다 실력에 따라 그릇이 있습니다. 갑자기 5,000만원이 된 계좌를 2,000만원과 동일하게 운용하기가 쉽지 않습니다. 변동폭에 따라 총금액의 변동도 심해지겠지요.

투자에 자신감이 붙어 투자금을 높이고 싶더라도 단계별로 조금씩 높여가는 게 좋습니다. 이렇게 수익금을 인출하는 기쁨을 자주 맛보아야만 주식투자의 즐거움도 만끽할 수 있고 투자의 중요성도 깨달을 수 있습니다.

Q&A __ 주가의 힘겨루기

현재가는 매수와 매도의 힘겨루기 결과

매수와 매도는 수요와 공급이라 할 수 있습니다. 모든 시장은 수요와 공급의 법칙에 의해 가격이 결정됩니다. 주식 또한 매수자와 매도자가 서로 힘을 겨루면서 가격이 변하고 결정됩니다. 매수하려는 힘이 강하면 주가는 상승을 하고, 매도하려는 힘이 강하면 주가는 하락을 합니다.

장중에도 매수세가 강하면 상승을 했다가 다시 매도세가 강해지면 하락을 합니다. 그러면서 그날의 시가와 최고가, 최저가, 종가 등이 결정됩니다.

하루를 종합적으로 판단했을 때 매수세가 강한 날이었다면 주가는 상승으로 마감하고, 매도세가 강한 날이었다면 하락으로 마감할 것입니다. 개별 종목뿐만 아니라 종합주가지수도 매수세와 매도세의 힘겨루기에 의해 가격이 변동하고 결정됩니다. 이때 매수세가 강하면 더 높은 가격에 먼저 사려는 사람이 많아질 것이므로 매수호가가 점차 높아지고, 매도호가도 높아질 것입니다. 매도호가의 경우 낮은 가격에 팔자로 내놓은 물량이 체결되면서 호가 공백이 생기고 이 자리를 매수하려는 사람들이 차지할 것입니다. 그러면서 점차 가격이 올라갑니다.

반대로 매도세가 강하면 매수와 매도호가 모두 내려가고 가격은 점차 낮아지겠지요. 따라서 사자는 힘과 팔자는 힘 중 누가 더 강한지 유심히 관찰해야 합니다.

모바일 투자는 어떻게 하나요?

스마트폰 시대에 모바일증권 투자는 선택을 넘어 필수가 되고 있습니다. 아직 사용 초기라서 일부 투자자만 제한적으로 사용하고 있지만, 기기의 발달과 보급은 모바일증권 이용자의 급증을 불러 올 것입니다.

증권계좌를 생애 처음 개설한 나개미는 흥분에 들떠 김원기 대표에게 감사 전화를 걸었습니다.

"대표님, 감개가 무량합니다. 뭐라 감사를 해야 할지 모르겠습니다."

"도움이 됐다니 다행이네요."

"제가 점심식사라도 대접하고 싶은데 사무실로 가면 되나요? 다행히 제가 오늘 휴가를 내서 시간이 됩니다."

"이런 쯧쯧. 저는 잠시 일이 있어 사무실을 나왔습니다."

"대표님 같은 전문가가 장중에 자리를 비워도 되나요? 의외인데요."

기분이 좋은 나개미는 농담이 절로 나왔습니다.

"하하하. 장중에 점심식사는 괜찮구요?"

"후훗, 얘기가 그렇게 되나요?"

"예전에는 장중에 자리를 뜨지 않는 게 원칙이었지만, 요즘은 중요한 일이 있을 때는 외출을 하기도 합니다. 모두 모바일 덕분이지요."

“모바일요? 그런 게 있었나요?”

“요즘은 증권사마다 시대의 흐름에 맞춰 스마트폰으로 매매가 가능한 프로그램을 내놓고 있습니다. HTS와 똑같이 매매도 가능하고 시세 확인도 되니 참 편리합니다.”

“그럼 저도 모바일 증권을 해야 하나요?”

“언제 어떤 일이 일어날지 모르니 스마트폰이나 아이패드가 있으면 설치해두는 게 좋습니다. 잦은 매매를 위해서가 아니라 만약을 대비해서 대처가 가능한 상황을 항상 만들어놓는 게 좋겠죠. 출장이라도 갔는데 악재가 터져 이러지도 저러지도 못할 상황이 되면 낭패가 아닙니까?”

“맞습니다.”

“모바일 증권은 사용도 편리하지만, 이런 프로그램도 사용해 보아야 시대의 흐름을 읽을 수 있습니다. 시대가 얼마나 빨리 어떤 방향으로 흘러가는지 투자자라면 몸으로 익히는 게 좋습니다.”

모바일증권은 무엇인가요?

이미 많은 증권사에서 모바일 증권 서비스를 제공하고 있습니다. 시세조회부터 시작해 현물거래뿐만 아니라 선물, 옵션, ELW 등 파생상품 거래, 연계은행과의 입출금도 가능하여 PC에서 사용하는 HTS와의 차이가 좁혀진 상태입니다. 스마트폰과 일반 휴대폰은 물론 갤럭시탭과 아이패드 등에서도 거래가 가능하므로 모바일 투자 기능을 익혀두면 유사 시 매매에 많은 도움을 받을 수 있습니다. 모바일 거래 시스템은 PC의 HTS(Home Trading System)와 비교해 MTS(Mobile Trading System)라 합니다.

이용방법은 어렵나요?

어렵지 않습니다. HTS와 거의 유사하지만 '공인인증서 복사하기' 기능이 추가됩니다. 이용절차를 자세히 알아봅시다.

이용절차

① 먼저 일반 PC를 통해 증권사 홈페이지에 접속하여 모바일증권 서비스를 신청해야 합니다. 증권계좌가 없다면 증권계좌 개설부터 시작해야 합니다. 일부 증권사의 경우 HTS를 통해 서비스 신청이 가능합니다.

② 아이폰을 통한 '공인인증서 가져오기'를 실행해 볼까요? 아이폰에서 하나대투증권의 앱 어플을 다운로드 받아 설치한 후 실행시킵니다.

어플 실행 후 〈공인인증〉란을 클릭하면 〈공인인증서 가져오기〉가 뜨고 이를 클릭하면 〈휴대폰번호 인증〉과 〈주민번호 인증〉 중 선택할 수 있습니다.

③ 다시 PC에서 하나대투증권 홈페이지에 접속하여 〈공인인증서/OTP〉 메뉴를 클릭한 후, 〈스마트폰 공인인증서〉 메뉴를 클릭합니다.

주문을 하고 싶거나 계좌 잔고를 확인하고 싶을 때는 인증서가 필요하지만, 시세조회전용으로 접속할 시에는 인증서가 필요하지 않으므로 인증서 설치는 필수사항은 아닙니다. 시세조회가 목적이라면 인증서 설치 없이 어플만 이용할 수 있습니다.

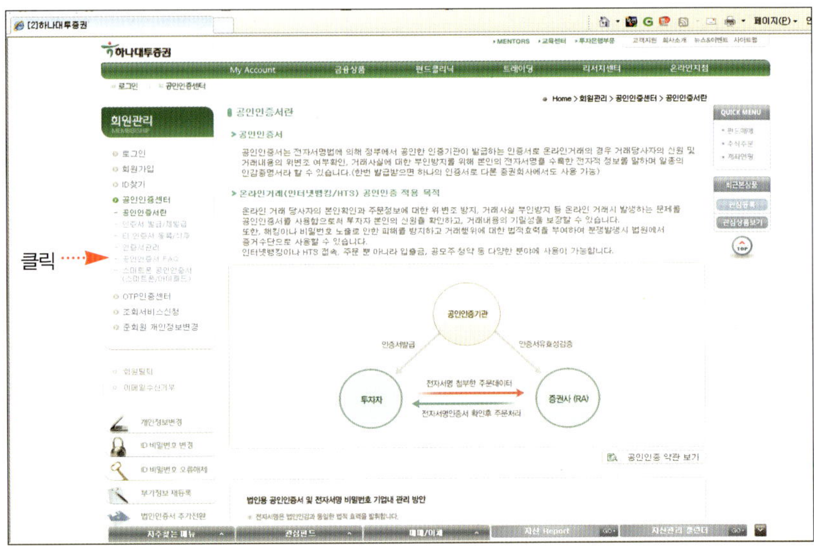

④ 이 중 '아이폰'을 통한 인증서 복사를 실행합니다.

⑤ 〈공인인증서 복사하기〉를 클릭하여 인증서 비밀번호를 입력한 후 주
민등록번호를 입력합니다(또는 핸드폰 인증도 가능합니다).

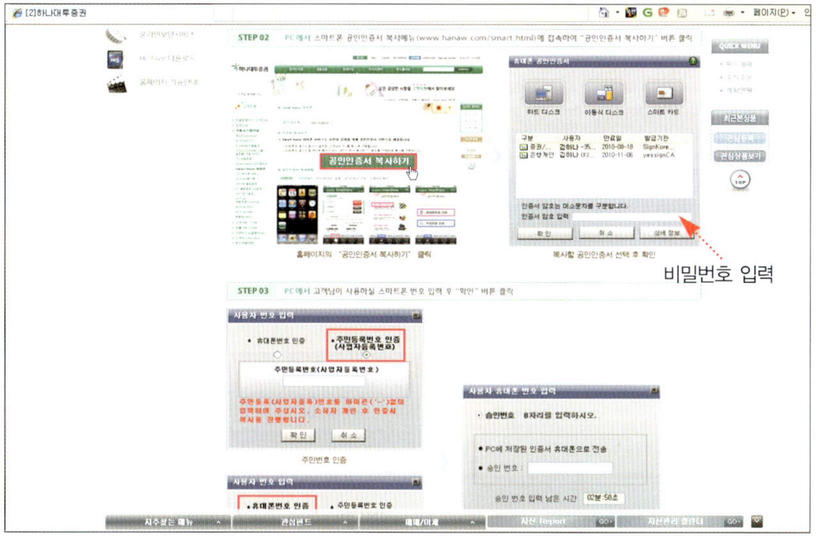

⑥ 주민등록번호나 핸드폰 번호를 입력 후 '확인' 버튼을 누르면 '승인
번호' 입력 창이 뜹니다.

⑦ PC에서 아이폰에 전송될 공인인증서 암호를 입력 후 '휴대폰전송'
버튼을 클릭합니다.

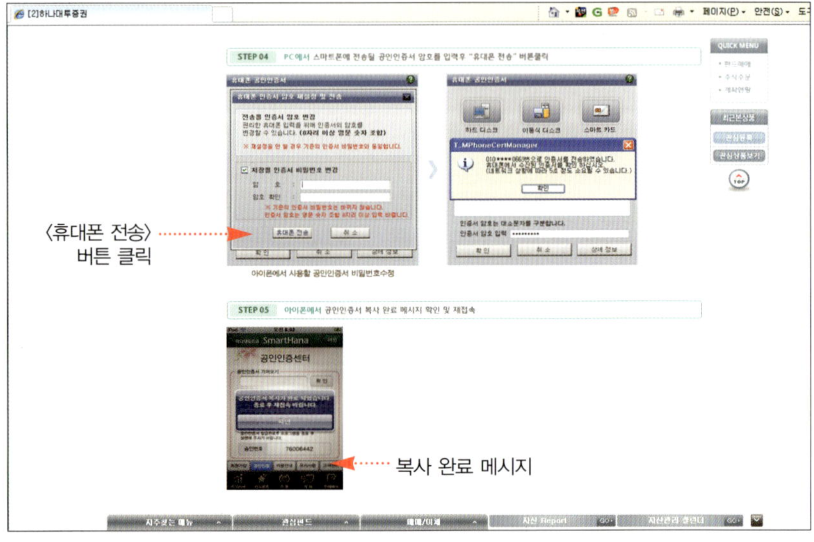

⑧ 아이폰에서 공인인증서 복사 완료 메시지를 확인한 후 재접속하면 인
  증서 복사가 완료되며 이후 모바일증권을 이용할 수 있습니다.

⑨ 아이폰뿐만 아니라 다른 모바일 기기도 실행 절차는 비슷하므로 해당
  증권사 홈페이지에 접속하여 가입 절차를 따르면 어렵지 않게 모바일
  증권을 이용할 수 있습니다.

주식이란 무엇인가요?

오늘은 우리나라 증권시장을 대표하는 코스피와 코스닥의 의미와 증시에서 차지하는 비중을 살펴보도록 하겠습니다.

코스피와 코스닥 종목의 차트를 둘러보던 나개미는 중요한 한 가지 사실을 알고 남모르게 미소를 지었습니다. 코스피에 등록된 종목들은 흐름이 더딜 뿐만 아니라 가격도 비싸서 매력이 없는 반면, 코스닥 종목들은 가격이 싼 데다가 흐름도 무척 다이내믹했습니다. 답답한 코스피보다는 하루에 몇 %도 쉽게 오르내리는 코스닥이 좋아보였습니다. 상한가 혹은 10% 이상의 폭등을 기록한 종목도 대부분 코스닥이었습니다.

'은행 1년 이자를 하루에 벌게 해주는 종목이 이렇게 많다니….'

코스닥 종목들을 매매하면 금방 큰돈을 벌 수 있겠다고 생각했습니다. 마침 우체국에 갈 일이 있었던 나개미는 우체국 근처에 위치한 김원기 대표 사무실을 찾았습니다.

"대표님, 제가 아주 좋은 종목들을 몇 개 발굴했습니다. 하루 5% 수익 올리기는 어렵지 않을 종목입니다. 대표님이 한번 봐주세요. 정말 좋은 종목이면 대표님도 한번 매매해 보셔도 좋을 것 같습니다."

나개미는 의기양양하게 차트를 내밀었습니다. 그 차트를 유심히 살펴보던 김 원기 대표는 깊은 한숨을 내쉬더니 고개를 가로저었습니다.

"이런 종목들을 매매했다가는 깡통 차는 건 시간문제입니다. 얼마나 버느냐 가 문제가 아니라 언제 투자금을 다 날리느냐가 관건이겠네요."

나개미는 김원기 대표의 싸늘한 답변에 깜짝 놀라면서도 그 이유가 무엇보다 궁금했습니다.

"탄력도 좋아 수익도 크게 날텐데 왜 깡통을 차게 생겼다고 말씀하시는지 요?"

"코스닥 종목들이 탄력이 좋은 건 사실입니다. 탄력이 좋다는 것은 오를 때는

득이 되지만 내릴 때는 독이 되는 것입니다."

"그래서 오를 만한 종목만을 뽑아봤는데요."

"그건 나개미씨 생각이죠. 하루하루의 변동성에 의지해 내일 오를지 내릴지 주사위를 던지는 것은 투자가 아니라 단지 게임일 뿐입니다. 나개미씨가 뽑아온 종목들의 기간을 길게 늘여볼까요?"

김원기 대표가 HTS를 통해 종목들을 보여주자 나개미는 다시 한번 깜짝 놀랐습니다. 한 종목은 끝없이 하락하고 있었습니다. 그 사이사이에 잠깐 오를 때도 있었지만 하락추세가 분명했습니다. 나개미는 하락 구간에서 잠깐 가파르게 올랐던 부분만을 보고 이 종목에 관심을 가진 것이었습니다. 다른 대부분의 종목들도 주봉과 월봉 차트를 펼치자 주가 흐름이 지지부진하기 이를 데 없었습니다.

"놀랍네요."

"코스닥 기업 중에는 실적이 뒷받침되지 않는 경우가 많습니다. 테마나 모멘텀에 의해 잠깐 오르기도 하지만 결국 실적에 수렴하는 모습을 볼 수 있습니다. 반면 코스피 기업 중에는 우리나라를 선도하는 기업들이 많고 업종 대표주들이 즐비합니다. 실적도 그만큼 좋구요. 향후 실적이 기대되는 종목들도 많습니다."

"그렇군요."

"하루하루 변동성은 작지만, 보세요. 코스피 종목 차트의 주봉과 월봉입니다. 지속적으로 상승추세를 이어가고 있지요?"

"정말 그렇네요."

"주식은 기업의 실적에 투자하는 행위입니다. 변동성에 따른 차익도 투자의 중요한 일부분인 것은 분명하지만 그렇더라도 실적이 좋은 기업에 한해서입니다. 물론 코스닥 종목을 무조건 피하고 코스피 종목만 매매해야 하는 것은 아닙니다. 현재 실적이 좋고 미래 성장성이 좋다면 코스피, 코스닥을 구분할 필요가 없습니다. 코스피 종목 중에도 피해야 할 주식은 많으니까요. 문제는 코스피와 코스닥을 구분하는 게 아니라, 기업을 보라는 것입니다. 그리고 코스피 시장에 좋은 기업이 더 많다는 사실을 기억하는 게 좋구요. 증시를 좌우하는 기관과 외국인 투자자들이 코스피 시장에 대부분의 비중을 싣는 이유도 좋은 기업이 많기 때문입니다."

"그럼 개인투자자들이 코스닥에 많은 이유는 무엇인가요?"

"변동성이 높기 때문이죠. 기업보다는 대박에 대한 환상에 사로잡힌 개인투자자들이 그만큼 많다는 반증이겠죠. 금세 큰돈을 벌 것 같지만 큰돈을 잃고 마는 게 대박을 노리는 투자습관이라는 사실을 절대 잊지 마시기 바랍니다."

"네, 잘 알겠습니다. 오늘 중요한 사실을 깨닫게 해주셔서 감사합니다."

코스피와 코스닥의 의미부터 알고 싶어요

주식회사라는 말을 많이 들어보았을 것입니다. 주식회사는 회사를 설립할 때 자금을 모으려는 목적으로 주식을 발행하고 여기에서 들어오는 돈을 이용해 기업활동을 영위합니다. 우리가 흔히 아는 주식은 여러 주식회사 중에서 거래소나 코스닥에 상장이 되어 누구나 쉽고 자유롭게 그 회사의 주식을 사고팔 수 있도록 해놓은 한국증권거래소가 지정한 종목들을 말합니다.

유가증권시장에 700여개 사, 코스닥시장에 970여개 사가 상장되어 총 1,700여 개에 이르는 기업이 한국 증시(증권시장)에 상장되어 있습니다. 장외시장도 있지만 대부분의 투자자들이 상장된 1,700여 개 종목을 놓고 해당 기업의 주식을 사고팝니다.

유가증권시장과 코스닥시장

유가증권시장(KOSPI)

우리나라 현물시장에는 유가증권시장과 코스닥시장이 있습니다. 유가증권시장은 흔히 'KOSPI 시장', '거래소'라고 부릅니다. 국내에서 가장 오래된 증시로, 비교적 규모가 큰 기업들의 증권이 유통되는 시장입니다. 1980년 1월 4일을 100포인트로 산정해 시가총액 방식으로 산출하고 있습니다. 100포인트에서 시작한 코스피지수는 오랜 기간 1000포인트를 돌파하지 못하고 오르내리다가 2005년 역사적인 저항대인 1000포인트를 돌파한 후 2000포인트까지 랠리를 펼치기도 했습니다. 이후 다시 하락해 1000포인트를 하회했던 종합지수는 다시 힘을 내 2000포인트 시대를 열어가고 있습니다.

코스피에 편입된 종목들은 코스닥 종목에 비해 상대적으로 우량해 위

차트 2-1 코스피 30년 월봉

험성도 낮은 편이며, 국내 주식시장에서 형성되는 주가의 변동을 종합적으로 나타내는 대표성을 띱니다. 국가 경제지표로서도 중요한 역할을 담당하고 있습니다.

종합주가지수를 산출하는 방식은 아래와 같습니다.

KOSPI지수가 2000포인트라면 1980년 100포인트에서 시작해 시가총액이 20배 증가했다는 의미입니다.

KOSPI200

KOSPI200은 주식을 매매하지 않고 지수를 매매하는 지수를 말합니다.

차트 2-2 **코스피200 20년 월봉**

KOSPI200은 코스피에서 거래되는 대표적인 종목 200개를 모아 산출한 지수로 선물이나 옵션 등 파생상품의 기준지수로 활용됩니다. 코스피를 대표하는 종목들로 구성된 특성상 코스피 지수와 거의 유사하게 연동되어 등락하는 특성이 있습니다.

코스닥(KOSDAQ) 시장

코스닥(KOSDAQ) 시장은 흔히 코스닥으로 줄여 부르며, 기술주 중심의 미국 나스닥(NASDAQ)을 본떠 1995년 7월에 출범했습니다. 코스피와 달리 1000포인트로 시작해 시가총액 방식으로 산출하고 있습니다. 코스닥은 닷컴 열풍에 힘입어 1999년과 2000년대 초반 2925포인트까지 오르며 폭등세를 연출했지만 이후 가파르게 하락해 장기 횡보 추세를 이어가고 있습니다. 코스닥 지수는 비록 횡보 국면을 벗어나지 못하고 있지만, 코스닥에 편입된 개별 종목들은 심한 요동을 치며 단기적인 상승과 하락률이 코스피보다 큰 게 특징입니다.

코스닥은 왜 생겼나요?

코스닥은 우리나라 중소기업의 직접 금융 조달수단으로 주식장외거래를 활성화시키기 위해 설립되었습니다. 중소기업이나 신생 벤처기업에겐 유가증권시장의 문턱이 너무 높고 기업공개(IPO) 과정에서 탈락할 소지가 많아, 이들 기업만을 위한 시장을 하나 더 만들어 증시에서 자금 조달할 수 있는 길을 열어준 것입니다.

따라서 코스피보다 중소 규모의 기업 증권이 상장되어 있고, 기업의 우량성이 코스피 종목들보다 약해 위험성이 다소 높은 편입니다. 코스피가 외국인과 기관투자자들이 선호하는 시장이라면, 코스닥은 개인투자자들이 선호하는 시장으로 코스피보다 급등락이 심해 고위험, 고수익의 양면

성을 가지고 있습니다. 참고로 STAR지수는 코스닥을 대표하는 종목 30개
로 구성된 주가의 평균을 산출한 지수입니다.

횡보란? 박스권이란?

증시는 상승장(Bull Market), 하락장(Bear Market), 횡보장으로 나뉩니다. 주가가 횡보한다는 의미는 주가가 일정 가격 이상으로 오르지도, 이하로 내리지도 않으면서 등락을 거듭하는 상태를 말합니다. 박스권이란 주가가 횡보 하면서 마치 직사각형의 박스처럼 박스의 상단에 이르면 저항에 부딪쳐 하락하고, 박스의 하단에 이르면 지지를 받고 상승하는 흐름을 일컫습니다. 오랜 횡보 끝에 박스권 상단을 강하게 돌파하는 종목은 급등하는 특징이 있습 니다.

차트 2-3 SK텔레콤 월봉 : 장기 박스권 횡보

코스닥에 상장된 기업 중 코스피로 이전하는 경우를 종종 볼 수 있습니다. NHN을 비롯해 키움증권, 황금에스티, 아시아나항공, LG텔레콤, 부국철강 등이 있습니다. 코스닥에서 코스피로 옮겼다고 해서 기업의 내재가치에 변화가 생기는 것은 아닙니다. 그런데 코스닥의 대장주였던 NHN은 무슨 이유로 코스피로 이사했을까요?

앞서 살펴본 바와 같이 코스피는 코스닥에 비해 기업 규모가 크고 실적이 안정적인 종목들이 많습니다. 양과 질에서 코스피가 앞선다고 볼 수 있지요. 코스닥 종목 중에 기업의 규모가 커지고 실적이 안정기에 접어들 경우 코스피 이전을 선호합니다. 상장조건(매출, 자본금, 이익률 등)은 코스피가 까다롭습니다.

코스피를 선호하는 이유는 첫째, 신규자금을 유치하기 위한 회사채나 주식발행 시 발행조건과 자금규모가 크기 때문입니다. 자금조달이 그만큼 쉬워진다는 의미지요.

둘째, 코스닥이 개인투자자들이 선호하는 시장인 데 반해 코스피는 외국인이나 기관투자자들이 선호하기 때문입니다. 보다 풍부한 유동성과 주가의 안정성을 가져올 수 있겠지요.

셋째, 기업 이미지 제고에도 도움이 됩니다. 단, 코스닥 기업이 코스피로 이전했다고 해서 주가가 당장 부양되는 것은 아닙니다. 오히려 주가하락이 오기도 하는데 이는 코스닥에서 대장주 노릇을 하다가 코스피로 옮기면서 중소형주로 분류되기 때문입니다. 코스닥 대장주, 우량주의 프리미엄을 잃기도 한다는 뜻이지요.

KRX100 지수

이 지수는 코스피시장의 우량주 87개 종목과 코스닥시장의 우량주 13개 종목을 통합한 것입니다. 미국의 다우지수와 일본의 닛케이225는 각각 그 나라의 시장 전체를 대표합니다. 이에 비해 우리나라의 경우 코스피와 코스닥으로 2원화되어 있어 한국의 전체 시장을 대표하지 못한다는 단점이 있습니다. 이를 보완하기 위해 KRX100지수를 신설했습니다. 초기 기준지수는 1,000포인트로 시작했습니다.

증권의 개념과 주주의 권리

주식은 전문적인 용어로 증권(證券)입니다. 증권은 소유자나 채권자의 소유권을 나타내는 증서입니다. 증권에는 주식, 채권을 비롯해 어음, 수표, 보험증서 등이 있습니다. 주식은 여러 종류의 증권 중의 하나인 셈이지요.

주식을 보유한 사람을 칭하는 주주에게는 여러 가지 권리가 부여됩니다. 일반적으로 주식은 매매를 통해 사고팔면서 시세 차익을 노리는 상품으로만 알고 있지만 사실은 주주로서의 권리가 주어지는 것이지요. 상장폐지가 되어 큰 손실이 예상될 때만 주주의 권리를 주장하는 게 우리나라 개인투자자들의 주권에 대한 개념인 게 사실입니다. 그러면 주주의 권리에는 무엇이 있을까요?

- 주식을 보유한 만큼 회사 경영에 참여할 수 있습니다. 주식을 보유 중이라면 주주총회에 참석하라는 통지서가 집으로 오기도 합니다.
- 회사의 사업을 통해 얻은 이익을 분배 받을 수 있는 권리, 즉 배당을 받을 권리가 주어집니다. 외국인들은 기본적으로 배당수익을 노리고 주식에 투자를 합니다. 배당이 높다는 것은 해당 기업이 한해 농사를 잘 지어 주주들에게 나눠줄 파이도 크다는 의미로, 그만큼 좋은 기업이라 할 수 있습니다. 비록 시세차익을 노리기는 어렵지만 높은 배당을 지급하는 회사들이 많습니다. 배당을 노리는 투자자들에게 시세차익은 덤으로 작용합니다.
- 주식을 사고팔아 매매차익을 얻을 수 있습니다. 여러분이 일반적으로 알고 있는 주주의 권리에 해당합니다.
- 회사가 파산할 경우에 남은 재산을 분배받을 수 있는 권리가 있습니다. 비록 이런 권리가 있더라도 그 금액은 초라한 수준일 경우가 대부분입니다. 파산을 한다는 것은 기업에 문제가 많아 주가도 대세 하락, 혹은 급격히 하락할 확률이 높기 때문에 이런 기업에는 아예 투자하지 않는 게 좋습니다.
- 이사, 감사 등의 불법행위에 소송을 제기할 권리가 있습니다.
- 이사의 불법행위를 중지할 수 있는 유지 청구권이 있습니다.
- 회사의 재산 상태를 조사할 수 있는 권리가 부여됩니다.
- 주주총회 소집권, 기업의 서류나 장부 열람권이 있습니다.
- 증자를 받을 권리가 있습니다.

그외 소소한 권리는 생략하기로 하고, 주식을 많이 보유한 대주주들은 주주로서 막강한 권리를 행사할 수 있습니다. 경영권 분쟁을 벌이는 주체들이 더 많은 주식을 확보하기 위해 치열한 장내 싸움을 벌이기도 합니다. 주식이 많을수록 발언권도 강해지기 때문입니다. 우호지분을 확보하기 위해 치열한 장외 싸움을 벌이기도 하고요. 혹은 회사 대 회사의 인수합병 과정에서 대량의 주식을 한번에 사들이기도 합니다. 경영권 확보란 곧 주식을 대량 확보하는 것과 같기 때문입니다.

보통주와 우선주, 자본금이란 무엇인가요?

주식에서 흔히 사용하는 여러 가지 용어들을 잘 구별해야 하며 그 의미도 파악해야 합니다. 일부 코스닥 기업의 경우 액면가와 자본금을 숨겨 투자자에게 혼란을 주기도 합니다.

보통주와 우선주

주식은 크게 보통주와 우선주로 나눌 수 있습니다. '삼성전자'와 '삼성전자우', '현대차'와 '현대차우', '삼성전기'와 '삼성전기우', 'LG전자'와 'LG전자우'처럼 종목명 옆에 '우'라는 글자가 들어가 있는 종목들을 우선주라 합니다. 삼성전자는 보통주며, 삼성전자우는 우선주가 되는 것이지요. 우선주는 우량주가 많지만 간혹 중소형 종목들도 우선주를 발행합니다.

우선주를 발행하는 목적은 무엇인가요?

기업이 우선주를 발행하는 이유는 경영권을 보호하고 의결권을 제한하려는 목적 등에서입니다. 보통주는 주주총회에서 의결권을 행사할 수 있는 반면 우선주는 의결권 행사가 금지되어 있습니다. 따라서 우선주 보유 수량이 아무리 많아도 경영권에 영향을 미칠 수 없습니다(단, 기업이 배당 여력이 부족해 우선주에 배당을 지급하지 못하는 경우에는 의결권이 살아납니다). 대신 우선주에 대해서는 배당에서 우선권을 부여하며 배당률도 높습니다. 기업 입장에서는 주식을 발행해 기업자금을 조달할 수 있으면서도 경영권을 침해받지 않기 때문에 우선주를 발행하는 것입니다.

투자자 입장에서는 주주총회에서의 의결권에 관심이 없다면 우선주에 투자하는 것도 좋은 투자법이 될 수 있습니다. 외국인들의 경우 우선주를 선호하는 경향이 많습니다.

경영참여보다는 투자수익에 배팅하기 때문이겠지요. 국내 우량종목의 우선주를 보면 보통주에 비해 외국인 비중이 훨씬 높은 것을 확인할 수 있습니다.

우선주는 보통주에 비해 가격이 낮게 책정되어 있습니다. 본주와 가격 차가 많이 벌어진 우선주의 경우 본주와의 거리를 좁히려는 속성이 작용하므로 가격 차가 많이 벌어진 우선주에 투자하기도 합니다.

▶ 보통주와 우선주의 가격 차이

종목명	가 격	종목명	가 격
삼성전자	758,000원	삼성전자우	568,000원
현대차	160,000원	현대차우	55,000원
삼성전기	117,000원	삼성전기우	49,000원
LG전자	95,900원	LG전자우	36,500원
삼성SDI	148,500원	삼성SDI우	59,100원
대한항공	72,700원	대한항공우	27,350원
두산	164,500원	두산우	49,200원
SK에너지	153,000원	SK에너지우	54,200원

우선주 투자 시 유의점

우선주는 기업이 주주들의 간섭 없이 시장에서 자금을 조달할 수 있다는 점 때문에 남발의 우려가 있습니다. 특히 재무상태가 나쁜 기업의 우선

재미 있는 주식의 유래

주식의 기원을 찾으려면 17세기 영국으로 시계를 되돌려야 합니다. 이 시기 유럽 국가들은 동인도 지역에서 향신료나 금을 운반하는 무역로 개척에 몰두했습니다. 특히 섬나라 영국은 육로를 개척하는 데 어려움이 많았습니다. 그래서 영국을 비롯한 서유럽에 위치한 나라들은 바다를 이용한 운반에 착안하게 됩니다. 이러한 과정에서 만들어진 회사가 동인도회사로 유럽 여러 나라에 세워지게 됩니다. 동인도회사의 독점 무역권은 각 국가에게 막대한 이익을 주었지만, 한편으로 해상로를 이용한 운반에는 날씨 등의 영향으로 많은 제약이 따랐습니다. 그러다 보니 사람들이 항로를 개척하고, 운반에 드는 비용을 선뜻 투자하는 것을 꺼려했습니다. 배가 침몰이라도 한다면 투자한 액수에 따라 하루아침에 파산도 가능하기 때문이었습니다. 돈이 모이지 않는다고 해서 동인도회사 입장에서 막대한 이익을 내는 이 사업에서 손을 떼기는 더욱 어려웠습니다.

동인도회사는 결국 오늘날 주식의 기원이 된 '증권'을 발행해 많은 수의 사람들로부터 자금을 모으기 시작했습니다. '위험을 나눠 진다'는 해법이었지요. 여기에 투자한 사람들은 해상 독점 무역로에 대한 이윤을 받았는데, 배당금의 형태를 띠었습니다. 이것이 오늘날 증권시장의 유래입니다. 동인도회사는 자본 유치가 수월해졌고, 투자자들은 회사가 무역로 개발에 실패할 시에는 자신이 투자한 금액만큼만 손실이 나기 때문에 위험 부담도 그만큼 적었습니다. 이처럼 증권발행의 본래 목적은 배당금에 있었습니다.

그러다가 시세라는 게 생기게 됩니다. 출항했던 배가 풍랑을 만나 침몰했다는 소문이 퍼지기 시작하면 증권을 들고 있던 사람들이 앞다퉈 낮은 가격에라도 증권을 팔고 싶어 했고, 그 배의 증권은 폭락하게 됩니다. 반대로 이미 동인도의 무역로를 개설했고, 본국으로 무사히 돌아오고 있다는 소문이 퍼지면 너나없이 이 배의 증권을 사려고 하는 바람에 시세가 폭등을 했습니다. 여기서 발전에 발전을 거듭해 오늘날 거대한 증권시장이 형성된 것입니다.

주는 투자에 유의해야 합니다. 재무상태가 나쁜 상황에서 무리하게 추가적인 자금을 끌어다 쓰는 과정일 수 있기 때문입니다. 증시가 하락 기간에 있을 때 우선주들이 일제히 급등하는 경우가 있습니다. 우선주는 보통주에 비해 주식수가 적어 일부 세력의 먹잇감이 되기 쉽습니다. 이때 급등하는 우선주는 우량주가 아닌 중소형주의 우선주가 대부분입니다. 하지만 매우 위험한 랠리이므로 따라가지 않는 게 좋습니다.

상승할 때는 살 기회를 주지 않다가 하락 시점이 임박했을 때 살 기회를 주면서 주도세력의 이탈이 일어납니다. 우선주에 투자할 때 본주와의 가격차를 감안하는 것도 중요하지만, 무엇보다 보통주와 똑같이 기업의 실적과 내재가치, 성장성에 의해 주가가 결정된다는 사실을 이해해야 합니다. 가격차가 크다 해서 실적이 나쁜 기업의 우선주에 투자했다가는 낭패를 보기 쉽습니다.

액면가와 자본금

특정 종목의 객관적인 가격을 판단할 때 투자자를 혼란하게 만드는 2가지 요소는 액면가와 자본금입니다. 액면가와 자본금의 개념을 모르면 현재의 주가를 오해할 가능성이 있습니다. 일부 코스닥 종목 중에는 액면가와 자본금을 숨겨 좋은 회사인 것처럼 투자자를 현혹하는 경우도 있으므로 잘 구분할 수 있어야 합니다. 먼저 액면가를 알아봅시다.

액면가(額面價, Par Value)란 주권에 표기되어 있는 가격을 의미합니다. 기업이 자본금 마련을 위해 주식을 발행할 때 얼마짜리 주식을 발행할 것인가를 정한 가격입니다. 1주의 액면가는 최소 100원 이상이어야 하며, 보통 500원과 5,000원이 가장 많고, 2500원, 10,000원일 경우도 있습니다. 예를 들어 한 기업의 자본금이 1억원이고, 액면가가 5,000원이라면 20,000주의 주식을 발행했음을 알 수 있습니다.

100,000,000원(자본금) = 5,000원(액면가)×20,000주(발행주식수)

즉, 액면가란 일반적으로 해당 주식이 주식시장에 상장되었을 때의 가격이라 생각하면 됩니다.

이와 관련해 발행가를 알아봅시다. 발행가는 보통 액면가보다 높게 책정합니다. 액면가가 5,000원인 기업이 그 주식을 6,000원에 처음 투자자에게 팔았다면 발행가는 6,000원이 됩니다. 이를 할증발행이라 합니다. 투자자들이 5,000원짜리 주식을 6,000원에 사는 이유는 그 회사의 성장성에 프리미엄을 붙여주기 때문입니다(액면가보다 낮게 팔았다면 할인발행이

액면가가 500원(혹은 5,000원)인데 반해 주가가 500원(혹은 5,000원) 미만에서 형성된 종목들이 간혹 눈에 띕니다. 이런 종목은 각별히 조심해야 합니다. 주가가 액면가보다 낮다는 것은 기업이 처음 사업을 시작할 때의 자본금을 까먹고 있다는 뜻입니다. 개중에는 지나친 저평가 상태인 경우도 있지만 대부분은 기업의 실적과 성장성에 문제가 있기 때문에 발생하는 현상입니다.

라 합니다). 발행가에 발행주식수를 곱하면 그 회사가 주식을 발행해 납입받는 자금의 총합이 됩니다.

액면가가 중요한 이유는 기업의 비교에 필수적이기 때문입니다. 대표적인 통신주인 KT와 SK텔레콤의 액면가를 비교해 봅시다.

구 분	액면가	발행주식수	시가총액	자본금	현재주가
KT	5,000원	261,111(천주)	120,111(억)	15,545억	46,000원
SK텔레콤	500원	80,745(천주)	143,323(억)	446억	177,500원

KT와 SK텔레콤의 액면가는 5,000원과 500원으로 10배의 차이가 납니다. 두 종목을 동일한 상황에서 비교하려면 SK텔레콤의 액면가를 5,000원으로 맞추어야 합니다. 그러면 현재주가는 10배인 1,775,000원이 됩니다. 여러분이 생각했던 SK텔레콤의 주가와는 현저한 차이가 나지요?

> 액면가 비교 = SK텔레콤의 주가는 1,775,000원

여기서 또 하나 보아야 할 점은 자본금입니다. KT는 SK텔레콤 자본금의 거의 35배에 이릅니다. 따라서 2종목을 비교하려면 KT의 주가에 35배를 곱해야 합니다. 그러면 KT의 주가는 1,610,000원이 됩니다.

> 자본금 비교 = KT의 주가는 1,610,000원

이렇게 해야 두 종목의 객관적인 비교가 가능해집니다. 여러분은 KT의 주가가 싸기 때문에 저평가고 SK텔레콤의 주가가 높기 때문에 고평가라고 쉽게 단정하지만, 사실은 그렇지 않지요?

액면분할과 액면병합

액면분할은 자본금의 변동 없이 예를 들어 1주를 10주로 쪼개 주식수를 늘리면서 주가는 1/10로 떨어뜨리는 것을 의미하고, 액면병합은 자본의 변동 없이 10주를 1주로 합치면서 주가는 10배로 올리는 것을 의미합니다. 액면분할로 주식수를 늘리는 이유는 더 많은 사람들이 낮은 가격에 주식을 사고팔 수 있게 해 유동성을 높이려는 목적일 경우가 많습니다. 액면병합은 우량한 기업이 주가가 지나치게 낮아 외국인과 기관투자자들의 외면을 받을 때 액면병합을 시도합니다. 저가일수록 개인투자자들이 좋아한다고 했지요? 고가일수록 개인보다는 외국인과 기관투자자의 비중이 높아질 확률이 커집니다.

바로 알자, 주식 용어

초보 투자자들은 주식의 생소한 용어 때문에 당황하기도 합니다. 주식 용어를 바로 알아야만 정보 취합이 편리할 수 있습니다. 하나씩 알아보도록 할까요.

상장

주식이 거래소에서 매매될 수 있도록 일정한 자격과 조건을 갖추어 증권선물거래소에 등록하는 것을 말합니다. 기업이 상장을 하는 것은 자금조달이 목적입니다. 이때 투자금을 모으는 행위를 공모라 합니다. 기업은 상장을 통해 자금조달뿐만 아니라 기업의 경영권 안정을 기하고, 기업을 알리는 홍보효과, 직원들의 사기진작 등의 효과를 봅니다. 또한 상장법인에게만 주어지는 다양한 혜택을 누릴 수 있게 됩니다. 반대로 등록이 해지되는 경우를 상장폐지라고 합니다.

주식거래 3일 결제 기준이란?

주식거래는 가게에서 물건을 사는 것과 달리 돈을 주고 바로 현물을 받을 수 있는 게 아닙니다. 주식을 샀을 경우 주식을 보유하지는 않고 명의만 가지게 됩니다. 이 주식은 예탁결제원이라는 곳에서 보관하고 있습니다. 증권시장에서 거래가 이뤄지면 예탁결제원을 통해 명의개서를 한 후 다시 예탁결제원에 돌아와야 하고, 이 모든 과정이 종료된 후에 매수자에게는 주식이, 매도자에게는 돈이 입금됩니다. 이는 절차상의 문제로 투자자가 주식을 사고 팔 때는 과정을 무시하고 HTS 상에 곧바로 주식과 현금이 나타납니다.

다만 보유 중인 주식을 매도해 현금화하고 이를 인출할 시에는 3일 후에라야 인출이 가능합니다. 예를 들어 월요일에 주식을 팔았다면 수요일부터 현금인출이 가능합니다. 월요일에 현금화한 돈으로 화요일에 다시 주식을 사고 팔았다면, 수요일이 아니라 목요일로 현금인출 가능일이 이동합니다. 현금화한 자금으로 주식매매를 하지 않았을 경우에만 3일 결제가 이뤄집니다.

Q&A __ 권리락이란?

유상 또는 무상증자로 인해 신주를 받을 권리가 소멸된 것을 말합니다. 신주배정기준일 전일에 매수하는 경우 증자를 받을 수 있는 권리가 없기 때문에(주식거래 3일 결제 기준) 기준가격을 낮게 조정해 매매를 시작하게 됩니다.

공모주 청약

공모란 기업이 자사의 주식을 일반인에게 판매하기로 결정하고 자금을 끌어모으는 행위를 말하고, 공모주 청약이란 기업이 발행한 공모주를 받겠다는 약속입니다. 아파트 청약과 같은 의미입니다. 공모주 청약에 당첨되면 주식대금을 납입하고 주식을 받을 수 있습니다.

공모주 청약이 항상 좋은 것은 아닙니다. 증시가 좋을 때는 청약을 통해 큰 시세차익을 누릴 수 있지만 증시가 불안할 때는 오히려 손실을 입을 수도 있습니다. 아파트 청약이 항상 좋은 것은 아니라는 사실과 비교하면 쉽습니다.

증자

증자는 기업이 주식을 추가로 발행해 자본금을 늘리는 행위를 말합니다. 새로 발행된 주식을 돈을 주고 받으면 유상증자, 무료로 받으면 무상증자라 합니다. 유상증자의 경우 공모주 청약을 통해 신규로 주식을 발행하고 이를 통해 기업의 자본금이 불어납니다. 기업 내재가치의 변화 없이 주식수가 불어났기 때문에 주가는 그만큼 희석되어 가격이 낮아집니다. 공모주가 상장되는 날 주가가 주식수만큼 떨어지는데 이를 권리락이라 합니다.

무상증자의 경우 기업 자본금에는 변화가 없이 주식수가 불어나는 효과가 발생합니다. 기존 주주들에게 무상증자를 단행하며, 무상증자가 1:1일 경우 주주가 100주를 보유하고 있다면 무상증자 이후 주식수는 200주가 됩니다. 대신 주가는 1/2 가격이 됩니다. 무상증자의 경우도 주식이 상장되는 날 권리락이 발생해 주가가 1/2 가격에서 시작하게 됩니다.

배당

기업이 주식을 보유한 주주들에게 지분에 따라 해당연도의 이익금 중 일부를 분배하는 행위를 말합니다. 주식 본연의 의미에 가장 가까운 분배 원칙으로 다음해 봄에 배당금을 지불하는 게 보통입니다. 기업의 실적이 좋을수록 배당금이 늘어날 확률이 높아집니다. 단, 모든 기업이 배당금을 분배하는 것은 아닙니다. 배당을 받기 위해서는 정한 날짜에 반드시 주식을 보유하고 있어야 하며 다음날 주식을 팔아도 배당을 받을 수 있습니다. 단, 배당기준일이 지나면 배당락이 발생해 지급되는 배당금만큼 주가가 희석되어 주가가 낮게 책정되므로 이를 잘 확인해야 합니다.

블루칩, 옐로칩, 주도주 등

블루칩은 초대형우량주를 의미합니다. 성장성과 수익성, 안정성의 측면에서 가장 가치가 높습니다. 블루칩은 재무구조가 건실하고 경기변동에도 강하며, 오랜 기간 안정적인 매출과 이익창출, 배당지급을 해온 종목입니다. 비교적 고가에 거래되며 시장점유율이 높은 업종 대표주가 블루칩에 포함됩니다. 삼성전자와 POSCO가 있습니다.

옐로칩은 블루칩에 비해 상대적으로 기업 규모가 작고 시가총액이 낮은 종목을 일컫는데 중가대형우량주가 여기에 속합니다. 옐로칩은 재무구조가 안정적이고 업종을 대표하는 우량 종목들로 구성됩니다. 삼성물산, 삼성전기, LG, 현대중공업, 대한항공, 고려아연 등이 있습니다.

주도주는 시장을 이끄는 종목군을 말합니다. 현재 시점에서 가장 인기가 있는 미인종목으로 시장은 주도주를 중심으로 움직이기 때문에 시장에 큰 영향을 미칩니다. 주도주가 오르면 시장도 오르고 주도주가 조정을 받으면 시장도 조정을 받는 경우가 많습니다. 따라서 주도주를 찾는 것은 수익률 제고에 큰 영향을 미칩니다.

글로벌 금융위기 이전 우리나라 증시의 주도주는 현대중공업, 현대미포조선, 대한해운 등 조선과 해운 업종이었으며, 금융위기 이후에는 IT와 자동차 등이 주도주 역할을 하고 있습니다. 비주도주가 오르면 다시 제자리로 돌아오는 비놀리아 현상을 보이는 데 반해 주도주는 자고나면 상승하는 경우가 많기 때문에 투자자들은 주도주 찾기에 혈안이 되어 있습니다.

재료주는 재료에 의해 주가가 급등락하는 종목을 말합니다. 호재나 악재 기사나 루머 등이 주가에 직접적인 영향을 미칩니다.

급등주는 단기간에 큰 상승을 이뤄내는 종목으로 하루 변동폭 15%를 모두 채우는 경우도 많고, 반대로 돌연 급락으로 돌변하는 경우도 많습니다. 급등주는 재료나 테마에 의해 주가가 시소를 탑니다.

작전주는 인위적인 주가조작으로 가격을 상승시키는 주식을 말합니다. 작전주 세력은 일부러 기사나 루머를 흘려 주가를 급등시키고, 급등 이후에는 물량을 한꺼번에 혹은 조금씩 팔면서 빠져나가는 특징을 보입니다.

세력주는 주가를 관리하는 어떤 세력이 존재하는 주식을 말합니다. 작전세력에 의한 세력주일 경우도 있고, 세력이 외국인이나 기관투자자일 경우도 있습니다. 외국인이나 기관투자자가 주도세력일 경우 실적을 바탕으로 길고 꾸준하게 주가를 부양합니다.

일반 투자자들은 대개 블루칩이나 옐로칩 중 주도주를 매매하지 않고, 급등락이 심한 재료주나 급등주, 작전주에 투자하는 경향이 많습니다. 기업의 실적이나 성장성보다는 어떤 대내외 변수에 의해 주가가 결정되는 종목들이지요. 그렇기 때문에 중장기 투자가 어렵고 차트에 의한 단기매매에 빠져드는 것입니다. 가장 좋은 투자법은 블루칩과 옐로칩 위주로 매매하되 그중 시장에서 가장 인기가 좋은 주도주를 선별해 외국인이나 기관투자자들이 지속적으로 물량을 늘려가는 종목이 좋습니다.

PART 3

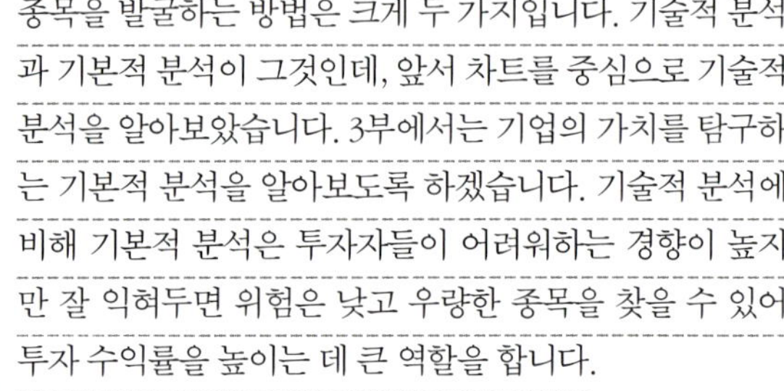

종목을 발굴하는 방법은 크게 두 가지입니다. 기술적 분석과 기본적 분석이 그것인데, 앞서 차트를 중심으로 기술적 분석을 알아보았습니다. 3부에서는 기업의 가치를 탐구하는 기본적 분석을 알아보도록 하겠습니다. 기술적 분석에 비해 기본적 분석은 투자자들이 어려워하는 경향이 높지만 잘 익혀두면 위험은 낮고 우량한 종목을 찾을 수 있어 투자 수익률을 높이는 데 큰 역할을 합니다.

위험은 작고
기대 수익은 높은
미인종목 선정법

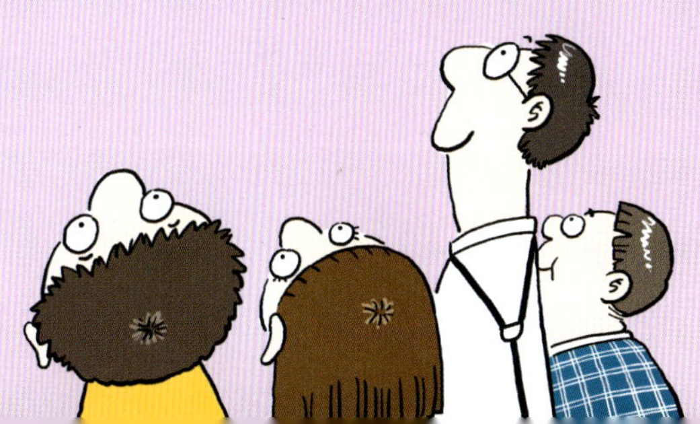

좋은 종목을 어떻게 고르나요?

주식투자에서는 어떤 종목을 선택하느냐에 따라 운명이 판이하게 달라집니다. 어떤 면에서 종목 선정은 주식투자의 전부라고 할 수 있지요. 좋은 종목을 쌀 때 사서 비쌀 때 파는 것은 투자의 기본이자 투자자의 목표이기도 합니다. 따라서 많은 투자자들이 싸고 좋은 종목을 고르기 위해 고심하는 것입니다. 좋은 종목을 추종하는 것은 주식에서 가장 중요한 투자행위라 할 수 있습니다.

종목을 발굴하는 2가지 방법

기본적 분석과 기술적 분석

종목을 발굴하는 방법에는 크게 2가지가 있습니다. 이를 기본적 분석과 기술적 분석이라 하지요. 기본적 분석이란 기업의 내재가치와 미래 성장성을 분석해 주가를 예측하는 방법을 말합니다. 여러분이 흔히 보는 차트와 상관없이 재무제표 등을 활용해 실제 가치 대비 저평가 국면에 있는 종목을 고르는 게 목표입니다.

기술적 분석은 차트를 통한 분석을 말합니다. 기술적 분석은 차트를 활용해 주가의 변동성을 쫓으며 시세차익을 노리는 것을 기본으로 합니다. 따라서 주로 매매 타이밍을 잡는 데 유용합니다. 좋은 기업은 시간의 흐름과 함께 주가에 그 가치가 반영됩니다. 때로는 제값보다 못한 가격일 때도 있고 제값보다 높을 때도 있습니다. 제값보다 못할 때 사서 제값보다 높을 때 팔면 안정적으로 수익을 올릴 수 있겠지요. 이처럼 기업의 주가는 시세차익을 노릴 기회를 줍니다.

좋은 종목을 고르는 3가지 전략

그중에서 보유한 자산에 비해 혹은 같은 업종 내의 다른 기업에 비해 저평가되어 있는 기업은 매수하기 좋은 종목군에 해당합니다. 혹은 증시의 대내외적인 환경으로 인해 일시적으로 저평가 국면에 진입한 종목도 즐겨 찾을 수 있는 종목에 해당합니다.

이밖에 증시를 움직이는 힘을 분석해 종목을 선정하고 매매타이밍을 잡는 방법도 있습니다. 기본적 분석과 기술적 분석이 훌륭히 되어 있다 해도 증시의 제반 상황이 나쁘면 수익률이 그만큼 떨어질 수밖에 없고, 증시를 둘러싼 환경이 우호적일 때는 그만큼 높은 수익률을 거둘 수 있습니다.

요약하면 ①먼저 좋은 종목을 고르고, ②좋은 종목을 가장 합리적인 가격과 타이밍에 사고팔며, ③증시 환경을 고려해 주식 대 현금 비중과 포트폴리오를 관리하는 게 투자의 가장 큰 3가지 전략입니다. 오늘부터 시작할 3부에서는 그중 적정주가를 산출하는 기본적 분석을 배우도록 하겠습니다.

적정주가를 어떻게 산출하나요?

적정주가는 스스로 산출할 수 있어야 한다

주식에서 정확한 적정주가를 알기란 사실상 불가능합니다. 똑같은 기업의 실적이나 차트를 보고도 사람마다 해석이 다르기 때문입니다. 만약 누구나 공감할 수 있는 적정주가가 있다면 아마도 주식시장은 존재하기 어려울 것입니다. 주가가 하루가 다르게 변하고 내일의 주가를 알 수 없기 때문에 주식에 참여하는 사람들이 많은 것입니다. 적정주가에 대한 판단이 사람마다 다르기 때문에 주식시장이 존재합니다. 같은 가격에서도 매수자가 있고, 매도자가 있는 가장 큰 이유입니다.

그럼에도 불구하고 투자자라면 적정주가를 구하는 다양한 방법들을 알고 있어야 합니다. 그래야만 가장 객관적인 매수와 매도 원칙을 세울 수 있습니다. 누구나 공감하는 적정주가는 구하기 어렵지만 기업의 적정가치에 근접하는 가격을 아는 것은 투자에서 최소한의 기본 자세입니다.

주가는 기업의 가치에 수렴한다

일반적으로 좋은 종목의 조건으로 탄탄한 실적과 우량한 자산가치를 들 수 있습니다. 최근 실적과 자산가치의 변화를 살펴보고 애널리스트들이 발표하는 미래 실적치 등을 참조한다면 가장 합리적인 기업의 가치를 찾을 수 있습니다.

이러한 수치를 활용해 주가가 기업의 가치를 어느 정도 반영하고 있는지 측정할 수 있습니다. 어떤 종목은 기업의 가치가 높은 데도 불구하고 현저하게 저평가를 지속하는 경우도 있고, 어떤 종목은 기업의 가치가

Q&A __ 골치 아픈 지표를 왜 공부해야 하나요?

기업의 실적과 자산가치를 표시하는 지표들은 투자자의 골치를 아프게 합니다. 뭐가 뭔지 처음에는 도무지 알 수가 없지요. "주식투자를 하면서 회계공부까지 해야 해?" 하고 불평하는 투자자도 있습니다. 하지만 어렵다고 해서 무시했다가는 큰코 다칩니다. 어려워도 철저히 공부해 내 것으로 만들어야만 합니다. 자전거 배우기가 처음에는 어려워도 한번 배우면 다음부터는 쌩쌩 달릴 수 있듯이 투자지표들도 한번 마스터를 하고 나면 다음부터는 투자에 유용하게 활용할 수 있습니다.

높은 것은 사실이지만 현재 시장을 이끄는 주도주에 편성되어 가치 대비 고평가되어 있을 수도 있습니다. 반면 장사를 못해 실적이 나쁘고 성장성도 담보할 수 없는 기업이 가치에 비해 주가가 높을 수도 있습니다.

하지만 분명한 사실은 시간이 흐르면 흐를수록 주가는 기업의 가치를 반영한다는 것입니다. 비록 시간상으로는 빨리 반영하기도 하고 늦게 반영하기도 하지만 결국 수렴하기 마련입니다. 개별종목뿐만 아니라 종합주가지수도 우리나라 전체 기업의 실적을 반영하면서 등락을 거듭하는 속성은 동일합니다.

주가는 기업실적의 그림자

① 기업의 내재가치가 상승하는 기업의 주가는 상승하기 마련입니다. 중장기 투자를 고려할 수 있습니다.

② 기업의 내재가치가 하락하는 기업의 주가는 기업가치에 변화가 없는 한 지속적으로 하락합니다. 어두운 그림자가 지배하는 종목이니만큼 매매를 피하는 게 좋습니다.

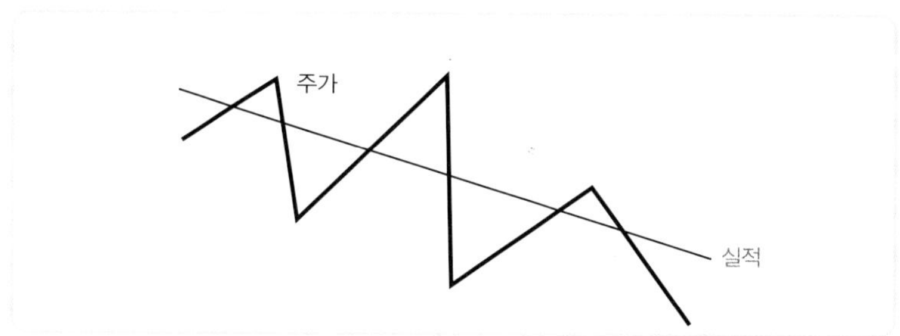

③ 기업의 내재가치에 거의 변화가 없는 기업의 주가도 등락을 거듭합
니다. 대표적으로 소모적인 경쟁이 치열한 통신주를 예로 들 수 있
습니다.

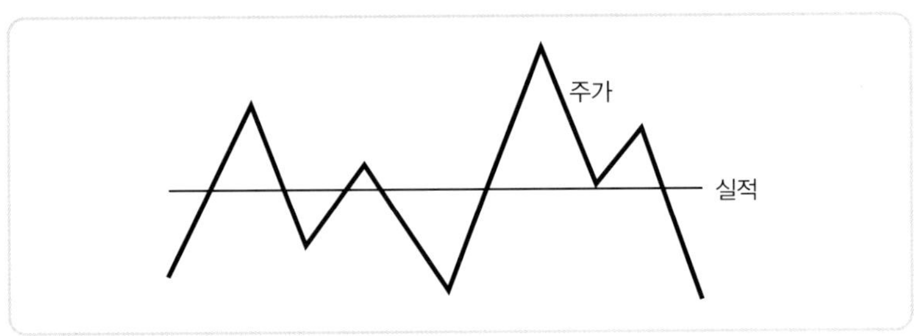

주식은 꿈을 먹고 자란다

현재의 실적은 보잘것없지만(혹은 현재도 좋지만), 미래 성장성이 높은 기업
은 장기, 가치투자로 좋습니다. 이때는 지난 분기의 실적보다 다가올 분
기, 해(year)의 전망치가 중요한 투자지표가 될 것입니다.

주가는 보통 경기의 6개월을 선행한다는 말이 있습니다. 개별 종목도
마찬가지입니다. 해당 기업의 실적을 주가는 6개월 정도 앞서간다고 볼
수 있습니다. 미래 전망이 밝은 기업의 주가는 기업이 실제 실적을 내기
전부터 주가에 가치를 반영합니다.

일반적으로 증시를 이끄는 주도주의 경우 현재의 실적+미래의 실적을
동시에 반영하면서 지속적으로 오르는 경향이 있습니다. 밝은 미래를 보
고 외국인과 기관투자자들도 주도주를 앞다퉈 편입합니다. 이렇게 미래
를 반영하고 있는 주식은 조정은 짧고 상승은 긴 꿈의 주식이 됩니다. 수
급도 좋아서 자고 나면 상승하거나 떨어졌더라도 주가 복원력이 대단히
강한 현상을 보입니다.

경쟁에서 승리한 기업의 주가는 오른다

글로벌 금융위기 이후 치킨게임에서 살아남은 우리나라의 삼성전자와 하이닉스의 주가가 큰 폭의 상승을 이뤄냈습니다. 세계 1위의 자동차 기업인 GM이 파산을 하자 국내의 현대차와 기아차가 서프라이즈한 실적과 주가상승을 지속하기도 했습니다.

치열한 치킨게임에서 살아남은 기업은 승자독식의 기회를 갖습니다. 실적도 당연히 좋아질 것입니다.

따라서 훌륭한 투자자가 되기 위해서는 현재의 실적뿐만 아니라 미래의 실적을 내다보는 눈이 있어야 합니다. 현재의 실적이 주가에 잘 반영되어 있는지 못지않게 미래의 실적을 주가가 반영하고 있는지 확인하는 것은 수익률을 극대화시키는 지름길입니다. 특히 주가의 차익을 노리는 기술적 분석가가 아니라면 기본적 분석에서 미래를 보는 눈은 투자의 핵심전략이라 할 수 있습니다.

미인종목을 고르는 개념

상황에 따라 흔들리지 않기 위해서는 좋은 종목을 고르는 주관적인 시각에서 벗어나 객관적인 툴(Tool)을 가져야 합니다. 기준이 없다면 현재의 주가가 높은지 낮은지 확인할 길이 없으며, 감에 의존해야 하기 때문에 부화뇌동할 수밖에 없습니다.

주식에서 미인종목을 고르기 위해서는 현실의 미인을 고르는 것처럼 자기만의 방식을 고수해서는 안 됩니다. 모두가 인정하는 가장 객관적인 방식을 손에 넣어야 합니다.

현실에서는 눈만 예뻐도 미인으로 볼 수도 있습니다. 하지만 주식에서는 눈과 코, 입, 귀가 모두 예뻐야 합니다. 어떤 투자자는 ROE의 중요성을 깨닫고 'ROE가 높으면 좋다더라' 라는 단편적인 시각만을 가지고 종목을 편입하는 실수를 범합니다. 그밖에 중요한 요소들까지 합리적으로 판단한 후 신중하게 종목을 편입하는 신중함과 느긋함이 필요합니다.

| 눈만 예쁘면 미인이다 | ○ | 눈, 코, 입… 다 예뻐야 한다 | ○ |
| PER만 낮으면 만사 OK다 | × | ROE, PER, EPS, PBR… 모두 고려해야 한다(현재+추정치) | ○ |

미인을 알아보는
평가지표 마스터하기 Ⅰ

오늘부터 2일 동안은 주가평가지표에 대해 알아보겠습니다. 두번 세번 반복해 자기 것으로 만들고 나면 척척박사가 될 수 있습니다.

EPS(주당순이익)로 미인 알아보기

EPS(Earning Per Share, 주당순이익)란 순이익(당기순이익)을 총발행주식수로 나눈 수치를 말합니다. 투자를 판단하는 지표로 매우 중요한 역할을 하며 간단하게 구할 수 있습니다.

$$EPS = 순이익/총주식수$$
$$EPS = 1억원(순이익)/10만주(발행주식수)=1,000원$$

간단하고 쉽지요? EPS는 기업의 수익성을 판단할 수 있는 가장 중요한 지표 중 하나입니다. 1년 동안 기업이 열심히 일해 벌어들인 수익이 1주당 얼마인가를 나타냅니다. 단순하면서도 의미가 높은 실적 관련 지표이지요. 예를 들어 A회사가 1년 동안 순이익이 1억원이고 총

주식수가 10만주라면 EPS는 얼마일까요? 1,000원이 나옵니다. 쉽게 말해 여러분이 A기업의 주식 1주를 보유하고 있다면 그 1주가 1년에 얼마를 버는가를 나타냅니다. 따라서 기업을 평가하는 데 매우 중요하겠지요.

EPS가 높아지는 기업이라면?

자, 그렇다면 EPS가 높아진다는 것은 어떤 의미일까요? 분자인 순이익이 많아진다는 뜻이겠지요. 그래서 EPS가 커진다는 것은 그만큼 성장성이 좋은 회사이며 투자가치가 높다고 할 수 있습니다. EPS가 높다는 것은 그만큼 경영실적이 양호하고 배당 여력도 많으므로 주가에도 긍정적인 영향을 미칠 가능성이 높습니다. 이처럼 EPS의 증가는 기업의 밝은 미래를 확인하게 해줍니다. 그리고 현재의 EPS가 높다는 것은 기업이 현재 장사를 잘하고 있다는 의미로 받아들일 수 있습니다.

EPS를 활용한 투자법

'EPS가 높아질수록 기업가치도 상승한다', 'EPS가 높으면 실적도 좋다'는 말은 막연하게 들릴 수 있습니다. 그 기준이 모호하기 때문입니다.

첫 번째 기준은 동종 업종 내에서 다른 종목과 비교하는 것입니다. IT업종이 유망하다는 사실을 확신하고 있고 그중 한 종목을 사고 싶다면 EPS 증가율이 상대적으로 높은 종목을 선택한다면 좋은 수익을 기대할 수 있을 것입니다. 주가가 EPS 증가율을 현저하게 따라가지 못하고 있는

종목	현재 주가(2010년 11월 5일)	2009년 EPS	2010년 EPS(추정치)	투자매력도
삼성전자	776,000원	56,717원	93,091원	상
하이닉스	23,750원	−620원	5,320원	상
LG전자	97,900원	12,685원	6,550원	하
삼성SDI	154,500원	4,621원	7,451원	?

상태라면 투자매력도는 더욱 높아질 것입니다. EPS 증가율 대비 주가 상승률이 떨어지는 종목을 편입하도록 합니다.

EPS가 증가하는 기업을 주목하라

삼성전자와 하이닉스의 EPS 증가율이 눈에 띕니다. 2009년 초 삼성전자의 주가는 450,000원, 하이닉스는 7,000원대에 머물러 있었습니다. 2년 동안 삼성전자는 2배 가까이 상승했고, 하이닉스는 3배 상승했습니다. 기업의 실적이 상승하면서 주가도 크게 상승하였음을 알 수 있습니다. 반면 LG전자는 2009년 초 7만원대이던 주가가 10만원 가까이 되어 표면적으로는 EPS에 역행해 상승한 것처럼 보이지만 2009년 중반 150,000원까지 상승했던 주가가 10만원 이하로 내려앉은 경우입니다.

다른 IT종목이 큰 상승을 이뤄낸 데 반해 LG전자의 주가는 맥을 못추고 있는 상황입니다. EPS 추정치를 통해 기업에 문제가 발생했음을 한눈에 알 수 있습니다. 삼성SDI의 경우 EPS로 보면 지나친 고평가로 보입니다. 2009년 초 6만원대를 기록하던 주가가 3배 가까이 상승한 모습입니다. EPS 증가율보다 훨씬 높은 주가 상승률을 기록했습니다. 하지만 삼성SDI의 경우 미래 성장성을 반영한 경우입니다. 아직 실적으로 나타나지는 않고 있지만 미래의 성장산업(2차전지, 아몰레드)이 눈앞에 다가와 있기 때문에 주가가 이를 반영했다고 볼 수 있습니다. EPS만 보아서는 주가 영역을 판단하기 어렵겠지요.

현재치와 함께 추정치도 참고하라

자, 그렇다면 여러분은 어떤 종목을 선택하고 싶습니까? 아직 판단하기 이릅니다. 2011년의 추정 EPS까지 확인해야 합니다. 앞의 표는 2010년 말에 측정한 기록이므로 2010년의 이벤트는 거의 종료되어 간다고 볼 수

EPS 증가율이 높은 종목이 좋은 것은 사실입니다. 기업의 실적 증가율이 그만큼 높다는 의미이니까요. 하지만 주가가 이미 이를 모두 반영했다면 투자자 입장에서 좋은 종목이 아니겠지요. 투자자에게는 수익을 줄 수 있는 종목이 좋은 종목입니다. '이미 얻을 수익'을 주가에 모두 반영한 기업이 좋다는 것은 어불성설입니다. 따라서 EPS 증가율과 주가 상승률을 비교해 투자해야 합니다. 주가 상승률이 EPS 증가율에 미치지 못해 저평가에 놓여 있는 종목이 좋습니다.

있습니다. 이제는 2011년 추정치를 통해 투자 판단을 내릴 수 있어야 합니다. 삼성SDI처럼 미래성장성을 반영하는 기업일수록 실적이 어느 시점에 가시화되는지 반드시 확인할 필요가 있습니다. 각 증권사의 애널리스트들이 미래 지표를 정기적으로 발표하기 때문에 이를 확인하는 습관을 들이면 보다 정확한 판단을 내릴 수 있습니다.

EPS×10

EPS가 높다 해도 가격이 주가에 이미 반영이 된 경우라면 수익을 장담할 수 없겠지요. EPS가 높다고 해서 무조건 투자해서는 안 되는 이유입니다. 그래서 중요한 두 번째 전략을 제시한다면, 'EPS×10'이라는 단순한 공식을 통해 주가가 고평가인지 저평가인지 확인하는 방법이 있습니다. 모든 주식에 적용할 수는 없지만 유용하게 사용이 가능한 방식입니다.

예를 들어 해당 기업의 주가가 1만원인데 EPS가 500이라면 고평가일까요, 저평가일까요?

$$500(EPS) \times 10 = 5,000원$$

즉 EPS로 본 이 기업의 적정주가는 5,000원이 되는 것입니다. 현재의 주가가 1만원이므로 고평가라 할 수 있습니다. EPS가 증가하고 있더라도 고평가라는 것은 그만큼 리스크가 크다는 의미로 판단할 수 있습니다. 반면 주가가 1만원인데 EPS가 2,000이라면 어떤 판단을 내릴 수 있을까요? '주가가 저평가 영역에 있구나' 하고 판단할 수 있습니다.

$$2,000(EPS) \times 10 = 20,000원$$

EPS로 본 이 기업의 주가는 2만원인 데 반해 현재의 주가는 1만원이므로 상승 여력이 높다는 사실을 확인할 수 있습니다. 표를 통해 삼성전자와 하이닉스, LG전자, 삼성SDI를 확인해 볼까요.

종목	주가(2010년 11월 5일)	2009년 EPS	2010년 EPS(추정치)	×10
삼성전자	776,000원	56,717원	93,091원	930,910원
하이닉스	23,750원	−620원	5,320원	54,200원
LG전자	97,900원	12,685원	6,550원	65,500원
삼성SDI	54,500원	4,621원	7,451원	74,510원

추정치를 통해 본 주가는 삼성전자와 하이닉스, 삼성SDI는 저평가, LG전자는 고평가입니다. 그중 하이닉스의 저평가가 가장 확실한 것을 확인할 수 있습니다. 하이닉스의 경우 마이너스이던 EPS가 플러스로 돌아서며 획기적인 턴어라운드를 기록했고, 주가가 많이 오른 것을 감안하더라도 아직 반영해야 할 부분이 많이 남아 있는 것을 알 수 있습니다.

LG전자의 경우 EPS가 전년도에 비해 나빠지고 있다는 사실에 주목해야 합니다. 국내 IT 기업 중 실적이 안 좋은 대표적인 경우이므로 기업의 실적이 어떤 방향으로 흘러가는지 반드시 체크해야 합니다. 삼성SDI는 앞서 얘기한대로 미래 성장성을 반영하는 중이므로 EPS와 함께 다른 판단지표를 중요한 수단으로 삼아야 할 것입니다.

이렇게 EPS는 기업을 판단하는 단순하면서도 강력한 아이디어를 주지만 함정이 있으므로 EPS를 절대적인 평가수단으로 맹신해서는 안 됩니다. 여러 평가지표 중 하나로 요긴한 것은 사실이나 EPS만 보고 현재의 주가를 100% 확신할 수는 없습니다. 여타의 판단지표가 좋고 EPS도 좋다면 그때는 '올레'를 외치며 주가를 편입할 수 있습니다.

PER(주가수익비율)로 미인 알아보기

먼저 PER을 산출하는 공식을 볼까요.

$$PER(주가수익비율) = 주가/주당순이익(EPS)$$

유용한 투자 지표였던 EPS를 이용해 PER을 산정할 수 있습니다. EPS와 현재의 주가를 비교함으로써 보다 의미 있는 지표를 만들어냈군요. EPS 하나만으로는 기준이 모호하다는 단점을 극복한 PER은 그래서 주가를 평가하는 중요한 수단일 수밖에 없습니다. 언론을 통해 혹은 투자를 하면서 PER이라는 단어는 많이 들어봤을 것입니다. 주가가 고평가인지 저평가인지를 판단할 때 가장 자주 쓰이는 지표입니다. 애널리스트들도 PER 개념을 애용합니다.

PER은 나라 간의 주가 수준 비교에 용이하다

PER은 여러 나라의 주가 수준을 비교할 때도 자주 쓰입니다. 한국의 PER이 15이고, 대만의 PER이 9라면 대만에 비해 한국의 주가가 고평가 상태임을 알 수 있습니다. 세계 여러 나라에 투자를 하는 외국인의 경우 각 나라의 PER을 비교합니다. 국내 투자자들도 우리나라가 대만에 비해 PER이 높다면 외국인 매수세가 대만에 비해 약할 수 있다는 판단을 내릴 수도 있습니다. 외국인 매수세를 떠나서도 한국에 비해 대만 증시의 상승 여력이 높다는 사실도 확인할 수 있습니다.

PER은 현재의 주가를 주당순이익으로 나눈 지표이기 때문에 주가가 주당순이익의 몇 배인가를 나타냅니다. 예를 들어 주가가 1만원이고, EPS(주당순이익)가 1,000원이라면 PER은 얼마일까요? 10이라는 숫자가 나오겠지요. 이때 "A라는 종목은 주가수익비율이 10배구나"라고 표현합니다.

PER이 낮을수록 저평가, 높을수록 고평가

자, 그러면 PER이 10배라는 말의 의미는 무엇일까요? 뭐가 10배인지 알아야 투자지표로 활용할 수 있겠지요. PER은 A라는 기업이 지금과 같은 수준으로 계속 영업활동을 해 수익을 지속할 경우 현재의 주가에 해당하는 돈을 벌려면 몇 년이 걸리느냐를 나타냅니다. 좋은 회사라면 이 기간이 짧은 것은 당연하겠지요. PER 10배는 10년을 의미하는 것입니다.

따라서 PER이 낮을수록 주가가 저평가, PER이 높을수록 주가가 고평가되어 있다고 평가할 수 있습니다. 하지만 여기서도 기준이 모호해 어느 정도가 고평가이고 저평가인지 알 수 없습니다. PER이 20이라면 고평가일까요, 저평가일까요?

여기서도 2가지 방법이 있습니다. 하나는 동종 업종 내 여러 종목을 비교하는 것(혹은 주가가 같은 기업을 비교)과 절대 기준을 정하는 것입니다.

① 동종 업종 내에서 PER 비교

먼저 동종 업종을 살펴볼까요? 성장성이나 수급, 시장에서의 인기도에 따라 업종별로 PER이 제각각입니다. PER이 높아도 성장성이 기대되는 업종은 주가가 계속 오르고, 비록 PER이 낮아도 성장성이 결여되어 있고 시장에서 인기도 없는 업종이라면 주가는 오르지 않을 수도 있습니다.

종목명	주가	2009년 PER	2010년 PER	투자매력도
A사(업종 대표주)	25,700원	10.76	11.05	–
B사	65,200원	16.82	25.62	제외
C사	60,500원	23.62	8.20	편입
D사	57,700원	6.75	5.04	편입(but 신중히)

이 업종의 평균 PER을 12라고 가정해 봅시다. 업종 대표주의 PER은 11 정도입니다. 업종 대표주인 A사는 투자매력도가 0에 수렴합니다. B사는 업종 평균보다 고평가 상태를 2년간 지속하고 있으며 상당 부분 주가에 반영되었을 확률이 높습니다. C사의 경우 2009년에 비해 2010년의 PER이 현저히 낮아진 것을 확인할 수 있습니다. 기업의 실적이 현저히 좋아졌다는 의미겠지요. 2009년까지만 해도 투자매력이 없었던 종목이 2010년에 접어들면서 매력적인 상태로 돌아섰습니다.

D사의 경우 2년간 지속적으로 저평가에 머물러 있습니다. 동업종 내에서 가장 매력 있는 PER 수준을 기록하고 있습니다. PER 지표만을 봤을 때는 D사의 매력이 가장 높고 C사도 매력적입니다. 하지만 다른 지표와 비교한다면 C사의 매력이 가장 높을 수 있습니다. D사의 경우 저평가임이 분명하지만 미래에 대한 투자가 활발하지 않아 성장성이 결여되어 있을 수도 있습니다. 혹은 경영자의 자질이 의심받거나 현재보다 미래가 불투명한 이유가 내재되어 있을 수도 있습니다. 반면 C사는 실적 증가에 비해 주가가 오르지 않아 투자하기 가장 좋은 기업일 수 있습니다. 실제

주가가 동일하다면?

주가가 10,000원으로 동일한 A와 B 종목 비교
A종목의 PER=10 (EPS=1,000원)
B종목의 PER=20 (EPS=500원)

주가가 1만원으로 동일한 다른 업종에서의 A와 B 종목을 비교했을 때 B종목에 비해 A종목의 PER이 상대적으로 낮아 매력도가 높은 것을 확인할 수 있습니다. 하지만 업종에 따라 평균 PER이 다르기 때문에 업종 평균과도 비교해야 합니다. A종목의 업종 평균이 6이라면 업종 내에서는 고평가일 수 있습니다. 굳이 A종목을 매수하고 싶다면 업종 내에서 A종목보다 저평가인 종목이 없는지 확인해보는 것도 좋습니다.

반면 B종목의 PER이 20으로 A종목에 비해 고평가인 것은 분명하지만 업종 평균이 30이고, 동일 업종의 종목들 중 PER 20 이상이 즐비하다면 B종목이 매력적일 수 있습니다. 이와 같은 현상이 발생하는 이유는 시장의 인기와 관련이 있습니다. 시장을 주도하는 업종의 경우 고평가일 경우에도 인기가 높아 주가 상승이 멈추지 않습니다. 고평가라는 우려 속에서도 주가는 지속적인 상승을 이어갑니다. 업종의 실적과 미래가 그만큼 좋기 때문이지요. 따라서 숲을 보는 습관이 중요합니다. 시장의 주도주가 무엇인지, 글로벌화 된 시대에 미래를 이끌어갈 업종이 무엇인지 알아야 합니다. 조선주인지 IT와 자동차인지, 금융업종은 아닌지, 철강업종이 새로운 모멘텀을 발산할 타이밍은 아닌지 주의 깊게 살펴보아야 합니다. 종목 하나만 보는 단견을 피하고 업종을 먼저 보는 투자의 눈을 키워야 합니다.

고평가 : 업종 평균 PER(10) < 종목 PER(20)
저평가 : 업종 평균 PER(30) > 종목 PER(20)

종목	주가(2010년 11월 5일)	2009년 PER	2010년 PER(추정치)	투자매력도
평화정공	16,250원	5.37	7.75	편입
만도	124,000원	NA	10.62	편입
성우하이텍	13,750원	3.76	6.80	편입
한일이화	7,220원	3.96	5.39	편입

로 이런 기업은 다음해 PER이 더욱 낮아져 주가가 탄력을 받으면 큰 상승을 이뤄내기도 합니다.

실제 기업의 비교를 통해 보다 자세히 알아볼까요. 자동차 부품주의 경우 운송장비업종 평균 PER이 14.47임에도 불구하고 위의 표에서와 같이 저평가 상태에 놓여 있습니다. 2010년 현대차와 기아차, 현대모비스

등 자동차 관련 종목들이 시장 주도주로 나서면서 엄청난 상승세를 기록했습니다. 자동차 부품주도 상승세가 두드러진 것은 사실이지만, 아직도 주가의 상승 여력이 충분함을 알 수 있습니다. 대표적으로 실적 성장세가 뚜렷해 주가가 저평가 영역으로 들어간 경우입니다.

② 기준을 정해 PER 비교

일반적으로 PER을 기준으로 고평가와 저평가를 가르는 기준은 10입니다. 10을 평균으로 놓고 PER이 10 이하면 저평가 국면으로 매수관점, 10~20이면 매수 고려, 20 이상이면 고평가 국면으로 각별한 주의가 필요합니다.

PER	투자매력도
10 이하	적극적인 매수 관점
10~20	매수 고려
20 이상	각별히 주의

즉 기본적으로 PER이 낮을수록 투자매력이 높다고 할 수 있습니다. 업종 내에서든 업종을 떠나서든 PER이 낮을수록 해당 기업이 빠른 시일 내에 주가만큼 돈을 벌 수 있기 때문에 당연한 결과겠지요.

여기서 주목해야 할 사항 한 가지는 코스닥 벤처형 기업들의 PER이 비정상일 경우가 많다는 사실입니다. 벤처형 기업은 당장의 이익은 작지만 미래의 성장가치를 미리 반영하기 때문에 고PER로 나타날 수 있습니다. 큰 기업에 비해 기업의 변화가 탄력적이라는 의미도 됩니다. 일부 코스닥 기업은 PER이 50, 100 등으로 매우 높은 PER을 기록하고 있음에도 불구하고 주가가 계속 오르는 경우를 볼 수 있습니다. 예를 들어 삼성전자가 LED 부품에 들어가는 제품을 생산하는 A라는 기업과 독점계약을 맺었다면 어떻게 될지 상상해 볼까요?

이전에는 실적이 지지부진했던 A기업에 갑자기 햇살이 비추기 시작했습니다. 물론 이전부터 기술투자에 적극적으로 임했고 암중모색 기간을 거쳤겠지요. 이럴 때는 PER과 상관없이 주가 상승이 이뤄집니다. 미래 실적이 현재와는 비교도 되지 않을 만큼 높아지리라는 예상이 가능하기 때문입니다.

★**투자 포인트**★ PER이 낮을수록 투자가치가 높다. ROE와 함께 보면 효과적이다.

미인을 알아보는
평가지표 마스터하기 II

오늘은 평가지표 두 번째 시간으로 ROE와 BPS, PBR에 대해 알아보도록 하겠습니다. 모두 중요한 지표이므로 꼼꼼한 체크가 필요합니다.

ROE(자기자본이익률)로 미인 알아보기

ROE(Return on Equity)는 연간순이익을 자기자본으로 나눈 백분율로 자본 대비 순이익 정도를 평가하는 지표입니다. ROA와 함께 수익성 지표라고도 합니다.

> **ROE(자기자본이익률) = 당기순이익 / 자기자본**

★ **투자 포인트** ★ ROE가 높을수록, ROE가 지속적으로 성장할수록 투자매력이 높다

ROE를 알기 전 살펴보아야 할 지표가 있습니다. ROE의 사촌격인 ROA(Return On Assets)입니다. 총자산순이익률이라고도 하는데, 기업이 총자산에서 당기순이익을 얼마나 올렸는지 가늠하는 지표입니다. 기업

의 일정 기간 순이익을 자산총액으로 나누어 계산한 수치로, 특정 기업이 자산을 얼마나 효율적으로 운용했는지를 보여줍니다.

$$\text{ROA(총자산이익률)} = (\text{순이익}/\text{총자산}) \times 100$$

기업의 총자산은 처음부터 갖고 있던 자기자본과 금융기관에서 빌린 차입금으로 나눌 수 있습니다. 차입금은 이자라는 비용을 부담해야 하고 언젠가는 되돌려 주어야 할 돈입니다. 투자자 입장에서는 차입금을 뺀 자기자본만으로 기업이 얼마나 수익을 내고 있는지 판단하는 것이 더욱 중요할 수 있습니다. 그래서 나온 개념이 ROE입니다.

기업의 자기자본이 1,000원이고 당기순이익이 100원이라면 ROE는 10%가 됩니다. 달리 말해 주주들이 1,000원을 투자해 1년 동안 열심히 일한 결과 회사가 100원의 수익을 거둬들인 것입니다.

ROE가 높을수록 투자매력이 높다

자기자본은 기업의 청산가치라고 할 수 있습니다. 기업이 해산하지 않고 계속 사업활동을 지속한다는 것은 기업이 소유한 자기자본을 은행에 예치해 이자를 받는 것보다 더 높은 수익이 기대되기 때문일 것입니다. 만약 ROE가 은행이자보다 낮다면 투자매력이 현저하게 떨어질 것입니다. 기업이 은행이자보다 못한 실적을 내고 있다면 투자자 입장에서도 그 기업에 투자하기보다는 주식투자금을 은행에 예치하는 게 상식적으로도 올바른 판단일 것입니다. 따라서 ROE가 높을수록 투자매력이 높다는 사실을 알 수 있습니다. 자기자본으로 기업이 그만큼 많은 돈을 벌고 있다는 의미이기 때문이지요.

자본금, 이익잉여금, 자본잉여금, 자본조정으로 구성됩니다. 따라서 해마다 달라질 수 있겠지요. 평균 자기자본을 산출해 사용하기도 하는데 2년간의 자기자본을 합해 2로 나누면 간단하게 구할 수 있겠지요.

ROE가 지속적으로 높을수록 좋다

작년에는 ROE가 20이었는데 올해는 −10이라면 어떤 의미일까요? 투자
자 입장에서 매우 불안할 것입니다. 한해는 풍년이었다가 다음해 곧바로
흉년이라면 해당 작물을 안심하고 심을 수 있을까요? 좋은 기업일수록
ROE가 꾸준히 높고, 꾸준히 상승합니다.

PER의 단점을 보완하는 지표로 활용가능하다

실적 측정치인 PER에는 단점이 있습니다. 자본금이 비정상적으로 적은
회사라면 PER이 낮게 측정되어 투자에 혼란을 줄 수 있습니다. PER은
낮은데 주가가 이를 반영하지 못하겠지요. 하지만 PER이 낮고 ROE가
높다면 상호보완작용을 일으킬 수 있습니다. 비인기 종목으로 분류되어
비록 PER이 낮지만 ROE가 높다면 자기자본에 비해 이익을 많이 내고 있
는 상태이므로 투자매력이 상승하겠지요.

ROE의 기준을 정한다

ROE 역시 기준이 없다면 애매한 지표일 뿐입니다. 최소한 은행이자보다
는 높아야 합니다. 보통 ROE가 20% 이상일 경우 투자하는 데 어려움이
없습니다. 종목 비교를 통해 자세히 알아볼까요?

종목	주가(2010년 11월 5일)	2009년 ROE	2010년 ROE(추정치)	투자매력도
현대중공업	394,000원	27.87	30.20	편입
기아차	47,500원	22.11	26.20	편입
삼성엔지니어링	181,500원	38.69	40.12	편입
대한전선	7,140원	−33.97	−30.20	제외

삼성엔지니어링의 경우 최근 4년간 30% 이상의 ROE를 꾸준히 기록
하고 있습니다. 대단히 안정적인 수익을 거두고 있다는 증거입니다. 반

면 〈그림 3-2〉 대한전선은 2008년까지 7%대에서 2009년과 2010년 마이너스를 기록하면서 기업에 문제가 발생했습니다. 대한전선의 경우 2010년 예상 PER이 −2.52로 지나친 저평가로 보이지만 ROE를 보니 저평가인 이유를 알 수 있습니다. 실제 주가의 변화를 통해 삼성엔지니어링과 대한전선을 비교해 볼까요?

〈차트 3-1〉과 〈차트 3-2〉를 보겠습니다. ROE 하나만 놓고 보더라도 두 종목의 주가 운명을 점칠 수 있습니다. 삼성엔지니어링은 대세상승 중이지만 대한전선의 주가는 처참한 모습니다. 무려 1/10 토막이 나면서 많은 투자자들의 속을 태우고 있습니다. 같은 시점에 어떤 종목을 선택했느냐에 따라 대단히 다른 결과를 냈을 것입니다. 두 종목을 보다 자세히 관찰하기 위해 다른 지표들도 보도록 할까요.

차트 3-1 삼성엔지니어링 주봉

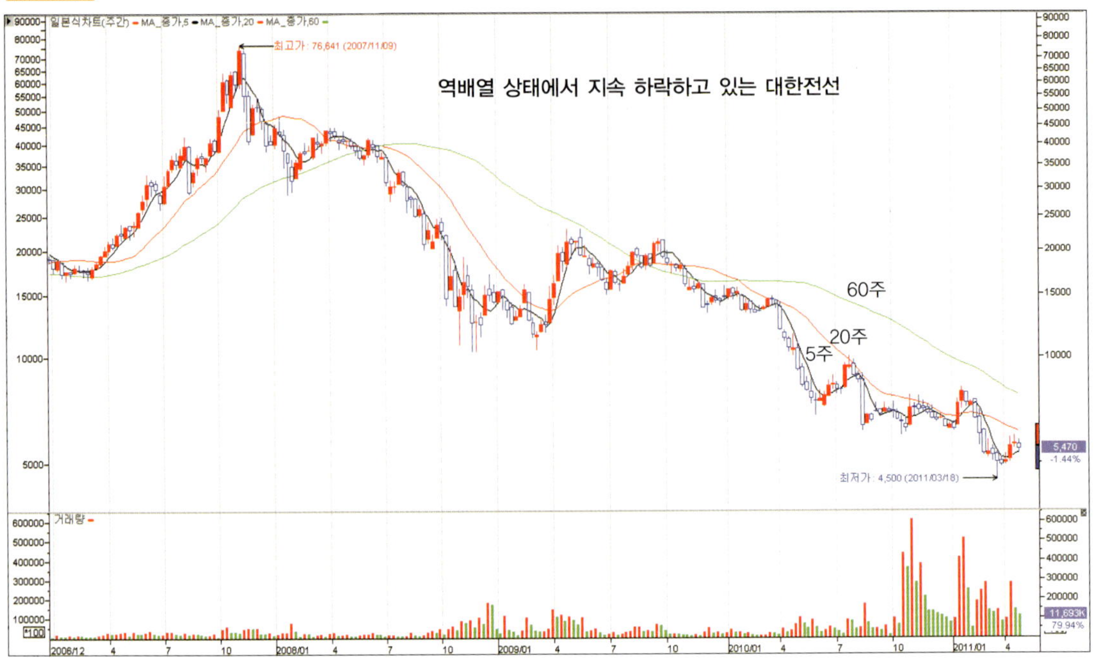

〈그림 3-1〉삼성엔지니어링의 경우 EPS도 지속적으로 증가하고 있습니다. PER이 20.27로 다소 부담이 되지만 EPS 상승률이 이를 상쇄할 정도입니다. 매출액도 3년 전에 비해 3배 가까이 늘어났음을 확인할 수 있습니다.

반면 〈그림 3-2〉대한전선은 ROE는 물론 EPS마저 마이너스를 기록하고 있습니다. 한 가지 의아한 점은 매출액이 소폭이나마 오히려 늘었다는 사실입니다. 반면 주식수가 3배 가까이 증가했습니다. 즉 자본이 증가되었음에도 불구하고 매출액과 영업이익에는 큰 변화가 없었다는 것은 자기자본 대비 수익이 현저히 낮아졌음을 의미합니다. 결국 대한전선 주가의 폭락은 수익성 악화에 의한 결과라는 사실을 도출해낼 수 있습니다. 무리한 자본 확충이 낳은 결과라는 것을 재무제표만으로도 어느 정도 알 수 있는 경우에 해당합니다.

★ **투자 포인트** ★ ROE, ROA가 높을수록, 지속적으로 성장할수록 투자매력이 높다

028050 삼성엔지니어링 · K200 서비스업 | ELW 의견 시황 차트 주문

현재가 196,500 ▼ 4,500 (-2.24%) 거래량 141,031

Snapshot 기업개요 재무제표 재무비율 투자지표 Disclosure

Financial Highlight

| 적용회계기준 | Annual | | | | Net Quarter | | | | |
| Recent A. 2010.12 / Recent Q. 2010.12 | 2008.12 | 2009.12 | 2010.12 | 2011.12(E) | 2010.03 | 2010.06 | 2010.09 | 2010.12 | 2011.03(E) |
	GAAP(개별)	GAAP(개별)	GAAP(개별)	GAAP(개별)	GAAP(개별)	GAAP(개별)	GAAP(개별)	GAAP(개별)	GAAP(개별)
EPS(원)	4,709	6,472	9,241	12,611	1,965	2,447	2,188	2,641	2,755
BPS(원)	17,792	23,136	32,011	35,120	23,180	25,313	29,135	32,011	26,719
보통주DPS(현금,원)	1,500	2,000	2,500	2,913					
발행주식수(보통주,천주)	40,000	40,000	40,000	40,000	40,000	40,000	40,000	40,000	40,000
PER(배)	9.24	16.69	20.78	15.94					
PBR(배)	2.44	4.67	6.00	5.72					7.52
배당수익률(보통주,현금,%)	3.45	1.85	1.30						
매출액(억원)	26,356	34,714	47,990	72,205	9,734	9,662	11,665	16,930	16,021
영업이익(억원)	1,299	3,156	4,319	5,974	1,090	1,002	876	1,352	1,317
영업이익률(%)	4.93	9.09	9.00	8.27	11.19	10.37	7.51	7.99	8.22
당기순이익(억원)	1,884	2,589	3,696	5,045	786	979	875	1,057	1,102
순이익률(%)	7.15	7.46	7.70	6.99	8.07	10.13	7.50	6.24	6.88
ROA(%)	12.32	12.53	13.59	14.82	2.97	3.35	2.92	3.54	3.58
ROE(%)	35.04	38.69	41.58	41.86	10.10	11.90	9.99	11.19	10.62
자산총계(억원)	16,798	24,525	29,873	38,197	28,340	30,164	29,875	29,873	31,650
부채총계(억원)	11,181	16,758	19,858	24,112	20,539	21,512	21,009	19,858	20,858
자본총계(억원)	5,618	7,767	10,015	14,085	7,801	8,652	8,866	10,015	10,730
자본금(억원)	2,000	2,000	2,000		2,000	2,000	2,000	2,000	
부채비율(%)	199.01	215.77	198.29	171.19	263.29	248.63	236.95	198.29	194.39
유보율(%)	257.61	364.98	543.29		366.67	409.22	485.89	543.29	

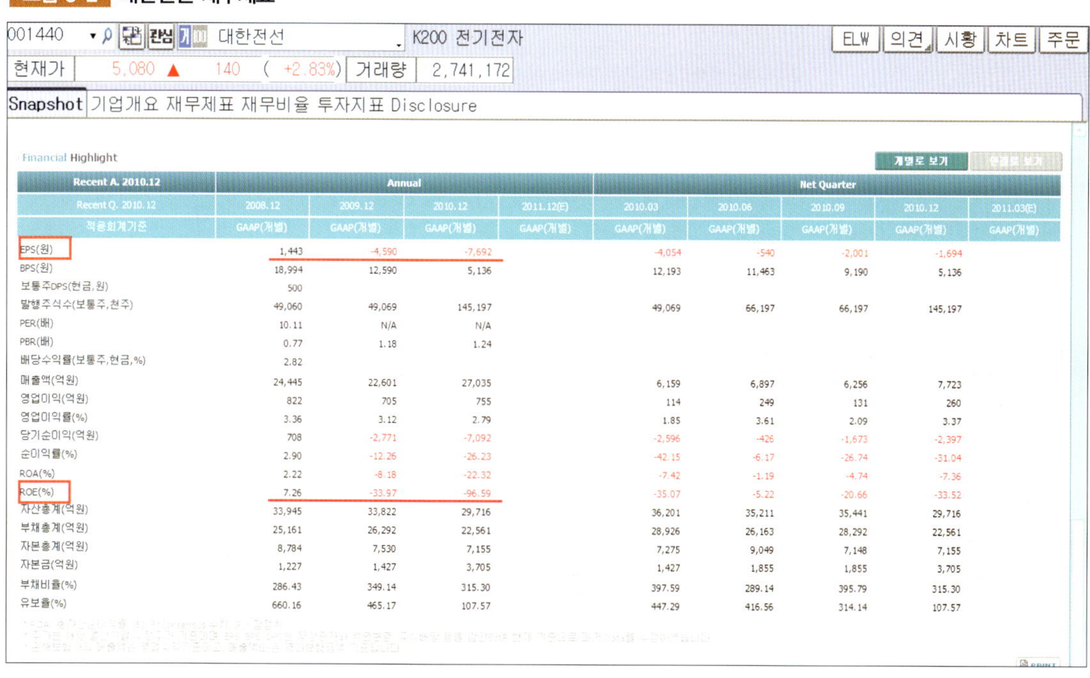

001440 대한전선 · K200 전기전자 | ELW 의견 시황 차트 주문

현재가 5,080 ▲ 140 (+2.83%) 거래량 2,741,172

Snapshot 기업개요 재무제표 재무비율 투자지표 Disclosure

Financial Highlight

| 적용회계기준 | Annual | | | | Net Quarter | | | | |
| Recent A. 2010.12 / Recent Q. 2010.12 | 2008.12 | 2009.12 | 2010.12 | 2011.12(E) | 2010.03 | 2010.06 | 2010.09 | 2010.12 | 2011.03(E) |
	GAAP(개별)	GAAP(개별)	GAAP(개별)	GAAP(개별)	GAAP(개별)	GAAP(개별)	GAAP(개별)	GAAP(개별)	GAAP(개별)
EPS(원)	1,443	-4,590	-7,692		-4,054	-540	-2,001	-1,694	
BPS(원)	18,994	12,590	5,136		12,193	11,463	9,190	5,136	
보통주DPS(현금,원)	500								
발행주식수(보통주,천주)	49,060	49,069	145,197		49,069	66,197	66,197	145,197	
PER(배)	10.11	N/A	N/A						
PBR(배)	0.77	1.18	1.24						
배당수익률(보통주,현금,%)	2.82								
매출액(억원)	24,445	22,601	27,035		6,159	6,897	6,256	7,723	
영업이익(억원)	822	705	755		114	249	131	260	
영업이익률(%)	3.36	3.12	2.79		1.85	3.61	2.09	3.37	
당기순이익(억원)	708	-2,771	-7,092		-2,596	-426	-1,673	-2,397	
순이익률(%)	2.90	-12.26	-26.23		-42.15	-6.17	-26.74	-31.04	
ROA(%)	2.22	-8.18	-22.32		-7.42	-1.19	-4.74	-7.36	
ROE(%)	7.26	-33.97	-96.59		-35.07	-5.22	-20.66	-33.52	
자산총계(억원)	33,945	33,822	29,716		36,201	35,211	35,441	29,716	
부채총계(억원)	25,161	26,292	22,561		28,926	26,163	28,292	22,561	
자본총계(억원)	8,784	7,530	7,155		7,275	9,049	7,148	7,155	
자본금(억원)	1,227	1,427	3,705		1,427	1,855	1,855	3,705	
부채비율(%)	286.43	349.14	315.30		397.59	289.14	395.79	315.30	
유보율(%)	660.16	465.17	107.57		447.29	416.56	314.14	107.57	

BPS(주당순자산)로 미인 알아보기

한편 기업가치 판단지표로 BPS(Book-Value Per Share)가 활용됩니다. BPS는 회사의 총자산에서 부채를 뺀 순자산을 발행주식수로 나눈 지표로 주당순자산이라고도 합니다. EPS가 회사의 수익성을 반영한 지표라면, BPS는 회사의 자산가치를 반영한 지표로 풀이할 수 있습니다.

> BPS(주당순자산) = 순자산(총자산 – 총부채) / 발행주식수

주당순자산은 주식 1주당 순자산이 얼마인지를 나타냅니다. 순자산은 타인자본, 즉 부채를 빼고 남은 자기자본을 말하는데 기업의 실질적인 재산을 의미합니다.

주가는 주당순자산과 비슷하게 움직이는 경향이 있습니다. 주당순자산이 1만원이면 주가도 1만원, 10만원이면 10만원 근처에서 형성되는 경우가 많습니다. 물론 여타의 매력도에 따라 크게 차이가 나는 경우도 있지만 이론상으로도 주가에 수렴하는 게 맞습니다. 만약 주가가 BPS에 비해 현저하게 낮다면 EPS와 비교하면서 실적이 얼마나 주가에 반영되고 있는지 고려할 수 있습니다. BPS가 1만원이라는 것은 기업이 문을 닫고 모든 자산을 처분했을 경우 1주당 주주들에게 1만원을 되돌려준다는 의미입니다. 즉 청산가치라고 하지요. 주주가 기업의 주식 1주를 보유했을 때 실제적인 자산 가치를 나타내므로 기업의 BPS가 높을수록, 또한 증가할수록 투자매력도 높아지겠지요.

참고로 BPS는 가치투자의 척도로도 활용하기 좋습니다.

★ **투자 포인트** ★ BPS가 높을수록, 높아질수록 투자매력이 높다. 주가와 BPS의 격차가 좁을수록 좋다.

PBR(주가순자산비율)로 미인 알아보기

PBR(Price Book-value Ratio)은 주당순자산비율이라고도 하는데, 주가가 순자산에 비해 1주당 몇 배로 거래되고 있는지를 나타냅니다. 순자산이란 자산에서 부채를 뺀 수치를 의미합니다. PER은 수익성만으로 현재의 주가를 판단하는 기준입니다. 이에 비해 PBR은 기업의 실제적인 자산과 비교해 현재의 주가를 판단하는 기준입니다. 기업의 순자산이 많다는 것은 그만큼 기업의 내실이 튼튼하다는 것을 말합니다.

PBR이 1이라면 주가와 기업의 청산가치가 같다는 뜻입니다. PBR이 1 미만이면 주가가 순자산가치에도 못미친다는 의미로 청산가치보다 낮게 형성되어 있음을 알 수 있습니다. 예를 들어 주가가 1만원인데 청산가치가 2만원이라면 PBR은 0.5가 되고, 회사가 문을 닫을 경우 1주당 2만원을 받을 수 있다는 뜻입니다. 현재 주가보다 높은 금액을 받게 된다는 뜻이지요. 따라서 PBR이 낮을수록 주가가 저평가임을 판단할 수 있습니다.

반면 PBR이 2라면 주가가 청산가치보다 높게 형성되어 있음을 의미하며, 회사가 청산절차에 들어갈 경우 주가가 1만원이라면 5천원을 받게 된다는 뜻입니다. PBR을 산출하는 공식은 아래와 같습니다.

PBR(주가순자산비율)＝주가／1주당 순자산

주식시장을 둘러보면 PBR이 낮은 종목들을 많이 볼 수 있습니다. 1 이하라면 저평가로 간주하고 관심을 가져볼 만합니다. 만약 주도주임에도 불구하고 PBR이 1 이하라면 적극적인 매수 관점으로 접근이 가능할 것입니다.

★ **투자 포인트** ★ PBR이 낮을수록 투자매력이 높다.

그 밖의 투자지표

투자지표는 더 많이, 더 자세히 알수록 투자에 유리합니다. 많은 투자자들이 투자지표는 골치 아프다는 이유로 등한시 합니다. 공식을 알아야 수학문제를 풀 수 있듯 투자지표를 잘 알아야만 증시에서 살아남을 수 있습니다.

투자지표 활용하기

회계사 출신인 김회계가 주식투자에 입문하면서 내뱉은 말이 있습니다.

"저평가 종목? 그거 찾는 거 쉽지."

회계사 경력 20년인 김회계는 기업의 재무제표 보는 법에 통달한 자신의 실력만을 믿고 주식투자를 시작했습니다. 남들은 어렵기만 하다는 재무제표를 척척 읽어내며 가장 좋은 종목을 골랐다고 주변에 소문을 내고 다녔습니다. 평소 친하던 최지표와 정평가에게도 '남몰래 알려준다' 며 종목을 알려주었습니다. 그를 철석같이 믿은 최와 정은 그 말에 솔깃해 전 재산을 가치투자라는 명목 하에 매수했습니다.

김회계가 알려준 주식투자의 필살기 PER과 PBR이 낮은 종목이 최고라는 철칙을 굳게 믿은 것이지요. 그런데 시간이 아무리 흘러도 주가에는 변화가 없었습니다. 불안한 최지표가 김회계에게 물었습니다.

"주가가 저평가 상태인 것은 분명한데 주가는 도무지 오르지 않네요?"

"하하, 기다려 보세요. 곧 큰 시세가 나옵니다. 이런 종목으로 돈 버는 건 시간문제예요."

"정말 언젠가는 오를까요?"

"당연하지요. 아직도 극심한 저평가 상태에 있습니다."

하면서 HTS에서 재무제표를 열어 보여줍니다. 여전히 PBR은 0.43, PER은 5.7밖에 되지 않습니다.

"국내 주식 중에 이만한 저평가 종목이 없다니까요. 이미 많이 오른 종목 사서 뭐합니까? 그냥 믿고 기다려보세요. 제가 이래뵈도 회계사 출신 아닙니까?"

글로벌 증시를 비롯해 한국의 종합주가지수가 2000포인트를 넘었는데도 김 회계가 귀띔해준 종목은 도무지 오를 기미가 보이지 않습니다. 이러다가 좋은 기회 다 놓치는 것은 아닌지 최와 정은 우려 섞인 탄식을 쏟아냅니다. 이 세 사람의 주가는 어떻게 되었을까요? 은행이자라도 벌었을까요? 저평가라고 확신하고 매수했던 종목은 무엇이었을까요?

여러 지표를 알아본 결과 어떤 지표는 높을수록 좋고, 어떤 지표는 낮을수록 좋습니다. 이를 정리하면 다음과 같습니다.

높을수록 좋은 지표	낮을수록 좋은 지표
EPS, BPS, ROE, ROA	PER, PBR

하지만 공식만 외운다고 해서 수학문제를 풀 수 없듯이 여러 가지 지표를 '높으면 좋고 낮으면 나쁘다' 는 식으로 외우기만 해서는 투자에 적절히 활용할 수 없습니다. 오히려 투자자에게 잘못된 정보를 주어 낭패를 보게 할 수도 있습니다.

그 대표적인 오류의 예로 낮을수록 좋다는 PER과 PBR을 보겠습니다. 투자자들은 일반적으로 PER을 투자에 참조합니다. PER이 낮으면 주식을 매수합니다. 조금 더 치밀한 투자자는 PER이 낮으면서 PBR도 낮은

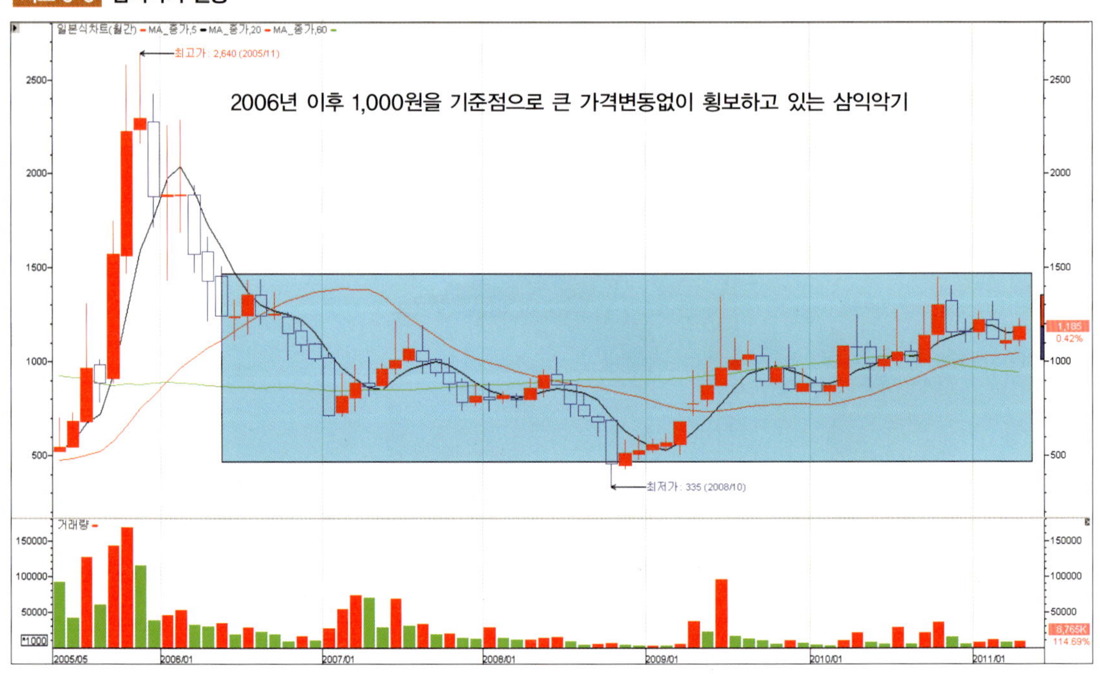

종목을 찾습니다. 현명한 투자자임에 분명합니다. 하지만 이렇게 현명한 투자자가 주식을 매수한 후 고통을 당하는 경우가 종종 있습니다. PER과 PBR이 낮을 수밖에 없는 종목을 선택했기 때문입니다. 대표적으로 시장의 패션과는 관계없는 소외업종을 들 수 있습니다. 〈차트 3-3〉 종목은 PER과 PBR이 낮아 저평가에 해당하지만 주가에는 큰 변화가 없는 예입니다. 추후 큰 시세가 올 수도 있지만 현재까지의 모습은 거래량도 적고 주가변화도 거의 없는 상태입니다.

그밖에 참조해야 할 지표는 없나요?

물론 있습니다. 앞에서 설명한 지표를 통해 대략적인 분석이 가능하지만 기업을 보다 세밀하게 관찰한다면 전쟁에 나가기 전 다시 한번 무기를 점검하는 것처럼 투자에 보다 신중을 기할 수 있습니다. 하나씩 살펴보도록 하겠습니다.

안정성 지표

안정성 지표에는 부채비율과 유보율이 있습니다.

① 부채비율

$$부채비율 = 타인자본 / 자기자본 \times 100$$

부채비율은 자본구성의 건전성 여부를 판단하는 대표적인 지표입니다. 기업이 소유한 총재산 중에서 부채가 어느 정도를 차지하고 있는지 나타냅니다. 여러분의 가계에서도 부채가 높을수록 재산이 불안정하겠지요? 집을 살 때 부채 없이 산다면 가장 안정적일 것입니다. 마찬가지로 기업도 이 비율이 높을수록 재무구조가 불안정하다고 생각할 수 있습니다. 지불능력에 문제가 될 수 있기 때문이지요.

업종에 따라 다소 차이가 있지만 일반적으로는 100% 이하를 이상적인 표준비율로 보고 있습니다.

② 유보율

$$유보율 = 자본잉여금 + 이익잉여금 / 납입자본금 \times 100$$

유보율은 기업이 동원할 수 있는 자금의 양을 측정하는 지표입니다. 영업활동을 통해 얻은 이익인 이익잉여금과 자본거래 등 영업활동 외의 특수거래에서 생긴 이익을 뜻하는 자본잉여금을 합한 금액을 납입자본금으로 나눈 비율입니다.

여러분의 가계와 비교하면 쓰지 않고 남아 있는 돈이라 할 수 있습니다. 기업의 설비 확장 또는 재무구조의 안정성을 위해 유보율이 높을수록 좋습니다. 유보율이 높을수록 재무구조가 탄탄하며, 불황이나 특수 사건이 발생했을 때 대처와 적응력이 높겠지요. 하지만 한편으로 유보율이 높다는 것은 기업이 투자에 보수적이라는 의미도 되므로 양면성을 지니고 있음을 잘 구별해야 합니다.

성장성 지표

성장성 지표에는 매출액 증가율, 영업이익 증가율, 총자산 증가율이 있습니다. 지속적으로 증가할수록 좋습니다. 기업이 성장하고 있음을 뜻하기 때문이지요.

활동성 지표

활동성은 자산의 활용이 어느 정도 되고 있는지를 나타내는 지표입니다. 기업의 경영관리 활동인 구매, 생산, 판매 활동 등이 어느 정도 활발한지를 보여줍니다.

① 총자산회전율

총자산을 활용해 어느 정도 매출을 올렸는지를 측정하는 지표입니다. 기업이 매출활동을 벌일 때 보유하고 있는 모든 자산을 몇 번이나 활용했는지를 파악하는 데 사용합니다.

$$총자산회전율 = 매출액/총자산$$

② 고정자산 회전율

기업 활동에서 고정자산의 활용도를 알아보는 지표로 영업 상태를 판단하는 데 쓰입니다. 고정자산회전율이 낮으면 조업도가 낮은 것을 의미합니다. 따라서 제품 단위당 감가상각비, 수선비 등의 고정비의 비중이 높아져 제조원가가 상승하게 됩니다. 고정자산 회전율이 높을수록 우량한 회사이며 업종에 따라 평균율에는 차이가 있습니다.

$$고정자산 회전율 = 매출액/고정자산 \times 100$$

③ 재고자산 회전율

기업이 판매를 목적으로 보유하고 있는 자산으로 생산한 상품이나 구입한 상품이 어느 정도 팔리고 있는가를 나타내는 지표입니다. 재고자산 회전율이 높다는 것은 재고로 남겨두는 시간이 짧고, 판매가 빨리 이루어짐을 의미합니다. 재고자산 회전율이 낮다는 것은 판매활동에 문제가 있는 것으로 판단할 수 있겠지요.

$$\text{재고자산 회전율} = \text{매출액/재고자산} \times 100$$

🔻 꼭 알아야 할 재무제표

수익성 지표	총자산이익률(ROA)=당기순이익/총자산×100 (5~10% 이상) 자기자본이익률(ROE)=당기순이익/자기자본×100 (15% 이상) 매출액순이익률=순이익/매출액×100 (10% 이상)
안정성 지표	유동비율=유동자산/유동부채×100 (100 이상, 잘 나가는 기업은 150~200%) 부채비율=타인자본/자기자본×100 (100% 이하가 좋다) 당좌비율 (100% 이상) 자기자본비율 (50% 이상)
성장성 지표	매출액증가율 영업이익증가율 총자산증가율 (지속적 증가)
활동성 지표	총자산회전율=매출액/총자산×100 (1보다 크면 된다. 보통 2회전) 고정자산 회전율=매출액/고정자산×100 재고자산 회전율=매출액/재고자산×100

안전하고 행복한 투자를 위한 팁

주식투자가 위험한 이유는 투자자가 위험을 무릅쓰기 때문입니다. 위험을 미리 방지하고 안전한
길로 간다면 주식의 위험요소를 대부분 피할 수 있습니다.

21일째

주식투자는 위험하지 않나요?

주식은 수익에 대한 기대가 높은 만큼 위험도 높은 게 사실입니다. 하지
만 주식이 위험한 이유는 주식 자체가 위험해서가 아니라, 위험한 투자
를 하기 때문입니다. 개인투자자들은 우량하고 안정적인 종목보다는 급
등주나 세력주에 투자하는 경향이 많습니다. 가격이 싸다는 이유로 저가
종목을 선호하는 경향도 많지요. 애초에 리스크가 큰 종목에 투자하기
때문에 위험도 크고 한순간에 나락으로 떨어지는 것입니다.

우량주는 IMF나 글로벌 금융위기 때처럼 주가가 급락한 후에도 자기
자리로 돌아오는 복원력이 강합니다. 증시가 대폭락을 하기 전에 이 주
식들을 팔지 못했어도 결국 손실을 회복할 수 있다는 말이지요.

안전할 때만 매매하자

가장 좋은 전략은 위험 구간을 피하고 상승 구간에서만 주식을 매매하는 것입니다. 증시가 하락하는 데도 '내 실력이면 충분히 수익이 가능해' 하고 고집을 피워서는 안 됩니다. 위험은 철저히 피하고 안전할 때만 투자를 해도 얼마든지 큰 수익을 낼 수 있습니다.

우량주가 아닐수록 위험구간에서 손실이 크게 확대됩니다. 그리고 회복도 장담할 수 없습니다. 따라서 우량주 매매는 위험을 피하는 한 가지 방법이 될 수 있습니다.

급등주를 매매하더라도 확실한 구간에서만, 어느 정도 실력을 갖춘 후에 도전하는 게 좋습니다. 이때도 계좌의 모든 돈을 올인하는 것은 금물입니다. 소액으로 제한적으로 배팅해야 합니다.

행복한 투자를 위한 제안 1

위험한 종목을 피하고 안전한 종목만 매매

기업의 실적이 뒷받침되지 않고 성장성이 결여되어 있는데도 불구하고 급등하는 종목은 매우 위험합니다. 이런 종목일수록 외국인이나 기관보다는 개인투자자들이 모여서 투기에 참여합니다. 개인투자자가 많기 때문에 사고파는 사람들이 많아 상승 기운이 다했을 때는 급락할 확률도 그만큼 높아집니다. 외국인이나 기관처럼 기조적으로 꾸준히 사서 모아가는 우량한 주도세력이 없어서 한번 급락에 노출되면 내가 산 가격까지 다시 올라오는 데 많은 시간이 걸립니다. 운이 나쁘면 영영 그 가격에 팔 수 없게 됩니다.

차트 3-5　삼성전자 월봉 : 대세 상승을 이루고 있다

화려한 불꽃을 따르지 말자

개인투자자들은 일반적으로 위험한 종목인지 알면서도 오늘 당장 급등할 확률이 높은 종목을 선호합니다. 답답한 흐름을 보이는 우량주를 보다가 탄력이 좋은 종목을 보면 사고 싶은 마음이 드는 게 정상입니다. 하지만 결과는 나쁠 때가 많습니다. 단기간에 큰 수익을 내고 싶은 욕심을 제어해야 합니다. 내 종목이 오르지 않는다 해서 오늘 오르는 종목으로 쉽게 말을 갈아타서는 안 됩니다. 그 유혹에 이끌리는 순간 여러분도 실패하는 투자자의 길을 걷게 될 것입니다.

수익은 두 번째, 손실 방어가 우선이다

투자에서는 지키는 게 우선이고, 수익은 그 다음입니다. 세계적인 투자자 워렌 버핏도 그의 제1원칙이 '원금을 잃지 않는다', 제2원칙이 '제1원칙을 어기지 않는다' 입니다. 위험을 회피하고 원금을 지키는 게 투자에서 얼마나 중요한지 일깨워주는 명언입니다.

삼성전자와 솔본이라는 종목을 비교해 봅시다. 삼성전자는 3%만 올라도 급등이라는 기사가 나옵니다. 하루 변동폭이 잘해야 1~2%, 클 때도 3~4%를 넘기가 어렵습니다. 투자자 입장에서는 답답한 흐름이 아닐 수 없지요. 반면 솔본은 급등락이 심합니다. 하루 변동폭 10% 정도는 흔한 현상입니다.

두 종목을 길게 놓고 봅시다. 일봉(차트 3-4)에서는 답답했던 삼성전자가 월봉(차트 3-5)을 보니 꾸준히 상승하면서 투자자에게 장기적이고 안정적인 수익이라는 즐거움을 선사하고 있습니다. 반면 솔본은 하루하루 시소를 타지만 년봉(차트 3-7)으로 길게 보면 거의 아무런 변화가 없습니다. 급등락이 심할 뿐 기업의 가치에 큰 변화가 없다는 뜻이지요.

차트 3-7 솔본 년봉 : 기업의 주가에 거의 변화가 없으며 대세 상승도 없다

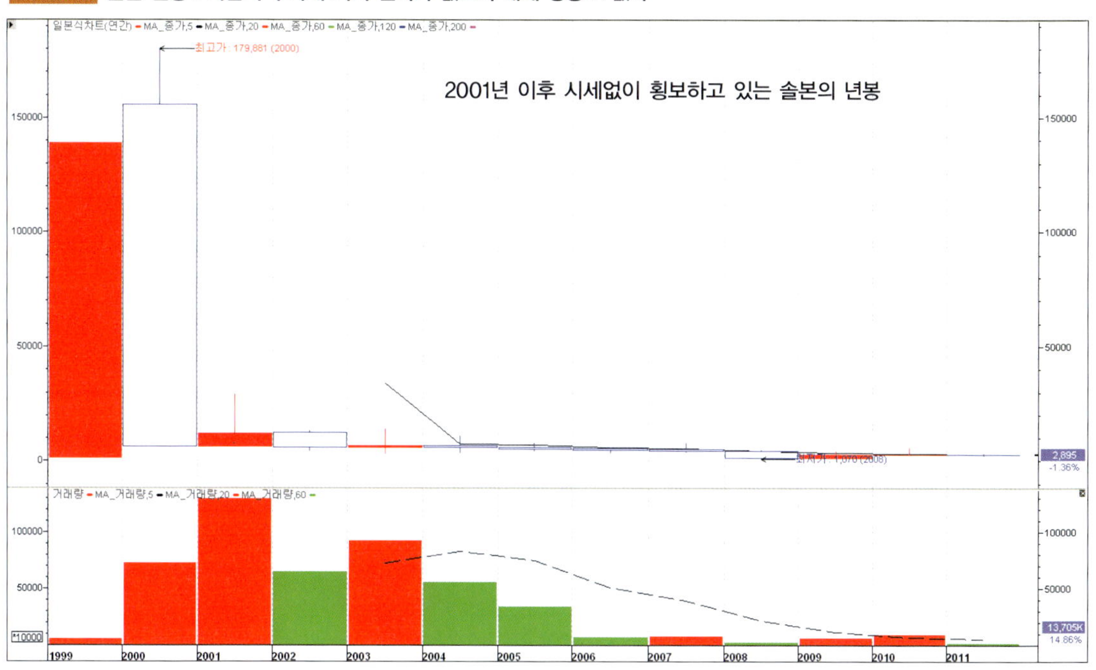

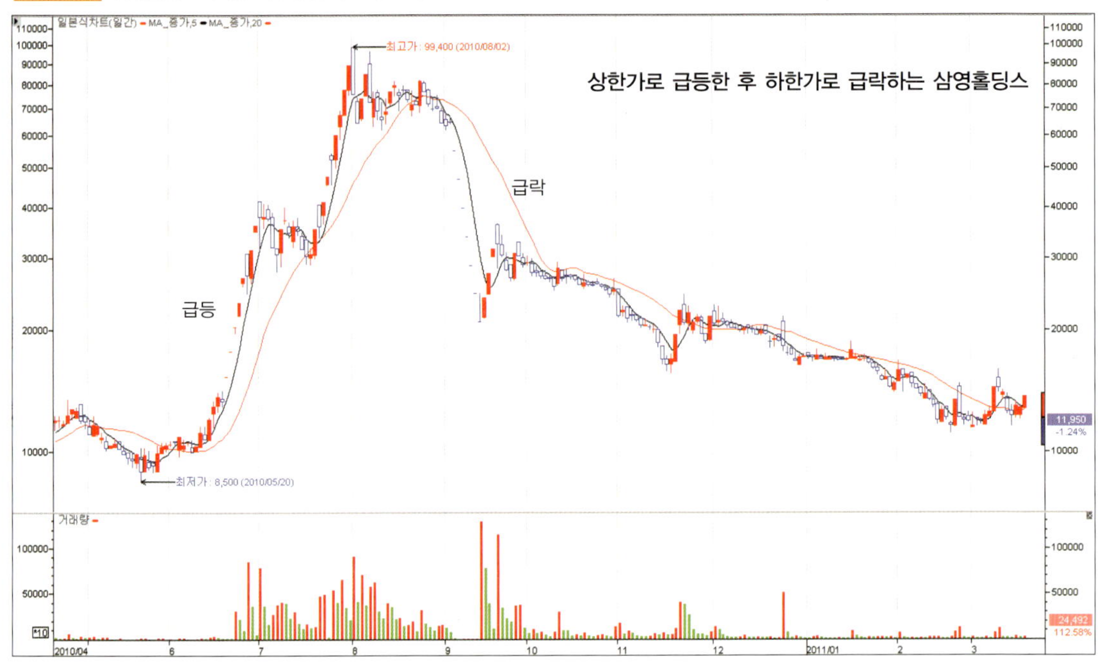

개별주와 지수연동주의 차이

우량주를 제외한 개별주들은 지수와의 연동성이 약해 개별 모멘텀에 따라 상승과 하락을 합니다. 따라서 개별주는 증시의 상승과 하락을 알리는 지표의 활용성이 떨어질 수밖에 없으며, 시장의 트렌드와 달리 움직이기 때문에 상승과 하락의 양상을 파악하기가 어렵다는 단점이 있습니다.

행복한 투자를 위한 제안 2

상승이 가능한 기간에만 매매

주식을 투기가 아닌 투자로 활용하는 사람들은 철저히 상승이 가능한 기간에만 매매를 합니다. 상승기간은 주식을 사려는 사람들의 힘이 강한 시기로 종합지수와 연동된 종목일수록 상승할 확률이 높습니다. 거기에 주도주라면 상승 기간 동안 강한 매수세를 기반으로 랠리를 펼칩니다. 이 기간에는 어떤 종목이든 상승할 확률이 그만큼 높아집니다.

하락 기간은 주식을 팔고자 하는 사람들의 힘이 강한 시기로 상승 기간보다 강하고 짧을 때가 많아 이 기간에 많은 투자자들이 애써 거둔 수익을 모두 반납하는 경우가 많습니다. 증시 상승이 힘에 부쳐 점차 하락을 준비할 때는 욕심을 거두고 하락에 대한 대비를 하는 것이 좋습니다. 이때는 주식을 덜어내면서 현금을 확보하고, 다음 투자를 준비해야 합니다.

참조 : 1부 10일째

> **상승과 하락 기간을 알려주는 지표들**
> MACD, 일목균형표, 볼린저밴드, 스토캐스틱, OBV, RSI 등

행복한 투자를 위한 제안 3

단기적인 수익보다는 장기적이고 안정적인 수익에 집중

부동산으로 큰돈을 번 부자가 주식에 투자를 했다고 합니다. 부동산 업계에서는 귀재로 통했던 그가 주식투자를 시작하면서 주식의 시세에 빠져 잦은 매매와 뇌동매매를 일삼았다고 합니다. 부동산에 투자할 때는 느긋하면서도 여유로웠던 그가 주식에서만큼은 시세를 쫓는 불나방이 되어버린 것이지요.

주식투자를 하다보면 대형주라도 하루 변동률이 몇 %는 기본이기 때문에 은행 이자 정도는 시시해지는 게 사실입니다(대형주의 하루 변동폭 1~2%도 은행의 연간 이자에 비하면 굉장히 큽니다). 매매만 잘하면 금세 큰돈을 벌 것처럼 느껴집니다. 하루만 매매를 잘해도 1억원을 굴리는 투자자라면 직장인 한달 월급은 거뜬히 벌고도 남습니다. 변동성을 잘 이용했을 경우지요. 그렇기 때문에 주식투자를 하는 사람들은 대부분 단기간에 큰 수익을 내고자 하는 유혹에 쉽게 이끌립니다. 꿈이 현실이 될 것처럼, 금방 황금이 내 손에 잡힐 것처럼요.

주식투자는 단기간에 큰 수익이 가능하지만 그렇다고 단기간에 큰 수익을 내려는 목적으로 시작하는 것은 금물입니다. 단기 시세를 쫓는다 해서 단기간에 수익이 나지도 않습니다. 오히려 손실 나는 속도만 빨라질 뿐입니다.

욕심을 줄이면 투자가 쉬워진다

단기간에 수익을 내려는 마음을 자제한다면, 시세의 변화에 민감해지기보다는 충분히 기다렸다가 가격이 싸지면 주식을 매입하고, 어느 정도의 수익이 나면 적당한 가격에 주식을 처분합니다. 매매할 종목은 많으니까요.

주식투자에서 욕심을 부리고, 안 부리고의 차이는 매우 큽니다. 종목을 보는 자세도 다르고 주식을 사고파는 타이밍도 다르고, 기대치도 다르며 매매 횟수도 다릅니다. 성공과 실패를 가르는 기준이라 보면 됩니다.

"큰 수익을 거두려고 주식투자를 고려하는데, 욕심을 버리라니 말이 됩니까?"라고 반문하고 싶지요? 급할수록 돌아가라는 옛말이 있지요. 주식에서는 천천히 가야만 빨리 도착할 수 있습니다. 욕심을 안 부려야만 손실을 줄일 수 있고, 수익을 누적시킬 수 있습니다. 주식의 변동성 자체가 크기 때문에 가능한 일입니다.

행복한 투자를 위한 제안 4

지속적인 모니터링과 공부 병행

주식투자란 한 종목을 사놓고 방치하는 투자가 아닙니다. 증시에 영향을 미치는 수없이 많은 대외변수들이 존재하고, 그 종목에 영향을 미치는 사건들도 수시로 일어나기 때문에 그 종목이 아무리 좋아도 지속적으로 모니터링을 해야 합니다. 아무리 좋은 종목도 너무 많이 올랐을 때는 조정 기간을 거치기 때문에 가끔씩 팔았다 샀다를 해주면서 관리를 해야 수익이 극대화될 수 있습니다.

행복한 투자를 위한 제안 5

주식과 결혼하지 말자

주식투자를 하다보면 '주식과 결혼하지 말라'는 격언을 자주 듣게 됩니다. 개인투자자들은 주식을 사는 순간, 그 종목과 결혼식을 올립니다. 좋은 점만 보면서 누가 뭐라고 해도 그 종목에 준 사랑을 거두지 않습니다. 콩깍지가 씌운다고 하지요. 하지만 주식시장에서 사랑은 하시라도 변하기 마련입니다. 오늘 좋은 종목도 내일이면 갑자기 나쁜 종목이 될 수 있습니다.

투자를 하다보면 좋은 종목을 고르는 눈도 생기고 차트를 활용하는 기술도 좋아집니다. 그럼에도 불구하고 많은 투자자들이 어려움을 겪는 이유는, 내가 보유한 5개 종목 모두가 손실을 기록해서가 아니라, 그중 한두 개가 말썽을 피우기 때문입니다.

종목	투자금액	수익률	수익,손실금액
A	1백만원	+5%	5만원 수익
B	1백만원	+12%	12만원 수익
C	1백만원	+3%	3만원 수익
D	1백만원	− 60%	60만원 손실
E	1백만원	− 55%	55만원 손실
계좌	5백만원	− 20%	100만원 손실

3개의 종목에서 수익이 났지만 D와 E 두 종목에서 손실이 확대된 모습입니다. 손실이 저렇게 커질 동안 팔지 않고 뭐 했느냐고 반문하고 싶지요? 그런데 많은 투자자들이 이와 같은 실수를 반복하고 있습니다. 실력이 없어서가 아니가 관리가 되지 않기 때문에 벌어진 일입니다. 평생 이혼하고 싶지 않은 최고의 종목이라 해도 손실률이 몇 % 이상 커지면 팔겠다는 기준이 있었다면 계좌가 저렇게 망가지는 일이 생기지 않습니다.

행복한 투자를 위한 제안 6

신용거래, 파생상품 거래, 주식자금대출 금지

주식투자를 오래 하다보면 주식의 변동폭도 작게 느껴질 때가 있습니다. 수익과 손실에 익숙해지다 보면, 특히 큰 손실을 경험하다 보면 레버리지가 더 높은 종목을 매매해 손실을 빨리 회복하고 싶은 유혹에 빠집니다. 주식을 오래하면 할수록 레버리지가 높은 상품의 위험성을 망각하기 쉽습니다.

그래서 미수와 신용거래를 시작합니다. 그런데 문제는 신용으로 주식을 더 사놓으면 안정적인 매매가 가능할까요? 신용이 아니어도 부화뇌동하는 투자자가 위험성을 훨씬 높여놓은 상태에서 객관적인 시각을 유지하기란 무척 어렵습니다.

오르는 종목은 빨리 버리고 내려가는 종목과는 결혼을 하는 개인투자자의 성향을 고려하면 신용으로 산 주식일수록 더욱 버리기가 어려워집니다. 손실이 2배 이상으로 커지기 때문이지요. 그리고 오를 때는 마파람에 게 눈 감추듯 재빠른 동작으로 팔기 때문에 수익을 거두기도 어렵습니다. 성공투자의 기본인 중장기 보유를 힘들게 하는 주범이기도 하지요.

Q&A __ 파생상품이란?

기초자산의 가치 변동에 따라 가격이 결정되는 금융상품입니다. 거래기법에 따라 선물, 옵션 등으로 기초자산에 따라 통화, 금리, 주식, 신용, 실물 등으로, 거래장소에 따라 장내·장외로 구분됩니다. 하지만 거래기법이나 기초자산의 복잡한 이합집산을 통해 기상천외한 상품들이 존재하며 본질적으로 고수익을 추구하는 대신 고위험이 수반됩니다. 파생상품의 지나친 개발로 인한 그림자금융(shadow banking)은 미국 발 금융위기의 주범으로 지목되기도 했습니다.

신용거래는 그나마 양반에 속합니다. 더 무서운 투자는 선물, 옵션, ELW 등 파생상품입니다. 파생상품은 기본적으로 레버리지가 주식의 6~7배 이상이기 때문에 고수익이 가능한 대신 위험 또한 큰 게 특징입니다. 그리고 투자기간이 한정되어 있어서 손실을 회복할 충분한 시간을 주지 않습니다.

파생상품은 헷지용으로만 활용하라

파생상품은 투자상품으로 활용해서는 안 됩니다. 다만 주가 하락이 예상될 때 헷지용으로 제한적으로 사용하는 게 바람직합니다. 위험에 대비하는 본연의 목적에만 사용한다면 파생상품은 투자자의 객관적인 시각을 유지하는 데 큰 도움을 줍니다.

문제는 본질을 버리고 파생상품을 주요 투자 수단으로 사용했을 때 생깁니다. 한번 길들여지면 도박이나 마약처럼 빠져나오기 어렵기 때문에 헷지 사용법만 알아두거나 아예 처음부터 발을 들여놓지 않는 게 좋습니다.

참조 : 6부 30일째

최근 거래량이 폭발적으로 늘고 있는 ELW도 주요 투자수단으로는 사용 금물입니다. 적은 금액으로 삼성전자나 POSCO 등 대형 우량종목을 보유할 수 있다는 장점을 내세우고 있지만, 이 상품 역시 레버리지가 지

Q&A ＿ 헷지란?

헷지(hedge)란 손실을 막기 위한 대비책으로, 다른 자산에 대한 투자 등을 통해 보유하고 있는 위험자산의 가격 변동을 제거하는 것을 말합니다. 주가 하락이 예상될 때 주로 선물이나 옵션과 같은 파생상품을 이용해 주가하락을 방어하는 행위입니다. 풋(foot) 상품에 투자해 주가가 하락하면 수익을 거두도록 만들어 놓습니다.

파생상품이 투자자의 객관적 시각 유지에 도움을 주는 이유는?

주식투자는 기본적으로 상승에 배팅하는 행위입니다. 애널리스트가 TV에 나와 떨어지는 종목을 추천하는 경우를 본 적이 있습니까? 올라갈 종목만을 추천합니다. 그렇기 때문에 투자자들은 항상 상승만을 염두에 둡니다. 하락은 있을 수 없다고 생각합니다. 그리고 하락을 인정하고 싶지 않은 심리가 복잡하게 작용합니다. 하지만 하락 시에 수익을 얻는 파생상품(풋 상품)이나 대주매도 등으로 하락을 대비하면, 상승만을 고집하는 마음을 중립적으로 유지하기가 수월해집니다. 증시는 언제나 상승과 하락을 반복합니다. 상승장에서도 하락이 나오고, 하락장에서도 상승이 나옵니다. 지속적으로 상승, 하락하는 장은 없습니다. 개별종목도 마찬가지입니다. 하락 대비 상품을 알고 있다면 하락이 예상될 때에 한해 제한적으로 사용하면 좋은 효과를 볼 수 있습니다.

단, 기초자산을 버리고 파생에만 투자하는 행위는 절대 금물입니다.

나치게 높고 보유기간이 정해져 있어 잘못 매수하면 큰 낭패를 당하기 십상입니다.

🔻 안전하면서 수익이 높은 매매

> 우량주, 주도주(금융위기 이전 조선, 해운, 철강 / 금융위기 이후 IT, 자동차, LED, 화학, 헬스바이오, 대체에너지), 턴어라운드기업, 정부정책 수혜주, 조정을 충분히 받고 상승을 준비하는 종목, 이평선을 타고 정직하게 상승과 조정을 반복하며 추세적으로 상승하는 종목

🔻 위험하면서 수익은 적은 매매

> 비우량주, 소형주, 저가주, 소외주, 급등주, 세력주, 차트만 보면서 기업의 실적과 성장성은 무시한 매매, 실적이 뒷받침되지 않은 테마주, 이미 충분히 많이 오른 종목, 주요 이평선을 돌파하지 못하고 추세적으로 하락하는 종목, 파생상품

평가지표 수집과 활용

주식평가지표를 투자에 효과적으로 활용하는 것은 올바른 투자자의 전형입니다. 공식으로는 기본 문제만을 풀 수 있습니다. 난이도 높은 문제에 잘 대응하려면 응용은 필수입니다. 아울러 평가지표를 수집하는 여러 경로도 알아보겠습니다.

생각이 투자를 바꾼다

여러분이 생각하기에 세상은 어떻게 변화하고 있습니까? 1차산업을 거쳐 2차산업이 융성했고 지금은 무엇입니까? TV광고를 보면 어떤 업종이 새로운 성장동력을 확보한 것으로 보입니까? 지금 세상은 석유가 바닥을 보일지 모른다는 우려 때문에 석유를 사용하지 않는 대체재의 활용이 활발합니다. 기름을 태우며 달리던 자동차가 전기와 수소를 이용해 달리는 시대를 준비하고 있습니다.

여기에는 2차전지라는 배터리가 활용될 것입니다. LG화학과 삼성SDI가 2차전지를 만드는 대표적인 기업입니다. 이 두 기업 외에도 관련 산업군이 있습니다. 화력을 대신해 풍력과 태양광을 이용해 전기를 생산하는 시대가 도래한다고 합니다.

우리의 기본 생활 공간인 집은 대체에너지를 활용한 그린홈으로 탈바꿈

한다는 기사가 자주 눈에 띕니다. 전기를 효율적으로 활용하는 기술인 스마트그리드가 미래에는 대규모 산업으로 바뀔 것이라는 소식도 들려옵니다.

뿐만 아닙니다. TV는 브라운관에서 평면으로 바뀌더니 LED를 이용한 TV가 상용화되었습니다. 벌써부터 AMOLED가 LED를 대신할 것이라는 전망도 나오고 있습니다. 전화기의 변화는 어떻습니까? 게임도 되고 인터넷 접속도 되고 은행 업무도 가능한 스마트폰에 이르렀습니다. 8비트에서 시작한 컴퓨터의 진화속도도 놀랍기만 합니다. 공책만한 컴퓨터가 속속 광고 속에 등장하지요?

놀랍도록 빠른 속도로 발전하는 업종이 있는가 하면 예나 지금이나 큰 변화가 없는 업종도 있습니다. 30년 전에도 벽에 페인트를 칠했는데 지금도 벽에 칠할 것은 페인트뿐입니다. 악기 회사는 어떨까요? 철강을 대체할 만한 강력한 신소재가 나왔습니까? 의복에도 드라마틱한 변화는 보이지 않습니다. 식품 또한 마찬가지입니다. 해외건설을 도외시한 채 국내건설에만 몰두했던 건설사의 미래는 어떻게 될까요?

여러분이 매일 접하는 생활 속에서 투자 아이디어를 충분히 얻을 수 있습니다. 세상이 어떻게 변화하고 있는지 생각해야 합니다. 명상을 하듯 우리 삶의 변화들을 추적할 수 있어야 합니다.

PER과 PBR을 설명하다가 봉창 두드리는 소리를 한다고 볼멘소리를 할 수 있습니다. 하지만 이런 사고야말로 투자에서 가장 중요합니다. 쉽게 말해 큰 변화가 없고 미래에도 성장할 가능성이 낮은 업종은 PER과 PBR이 낮아도 주가는 제자리에 엉덩이를 깊이 박고 앉아 움직일 생각을 하지 않습니다. 반면 변화를 주도하는 업종은 PER과 PBR이 높아도 주가 상승이 계속됩니다. 투자지표에 통달한 투자자들이 실전에서 실패하는 가장 큰 원인이 바로 여기에 있습니다. 변화를 주도하는 업종 내에서 PER과 PBR이 낮은 종목을 찾는 게 핵심 포인트입니다.

저평가가 지속되는 종목 차트

동일제지의 PBR은 0.25배, PER은 3.22배입니다. 노루페인트는 PBR이 0.41에 불과합니다. 최근 몇 년간 계속 저평가에 머물러 있습니다. 그런데도 주가에는 큰 변화가 없습니다. 안정적인 수익을 거두고 있더라도 성장성이 결여된 기업의 주가는 투자자에게 매력이 떨어진다는 사실을 알 수 있습니다. 비록 언젠가 큰 시세가 나올 수는 있을지언정 현재 시점에서 투자 매력은 낮다고 평가할 수밖에 없습니다. 〈차트 3-9〉〈차트 3-10〉 참조

과거 지독한 시세를 냈던 종목은 피한다

과거 엄청난 시세를 내며 대폭등했던 종목은 또 다시 그런 시세가 오지 않습니다. 폭등 경험이 있는 종목이 다시 폭등할 가능성이 있다는 것도 어느 정도의 폭등일 때입니다. 과거 폭등이 화려했던 종목일수록 오랜 암흑기를 거치기 마련입니다. 〈차트 3-11〉〈차트 3-12〉 참조

Q&A __ 어닝시즌이란?

기업이 실적을 발표하는 기간을 실적발표시즌 혹은 어닝시즌(Earning Season)이라고 합니다. 투자자들은 발표되는 실적이 예상치와 부합하는지 혹은 +-의 차이가 나는지 촉각을 곤두세우며 기다립니다. 훌륭한 실적을 내면 어닝 서프라이즈, 실망스러운 실적이 발표되면 어닝 쇼크라고 합니다. 실적이 발표되면서 주가가 요동을 치는 경우가 종종 있는데 예상보다 높거나 낮을 때 주식을 활발하게 사고파는 투자자들이 많기 때문입니다. 여러분이 보유한 기업이 예상치보다 지나치게 나쁜 실적을 발표해 어닝 쇼크라고 판명이 나면 기존 주주들이 주식을 단기간에 팔아치우면서 주가 폭락이 오기도 합니다. 실적이 발표되는 시즌에는 미리 대비하는 것도 좋습니다. 특히 각 증권사의 애널리스트들이 수시로 실적 예상치를 발표하므로 자료를 참조하는 습관을 들여야 합니다.

저평가가 지속되고 있으면서 주가는 횡보하고 소외된 업종에 있는 노루페인트
최고가 : 8,460 (2007/08/24)
최저가 : 1,600 (2008/10/31)

EPS, BPS가 저평가임에도 불구하고 주가가 오르지 않는 동일제지
최고가 : 2,065 (2007/10/12)
최저가 : 425 (2008/10/31)

일본식차트(월간) ●MA_종가,5 ●MA_종가,20 ●MA_종가,60 ●
최고가 : 179,881 (2000/03)
대시세 이후 10년에 걸쳐 횡보하고 있는 솔본
최저가 : 1,070 (2008/11)
거래량

일본식차트(월간) ●MA_종가,5 ●MA_종가,20 ●MA_종가,60 ●
최고가 : 294,351 (2000/01)
단기간에 100배 정도 시세분출 후 하락하여 장기간 횡보하고 있는 한글과 컴퓨터
최저가 : 1,530 (2008/10)
거래량

딱 한 종목만 골라야 한다면?

1,800개 가까이 되는 종목 중에서 딱 한 개를 골라 투자한다면 어떤 순서를 따르는 게 좋을까요? 먼저 시장을 이끄는 주도업종이 무엇인지 찾아야 합니다. 그런 후 현재의 주가를 평가할 수 있는 지표인 PER, EPS, ROE, PBR 등을 고려합니다. 그런 다음 차트를 열어 매수 타이밍을 잡습니다. 그러면 현재 시장에서 가장 인기 있는 업종 중에서 가장 저평가가 되어 있고, 차트상으로도 매수 타이밍에 있는 종목을 고를 수 있습니다.

주도업종이고 저평가인데 차트상으로 과열 국면이라면 어떻게 해야 할까요? 매수 타이밍이 올 때까지 기다려야 합니다. 딱 한 종목을 고른다고 해서 지금 바로 살 필요가 없습니다. 기다리는 자세로 투자에 임해야만 수익을 극대화 할 수 있습니다. 그리고 저평가 종목을 찾을 때 과거와 현재가 아닌 미래 추정치를 반드시 참조해 미래에 투자하는 주가의 기본 속성을 따라야 합니다.

주도업종 찾기(증시의 힘 읽기) ➡ 저평가 종목 찾기(기본적 분석) ➡ 매수타이밍 잡기(기술적 분석)

이렇게 한 종목씩 편입을 하다보면 여러분의 계좌는 미인들로 채워질 것입니다. 자 그러면 이제 끝일까요? 시대가 변하면 미인의 기준도 변하듯 미인주도 변하기 마련입니다. 주도업종이 변하기도 하고, 저평가 종목의 주가가 상승해 고평가 영역으로 들어가기도 합니다. 혹은 단기적으로 과열 상태에 이르러 주식을 잠깐 팔았다가 주가가 내려오면 그 종목을 다시 사야 할 수도 있습니다. 장기, 중기, 단기적으로 전략을 짜야만 수익을 극대화할 수 있으며 매도 타이밍을 잡을 수 있습니다. 이처럼 지속적으로 3가지 요소를 체크하지 않으면 좋은 종목을 고르고도 낭패를 당할 수 있다는 사실을 잊지 말아야 하겠습니다.

주가평가지표를 어떻게 수집해야 하나요

상장이 된 기업은 의무적으로 분기마다 실적을 발표하도록 법으로 정해져 있습니다. 기업이 발표한 실적은 HTS를 통해 쉽게 확인할 수 있습니다.

〈그림 3-3〉을 보면 최근 3년간의 실적과 당해년도 추정치를 확인할 수 있습니다. 최근 4개 분기의 실적과 다음 분기의 실적도 확인이 가능합니다. 앞서 살펴본 EPS, BPS, PER, PBR, ROA, ROE가 차례로 보이지요? 또한 이런 지표를 산출해내는 데 필요한 매출액과 영업이익, 당기순이익, 자산과 부채 총계, 자본금 등을 한눈에 확인할 수 있습니다.

그림 3-3 삼성전자 재무제표

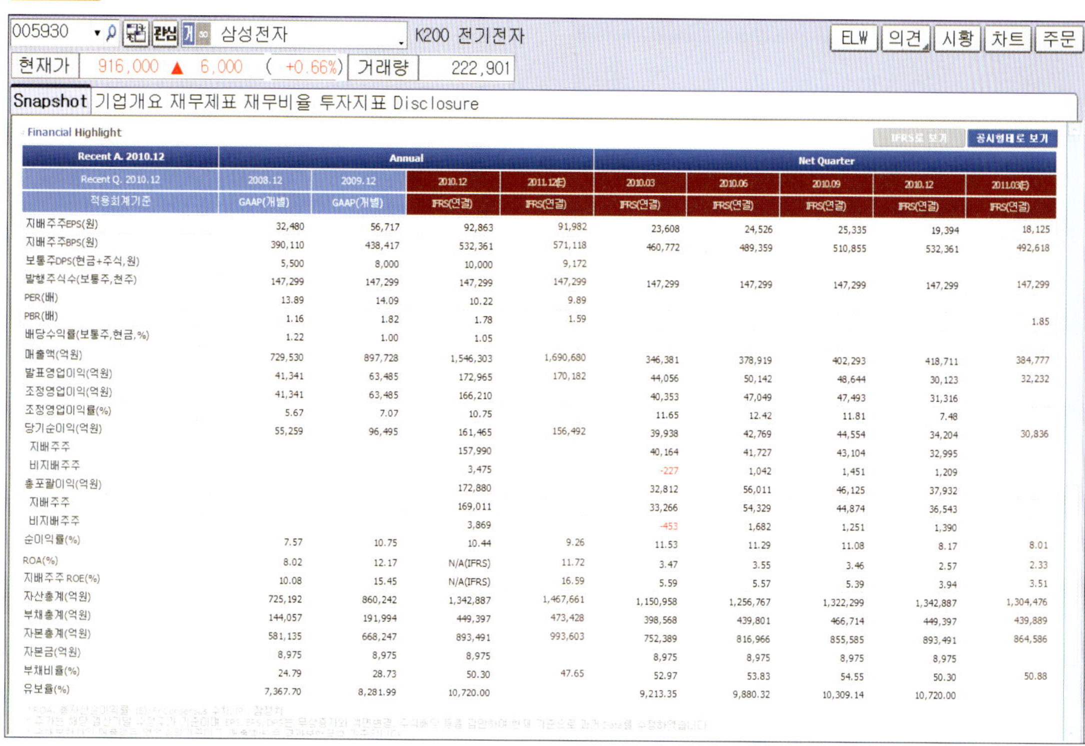

Recent A. 2010.12	Annual				Net Quarter				
Recent Q. 2010.12	2008.12	2009.12	2010.12	2011.12(E)	2010.03	2010.06	2010.09	2010.12	2011.03(E)
적용회계기준	GAAP(개별)	GAAP(개별)	IFRS(연결)	IFRS(연결)	IFRS(연결)	IFRS(연결)	IFRS(연결)	IFRS(연결)	IFRS(연결)
지배주주EPS(원)	32,480	56,717	92,863	91,982	23,608	24,526	25,335	19,394	18,125
지배주주BPS(원)	390,110	438,417	532,361	571,118	460,772	489,359	510,855	532,361	492,618
보통주DPS(현금+주식,원)	5,500	8,000	10,000	9,172					
발행주식수(보통주,천주)	147,299	147,299	147,299	147,299	147,299	147,299	147,299	147,299	147,299
PER(배)	13.89	14.09	10.22	9.89					
PBR(배)	1.16	1.82	1.78	1.59					1.85
배당수익률(보통주,현금,%)	1.22	1.00	1.05						
매출액(억원)	729,530	897,728	1,546,303	1,690,680	346,381	378,919	402,293	418,711	384,777
발표영업이익(억원)	41,341	63,485	172,965	170,182	44,056	50,142	48,644	30,123	32,232
조정영업이익(억원)	41,341	63,485	166,210		40,353	47,049	47,493	31,316	
조정영업이익률(%)	5.67	7.07	10.75		11.65	12.42	11.81	7.48	
당기순이익(억원)	55,259	96,495	161,465	156,492	39,938	42,769	44,554	34,204	30,836
지배주주			157,990		40,164	41,727	43,104	32,995	
비지배주주			3,475		-227	1,042	1,451	1,209	
총포괄이익(억원)			172,880		32,812	56,011	46,125	37,932	
지배주주			169,011		33,266	54,329	44,874	36,543	
비지배주주			3,869		-453	1,682	1,251	1,390	
순이익률(%)	7.57	10.75	10.44	9.26	11.53	11.29	11.08	8.17	8.01
ROA(%)	8.02	12.17	N/A(IFRS)	11.72	3.47	3.55	3.46	2.57	2.33
지배주주 ROE(%)	10.08	15.45	N/A(IFRS)	16.59	5.59	5.57	5.39	3.94	3.51
자산총계(억원)	725,192	860,242	1,342,887	1,467,661	1,150,958	1,256,767	1,322,299	1,342,887	1,304,476
부채총계(억원)	144,057	191,994	449,397	473,428	398,568	439,801	466,714	449,397	439,889
자본총계(억원)	581,135	668,247	893,491	993,603	752,389	816,966	855,585	893,491	864,586
자본금(억원)	8,975	8,975	8,975		8,975	8,975	8,975	8,975	
부채비율(%)	24.79	28.73	50.30	47.65	52.97	53.83	54.55	50.30	50.88
유보율(%)	7,367.70	8,281.99	10,720.00		9,213.35	9,880.32	10,309.14	10,720.00	

여러 지표들을 투자자가 직접 계산하지 않아도 자동계산된 표를 통해 기업의 실적을 확인할 수 있으므로 종목을 선정하는 과정에서, 혹은 보유하는 동안에도 수시로 살펴보는 습관을 들여야 합니다.

추청치는 증권사의 애널리스트 보고서를 통해 발표됩니다. 이를 근거로 평균치를 합산해 산출해 냅니다. 〈그림 3-3〉을 통해 삼성전자의 매출이 폭발적으로 증가하고 있음을 알 수 있습니다. 매출이 늘면서 EPS도 큰 폭으로 오를 것으로 추정하고 있습니다(2009년 대비 2010년 기준). ROE도 과거에 비해 높아지고 있는 모습이 확인 가능합니다. 추정치 대비 PER도 낮아질 것으로 예상됩니다.

이처럼 과거와 현재, 미래의 실적을 참조해 증가율을 판단하다 보면

신용등급		
2002	2003	2004
AAA	AAA	AAA

* 신용등급은 최근10년간 데이타임

Consensus [2011.03.25]	투자의견*	목표주가(원)	EPS(원)	PER(배)	추정기관수
SELL HOLD BUY	4.0	1,234,138	91,982	9.9	29

* 1=Sell, 2=U/Weight, 3=Neutral, 4=Buy, 5=S/Buy

* EPS, PER 은 FY1에 대한 증권사 평균 추정실적임

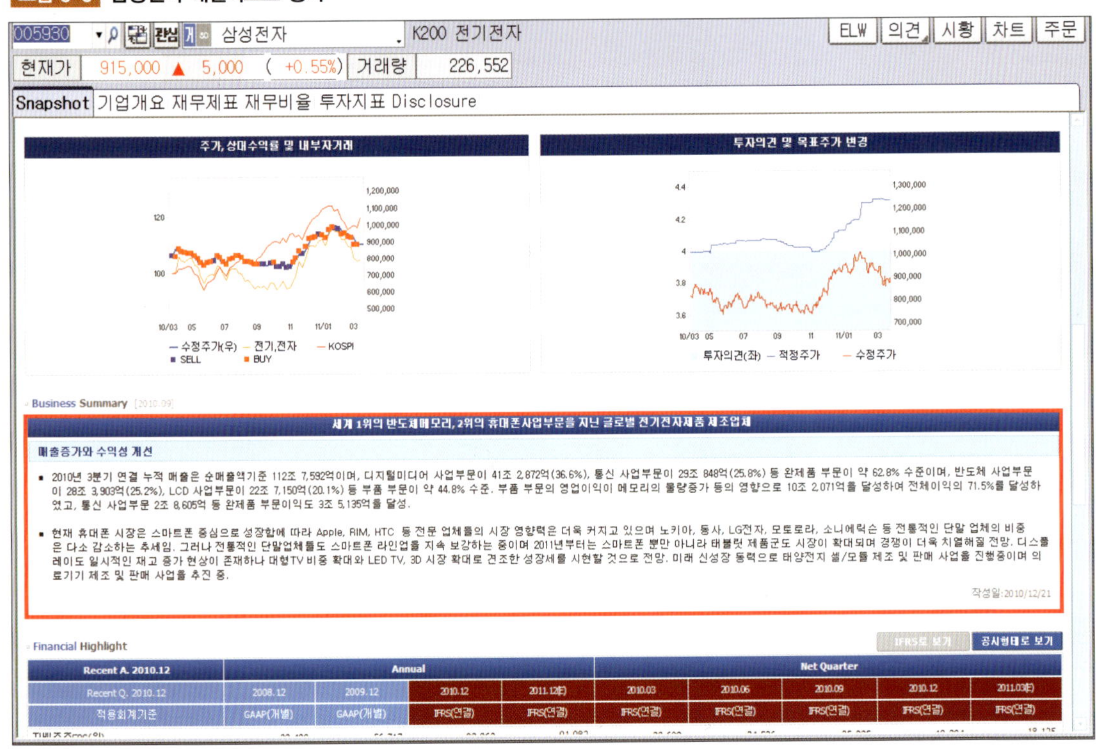

주가의 적정 수준을 가늠할 수 있습니다.

아울러 각 증권사를 통해 목표주가가 발표되므로 이를 참조하면 적정 주가를 산출해내는 데 보다 객관적인 판단이 가능해집니다.

HTS에는 애널리스트의 종목에 대한 대략적인 평가도 확인할 수 있습니다(그림 3-5). 여기에는 업종 현황과 삼성전자의 실적 전망, 경쟁력 등을

주식담당자에게 전화하세요

증권시장에 상장된 기업은 주식담당자를 두어 대외업무를 맡깁니다. 주식담당자에게 전화를 걸어 기업의 새로운 내용이나 일정 등을 알 수 있습니다. 1급정보를 알기는 어렵다 해도 생각지 못한 정보를 들을 수도 있으므로 주식을 매수하기 전에 한번 더 확인한다는 차원에서 전화를 거는 것도 좋습니다. 때로는 기업을 직접 탐방해 주식담당자와 간단한 대화라도 나누다 보면 투자행위의 소중함을 느낄 수 있습니다. 무엇보다 그 기업에 대한 애정을 가질 수 있고, 투자자의 자세를 올바로 유지한다는 데에서도 좋은 습관입니다. 투자자의 올바른 자세를 생각만 할 게 아니라 실천하는 것도 중요합니다.

서술해 투자에 도움이 되도록 합니다.

이렇게 해서 삼성전자의 과거와 현재 실적과 함께 미래 실적 추정치를 알 수 있고, 목표주가를 참조할 수 있게 되었으며, 애널리스트의 평가도 확인할 수 있었습니다. 대략적인 기본적 분석이 이 안에서 원스톱으로 이뤄졌다고 할 수 있죠?

각종 지표를 효과적으로 활용하는 방법은 없나요?

가치투자에 활용한다

가치투자란 대외적인 환경이나 차트의 요란한 움직임보다는 기업의 기본적 분석에 비중을 더 많이 두고 투자하는 형태를 말합니다. 따라서 가치투자에서 각종 지표의 중요성은 그만큼 높아지겠지요. 가치투자에서는 기업의 내재가치를 분석해 저평가 국면의 종목을 발굴하는 것을 기본 목표로 합니다. 앞서 배운 각종 지표를 활용해 현재 A라는 기업이 실적에 비해 주가가 어느 정도에서 거래되고 있는지 확인할 수 있었습니다.

주가는 기업 실적의 그림자입니다. 따라서 주가는 반드시 기업 가치를 찾아가게 되어 있습니다. 시간상으로는 종목마다 차이가 있지만 결국 주가는 실적에 수렴한다는 것입니다. 기업의 가치를 안 후에는 어떻게 해야 할까요?

첫째, 주가가 기업가치 아래로 떨어졌을 때 매수하고,
둘째, 주가가 기업 가치에 비해 지나치게 올라갈 때 매도합니다.

기업가치는 투자의 방향타

기업의 가치는 방향을 잡기 힘든 주식시장에서 판단하기 좋은 기준이 됩니다. 작은 흔들림에 자주 이끌리다 보면 주식을 사고파는 데 정신이 팔려 매매 비용만 늘어나고 정작 추세적인 수익은 거두기 어려워집니다. 편안하고 느긋한 마음으로 시세를 사고파는 게 바로 가치투자입니다.

하지만 여기서 어려운 점은 주가가 하락을 하면 투자자 입장에서 매수하기 어렵다는 사실입니다. 겁이 나기 때문이지요. 그리고 주가가 상승을 하면 너무 올라서 사지 못하는 심리도 작용합니다. 결국 올라도 문제, 내려도 문제가 되지요.

이때 기업의 지표들이 매수와 매도에 확신을 줍니다. 주가가 내려서 저평가 국면에 들어온 것을 확인했으면 매수하면 됩니다. 주가가 올랐어도 기업가치에 비해 저평가 상태라면 매수할 용기가 날 것입니다. 반면 주가가 내렸어도 기업가치 대비 고평가 상태라면 매수해서는 안 되겠지요.

이처럼 각종 지표는 투자자가 매수와 매도를 결정하는 데 중요한 판단 근거를 제시합니다. 짧은 매매뿐만 아니라 가치투자도 마찬가지입니다. 결국 기업의 가치와 비교해 주가가 고평가에 이르면 팔고, 저평가에 들어오면 사는 것이 모든 매매의 기본입니다.

가치투자에서 특히 중요하다고 생각되는 지표는 아래와 같습니다. 다른 지표도 모두 중요하지만 아래 4개의 지표만 확실히 알아도 중장기적으로 종목을 편입, 보유, 제외하는 데 문제가 없을 것입니다.

> EPS(주당순이익)=총이익/총주식수 (지속 증가 10~15% 이상)
>
> PER(주가수익비율)=주가/주당순이익 (10배수 이하)
>
> BPS(주당자산 가치)=순자산/총주식수
>
> PBR(주당순자산)=주가/주당자산가치 (1배 미만)

애널리스트 분석보고서와 함께 이용한다

각 증권사의 애널리스트들은 종목별로 분석보고서를 수시로 발표합니다. 투자자들이 이를 활용한다면 투자에 큰 도움을 받을 수 있습니다. 이때는 애널리스트 보고서를 맹신하는 게 아니라 참조하는 습관이 좋습니다. 그러기 위해서는 여러분 스스로가 각종 지표를 읽는 힘을 키워놓아야겠지요.

애널리스트들 역시 분석보고서를 내놓을 때는 각종 지표를 활용합니다. 애널리스트마다 중요시하는 지표가 제각각이지만 나름대로의 분석을 통해 현재의 주가가 고평가인지, 저평가인지, 상승 여력은 어느 정도인지 분석합니다. 추정치 발표를 통해 투자 가이드라인을 제시하기도 합니다.

이렇게 여러 애널리스트의 분석보고서를 참조하면 종목을 살지 말지, 지속적으로 보유해야 할지 보다 명확해집니다. 일반적으로 투자자들은 새로운 종목을 매수할 때만 각종 지표와 애널리스트 보고서를 참조하는 경향이 많습니다. 거기에서 멈추지 말고 여러분이 보유한 종목에 대해서도 꾸준히 모니터링하는 습관을 들여야겠습니다.

증권사 추천 종목을 판단하는 기준으로 삼는다

각 증권사들은 연말이 되면 다음해 투자유망 종목 10선 등을 발표합니다. 뿐만 아니라 주말을 이용해 다음주 추천종목을 발표하기도 하지요. 증권사가 추천하면 바로 매수해야 할까요? 옳지 않은 방법입니다. 증권사 추천 종목만 하더라도 매주 수십 종목이 쏟아지기 때문에 투자자 입장에서 어떤 메뉴를 골라야 할지 혼란스럽습니다. 더구나 보유중인 주식을 팔고 사야 할 수도 있기 때문에 자칫 이 종목에서 저 종목으로 자주 옮겨타기만 하는 단기 매매자가 될 수도 있습니다.

증권사에서 추천 종목을 발표하면 여러분이 스스로 판단해야 합니다. 각종 지표를 보고 저평가가 확실한지 얼마든지 알 수 있습니다. 이렇게 활용하면 미처 살펴보지 못했던 정보를 증권사 추천 종목을 통해 얻는 효과를 기대할 수 있습니다. 무턱대고 따라가기보다는 투자 아이디어를 얻고 미처 발견하지 못했던 종목을 찾는 데 활용하는 전략이 좋습니다.

가치 대비 등락이 심한 주가의 속성을 이용한다

주가는 기업실적을 그림자처럼 따라간다고 했지요? 그렇다고 해서 주가가 항상 일정하게 기업가치와 동행하는 것은 아닙니다. 외국인, 기관, 개인이 만들어내는 수급에 의해, 대외적인 여건의 변화에 의해 주가는 매일, 매주, 매월, 연중 등락을 거듭합니다. 연중 고점과 저점을 비교하면 대형우량주조차도 아주 큰 변동폭을 보입니다. 이를 잘 이용하는 투자자라면 저평가에 사서 고평가에 팔 수 있는 기회가 많다는 의미겠지요. 이렇게 기업의 가치를 기준으로 주가의 등락률이 크기 때문에 주식시장이 활성화되는 것입니다.

특히 대형주에 비해 중소형주나 코스닥 종목은 주가변동폭이 훨씬 크게 나타납니다. 하지만 그만큼 위험요소가 존재한다는 사실도 잊지 말아야 합니다. 아래는 주가변동폭을 나타내는 표입니다.

종 목	52주(최근 1년)		2010년 3월~2011년 3월	기 업 규 모
삼성전자	고점		1,014,000원	대형주
	저점		735,000원	
POSCO	고점		565,000원	대형주
	저점		431,000원	
LG화학	고점		425,500원	중대형주
	저점		232,500원	
두산인프라코어	고점		31,300원	중형주
	저점		16,050원	
엔씨소프트	고점		275,000원	중형주
	저점		139,000원	
AP시스템	고점		14,950원	중소형주
	저점		5,780원	
KOSPI 종합지수	고점		2121.06P	종합지수
	저점		1532.68P	
KOSDAQ지수	고점		538.86P	종합지수
	저점		436.39P	

주가 변동에 영향을 미치는 요인들

주가가 기업의 가치 변화보다 큰 폭으로 움직이는 이유는 무엇일까요? 바로 수요와 공급법칙 때문입니다. 증시에는 자금이 유입되기도 하고 빠져나가기도 합니다. 금리에 의해 자금 유입량이 늘어나기도 하고, 해외발 악재에 의해 외국인의 자금이 일시에 빠져나가기도 합니다. 양적완화 정책에 의해 엄청난 양의 자금이 단기간에 들어올 수도 있지요. 채권의 수익률도 영향을 미칩니다. 환율에 따라서도 자금의 이동이 활발히 일어납니다.

개별종목에 있어서도 기업에 발생하는 각종 사건이나 호재에 의해 투자금이 들어오기도 하고 빠져나가기도 합니다. 호재가 발생하면 자금이 들어왔다가 악재가 발생하면 나가기도 합니다. 주도주에 편성되어 기업 가치 이상으로 수급이 좋아져 고평가에 이르기도 합니다. 이때는 자금 유입이 활발하겠지요.

이처럼 대외변수와 수급, 심리 등이 얽히면서 개별종목과 종합지수가 결코 작지 않은 변동폭을 만들어내는 것입니다.

주도주와 테마주, 수급주체

시장에서 가장 인기가 좋고, 시세가 오래 분출되며, 시장 전체를 이끌어가는 주식을 주도주라 합니다. 한편 인기는 좋지만 시세분출 기간이 상대적으로 짧은 주식을 테마주라 합니다. 주도주와 테마주는 수익 극대화에 안성맞춤일 경우가 많습니다. 자세히 알아보도록 하겠습니다.

주식공부에 재미가 붙은 나개미는 명절 가족모임에 가면서도 주식책 몇 권을 챙겨갔습니다. 오랜만에 만난 친척들과 저녁식사를 하며 웃음꽃을 피우던 나개미는 식사 후 잠깐 짬이 나자 주식책을 폈습니다. 이때 사촌동생이 다가와  물었습니다.

"개미형, 주식하나 봐요?"

"응. 아직 본격적인 투자는 하지 않고 공부중이야."

"그래요? 저도 주식투자를 하고 있어요. 이래뵈도 5년 경력의 베테랑이라구요."

"그랬어? 돈 좀 벌었나?"

"네, 짭짤하게 벌고 있어요."

"오, 비결이 뭐야?"

"비결이랄 게 있나요. 저는 주도주만 매매해요. 남들이 아무리 좋다고 해도 주도주가 아니면 아예 매매를 자제하고 있어요."

이때 옆에서 듣고 있던 작은아버지가 불쑥 끼어들었습니다.

"주도주? 나는 조선주 매매했다가 반토막 났었는데 이제 겨우 조금 회복됐어."

"쯧쯧, 그러셨군요. 저는 글로벌 금융위기(서브프라임) 이후 자동차주를 지속 보유 중이에요."

"아무리 주도주라지만 이미 많이 올랐는데 이제 교체하는 게 어때?"

자존심이 조금 상한 작은아버지가 말했습니다.

"많이 오른 건 사실이지만 주도주가 바뀐 건 아니라서 계속 보유하려고요. 새로운 주도주가 시장에 나오면 그때 갈아타도 늦지 않을 거예요."

"나는 너무 아찔하게 올라 무섭더라. 그냥 아직 덜 오른 조선주나 계속 보유해야겠다."

곁에서 듣고만 있던 나개미는 '주도주' 라는 말에 귀가 솔깃했습니다. 곧바로 HTS에 접속해 차트를 본 그는 깜짝 놀랐습니다.

최근 2년만 보더라도 주도주인 자동차주는 10배 가까이 올랐는데, 조선주는 2배 오른 것은 사실이지만 그 전 가격과 비교하면 반에 반토막이 났다가 회복하는 중이었습니다. '달리는 말에 올라타라더니 정말이네. 똑같이 우량주인데 주도주냐 아니냐에 따라 이렇게 수익률이 달라지는구나!'

주도주가 무엇인가요?

주도주란 말 그대로 시장을 이끌어가는 종목이나 업종을 말합니다. 길게 는 몇 년 동안 이어지며 큰 시세를 분출하고, 짧게는 몇 개월 동안 강한 상승을 이뤄냅니다.

주도주는 경기 사이클과 동행하는 특징이 있습니다. 경기가 살아나면 서 주도주가 부각이 되고 경기 사이클이 끝날 때까지 주도주의 상승이 일어납니다.

정책과 깊은 연광성을 맺고 있다

주도주는 정책과도 깊은 연관이 있습니다. 현정부가 중점적으로 시행하 는 정책은 몇 년에 걸쳐 지속적인 투자가 이뤄지므로 주도주로 부각될 가능성이 큽니다. 따라서 현정부의 특징과 주요 정책을 파악하고, 정책 과 관련해 새로운 입법이 어떻게 일어나는지도 잘 관찰해야 합니다.

주도주는 미국의 사이클과도 관계가 있습니다. 미국의 정책은 전세계 에 막대한 영향을 미치기 때문에 국내 증시도 미국의 정책 변화에 따라 주도 업종이 재편되는 경향이 매우 강합니다.

종합지수는 주도주와 동행한다

주도주로 편성이 된 종목은 크고 길게 오르는 속성이 있습니다. 조정은 짧고 상승은 길어 투자자에게 큰 기쁨을 선사합니다. 투자자와 애널리스 트, 증권전문가들이 주도주를 찾기 위해 안간힘을 쓰는 이유가 여기에 있 습니다. 다음 주도주는 무엇이 될 것인가는 언제나 증권가의 화두입니다.

주도주는 시장을 이끌어가기 때문에 주도주가 상승하면 종합지수도 오르고, 주도주가 조정을 받으면 종합지수도 지지부진한 상태에 빠집니다. 주도주의 시세가 끝나고 나면 종합지수도 하락으로 방향을 전환합니다. 따라서 주도주는 횡보, 하락장보다는 상승장에 나타납니다.

⬇ 한국 증시 역대 주도주

1975~1978	건설주	1999~2000	IT, 벤처
1985~1986	대형 우량주	2003~2004	블루칩
1986~1988	금융, 건설, 무역	2004~2005	IT, 벤처
1991~1992	저PER 주	2006~2007	조선, 철강, 화학, 운송
1993~1994	블루칩	2008~2010	자동차, IT, 대체에너지, 바이오

주도주에 편성하려고 노력하라

투자자 입장에서는 주도주에 편성하는 게 가장 좋습니다. 증시 상승에서 소외되지 않기 위해서는 다음 주도주가 무엇이 될지 정보를 수집해 미리 사놓고 기다린다면 큰 시세를 함께 할 수 있습니다. 시세에 역행해 무리하게 투자하기보다는 시장을 주도하는 이런 종목을 기업가치 대비 저평가 상태에 들어왔을 때 분할로 매수합니다.

주도업종과 비주도업종의 상승률 비교

주가 상승기에는 주도업종뿐만 아니라 비주도업종도 상승합니다. 하지만 상승률에는 큰 격차가 발생합니다. 최악의 경우 주도업종과는 반대로 하락할 수도 있습니다. 주도업종 선택이 그만큼 중요하다는 의미입니다. 2009년과 2010년을 뜨겁게 달군 업종으로는 운수장비, 전기전자, 화학 업종 등이 있습니다. 나머지 업종과는 수익률에 큰 차이를 보이고 있습니다. 업종뿐만 아니라 업종 내 개별종목의 수익률을 비교하면 그 격차는 훨씬 커집니다.

 주도업종의 상승 곡선 : 운수장비업종

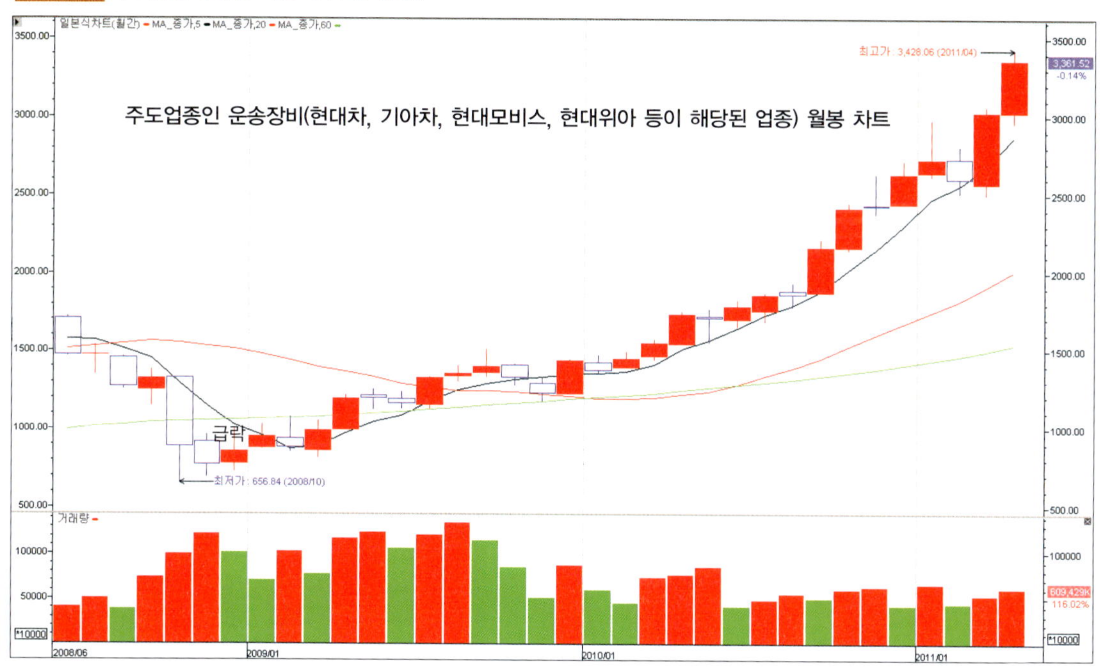

 주도업종의 상승 곡선 : 전기전자업종

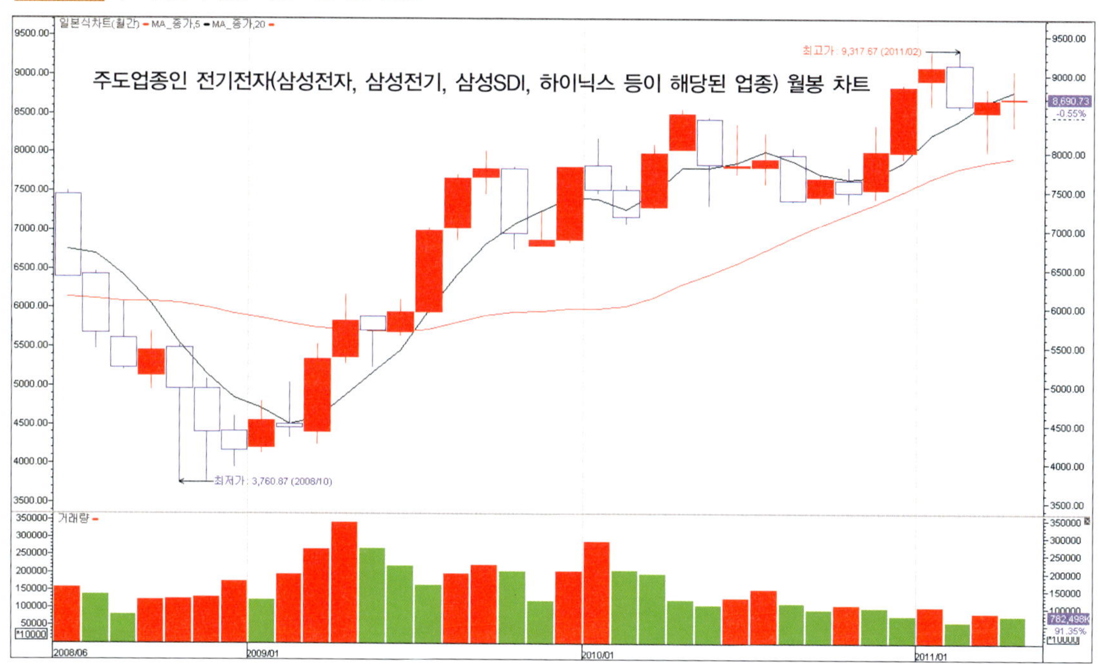

 주도업종의 상승 곡선 : 화학업종

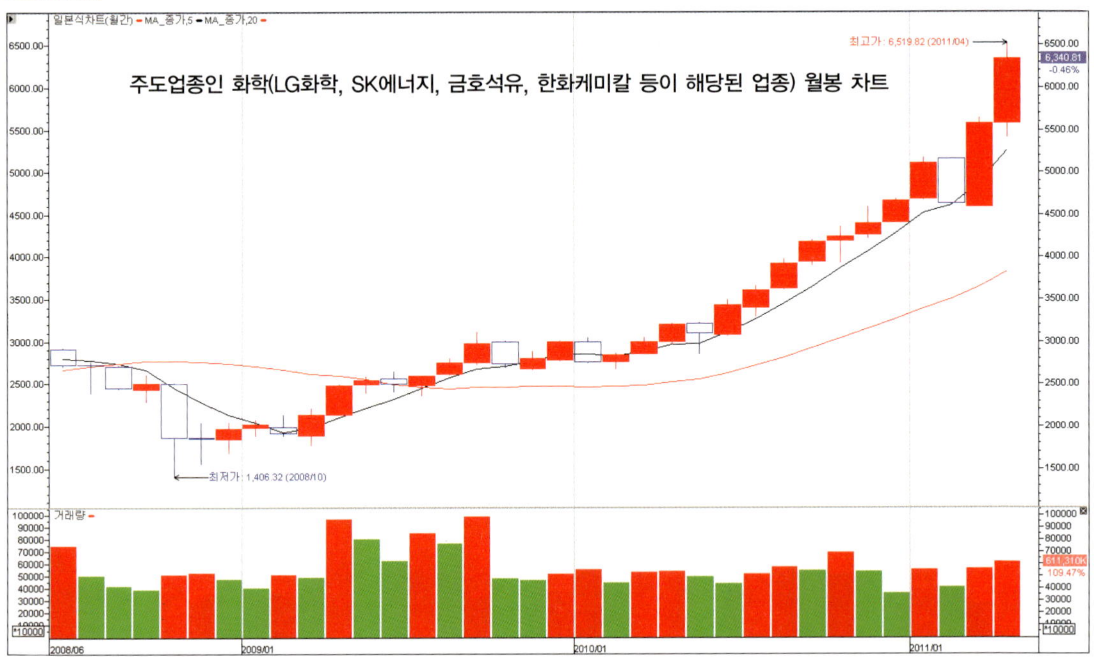

 비주도업종 : 증권업종

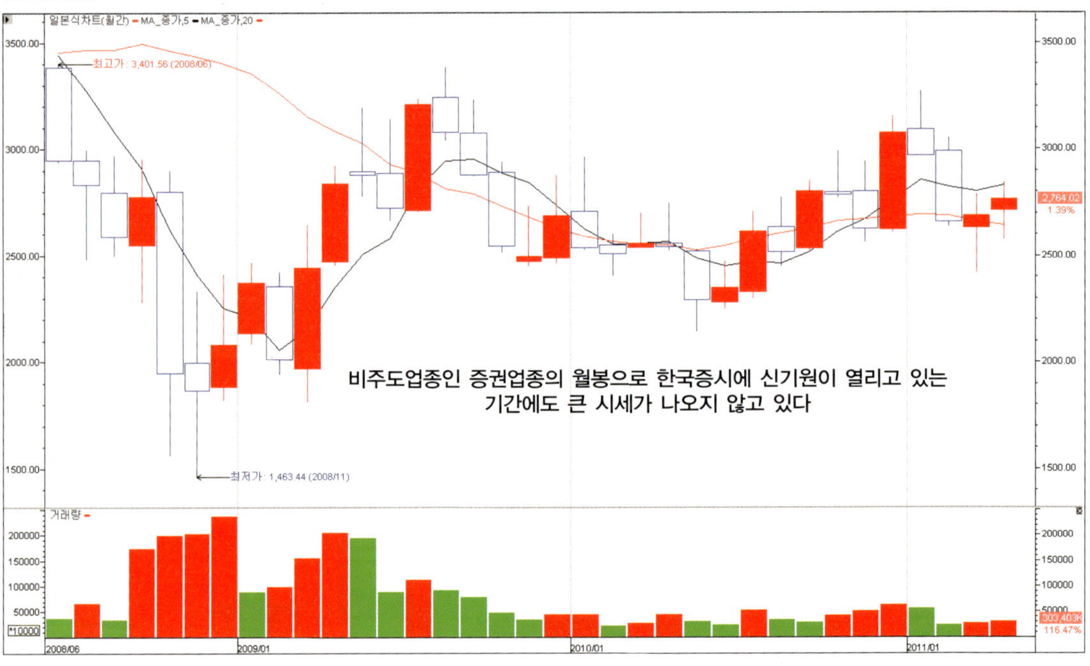

차트 3-17 비주도업종 : 통신업종(증시흐름과는 전혀 무관한 통신업종의 답답한 흐름)

일본식차트(월간) MA_종가,5 MA_종가,20
최고가 : 360.59 (2008/09)
비주도업종인 통신업종의 월봉으로 오히려 하락하고 있다
최저가 261.10 (2011/03)
269.38
0.05%
거래량
일자 : 2008/12/30
거래량: 123,269,000 (119.06%)
37,417K
67.97%
2008/06
2010/01
2011/01

테마주가 무엇인가요?

테마주는 주도주에 비해 일시적인 경향이 높습니다. 때로는 추세적으로 길고 큰 상승을 이뤄내기도 하지만 보통은 며칠에서 몇 개월 동안 상승하거나, 모멘텀에 따라 분수처럼 위로 솟구쳤다가 다시 제자리로 돌아오기를 수시로 반복하기도 합니다. 주도주에 비해 테마주는 상승 폭발력이 강해 개인투자자들이 선호하는 경향이 많지만 그만큼 위험요소가 많아 큰 손실을 주기도 합니다.

실적이 뒷받침된 테마주의 경우 매매하기가 수월하지만, 실적 없이 기대감만으로 상승하는 테마주는 제자리로 돌아오는 복원력이 강하기 때문에 자칫 분수의 꼭대기에서 매수했다가는 낭패를 당하기 쉽습니다.

대장주 위주로 매매

테마주는 보통 3~5개, 많게는 수십개 종목으로 묶여 비슷한 방향성을 가지며 상승과 하락을 이어갑니다. 이 중 테마를 선도하는 종목을 대장주라하며, 대장주의 방향에 따라 테마주의 생명이 결정되는 경우가 많습니다. 대장주는 상승률도 가장 강하며 조정시 하락률도 가장 적기 때문에 테마주에 투자하려면 대장주에 투자하는 게 가장 좋습니다. 대장주에 이어 2등주, 3등주가 뒤를 따릅니다. 2등주, 3등주 등은 대장주의 눈치를 보며 따라가는 속성이 강하고, 대장주가 상한가에 안착하면 2등주, 3등주 순서로 상한가에 들어가는 모습이 자주 발생합니다. 반면 시세가 다해 대장주가 무너지면 2등주, 3등주가 차례로 무너지는 경향이 많습니다. 하락률도 대장주에 비해 클 경우가 많습니다.

일반 투자자들은 대장주를 보며 2등주, 3등주에 투자하기도 하지만 그보다는 대장주를 매매하는 것이 좋습니다.

물량을 모으는 과정을 말합니다. 매집은 한 국가의 전체 주식에도 일어나고, 업종에도 있으며, 테마와 개별 종목에도 있습니다. 매집과정에서는 가격의 변화가 크지 않습니다. 하지만 매집이 완료되고 난 후에는 본격적인 상승이 일어납니다. 한국증시의 대폭등기 이전에는 외국인의 매집이 있었고, 업종이 주도주로 나가기 전에도 매집과정을 거칩니다. 테마주도 마찬가지입니다. 테마의 바람이 불기 전 세력들에 의해 중장기적인 매집이 이뤄집니다. 이때는 상승도 크지 않고 잠깐 상승했다가 제자리로 돌아오면서 물량을 거둬들입니다. 개별종목에 있어서도 호재가 나오기 전 매집과정이 일어납니다.

매집이 잘된 종목, 업종, 테마, 국가 증시일수록 상승은 크고 길게 일어납니다.

선취매로 대응

선취매란 상승을 예견하고 미리 매수해놓은 후 주가가 상승하기를 기다리는 전략을 말합니다. 테마주의 경우 선취매로 대응해야만 안정적인 수익률 관리가 가능합니다. 테마주가 상승하기 시작하면 뒤따라 가기가 쉽지 않습니다. 기습적으로 상승하는 경우가 많고, 상승했다가 큰 조정을 보인 후 재차 강하게 치고 나가는 경우가 많아 뒤따라 갔다가는 이런 과정에서 흔들리기 쉽겠지요. 테마주는 속성상 단기간에 등락률이 매우 큽니다. 자칫 역사이클에 걸리면 손실이 눈덩이처럼 불어날 수 있습니다.

따라서 주도주와 마찬가지로 다음 테마주가 무엇이 될 것인지 정보를 취합한 후 가격이 싼 매집과정에서 미리 사두는 게 좋습니다.

테마주가 언제 얼마나 오를지 알고 미리 사놓느냐고 의문을 가질 수도 있습니다. 하지만 상승이 시작된 테마주를 무리하게 뒤따라가는 것보다 미리 사두어 안전망을 확보해두는 투자 습관이 좋습니다.

특히 테마주는 테마가 일어나기 전 매집과정을 거치는 경우가 많은데 잠깐 상승했다가 다시 제자리로 돌아가면서 투자자들에게 혼란을 줍니다.

그렇기 때문에 선취매로 대응해야만 이 과정에서 흔들리는 것을 방지할 수 있고, 상승 중에 일어나는 깊은 조정에도 수익계좌를 유지할 수 있습니다. 등락률이 극심한 테마주의 속성상 크고 깊은 조정에 견디기란 쉽지 않습니다.

주도주와 테마주 아이디어는 어떻게 얻나요?

주도주와 테마주를 알기 위해서는 앞서 잠시 언급한대로 생각하는 습관을 길러야 합니다. 시대의 흐름과 변화를 잘 읽어야만 주도주와 테마주의 상승과 함께 할 수 있습니다. 시세판만 보고 읽는다는 것은 너무 근시안적인 태도입니다. 짧고 작은 상승보다는 크고 긴 상승 대열에 동참하려고 노력해야 합니다.

언론매체의 기사에 관심을 갖는다

신문과 잡지, 방송 등에서 요즘 유행하는 트렌드가 무엇인지 체크하는 습관을 들여야 합니다. 광고에 어떤 제품이 자주 등장하는지 눈여겨 볼 필요도 있겠지요. 전문잡지를 통해 정부의 정책이라든지, 입법과정, 정부가 주도하는 투자에 대한 감을 잡을 수 있습니다.

뿐만 아니라 업종별 산업동향을 체크해야 합니다. 미국이나 중국 등 글로벌경제를 이끄는 주체들의 정책에 따라 한국 기업들이 수혜를 받는 경우가 많습니다. 어떤 업종이 얼마나 수혜를 받게 될지 꼼꼼히 알아두어야겠지요.

경제신문은 최소한 하나 정도는 정기구독하는 게 좋습니다. 주식만큼 경제와 밀접하게 연동된 투자상품이 있을까요? 관심 종목에 관한 기사가

나오면 스크랩해두는 것도 좋습니다. 경제신문에는 주식투자에 필요한 많은 정보가 담겨 있습니다. 경기의 변화, 금리, 환율, 유가, 무역 등 숲을 보는 데 필요한 정보뿐만 아니라 한 기업의 실적, 중요한 공시, 신규투자 등 내가 투자하고자 하는 기업에 관한 정보도 있습니다.

경제뿐만 아니라 정치, 사회, 교육, 문화 등 다방면의 정보를 골고루 섭취하는 것도 필수요건입니다.

수급을 눈여겨 본다

주도주와 테마주가 상승하기 전 매집과정을 거치는 경우가 많다는 사실을 앞서 얘기했습니다. HTS를 보면 외국인과 기관, 개인투자자로 나누어 수급 주체별 매매동향을 알 수 있습니다. 외국인들이 지속적으로 매집하는 종목과 업종이 있고, 국내 투신사나 연기금 등 기관투자자들이 지속적으로 매수하는 종목과 업종도 있습니다. 외국인과 기관의 지속적인 매집이 상승을 예견하는 필요충분조건은 아니지만 상승을 예상할 수 있는 최소한의 요건은 될 수 있습니다. 많이 샀으면 올려서 수익을 보려는 것은 투자 주체의 기본적인 전략이겠지요.

테마주의 경우 거래량이 일시에 폭발적으로 상승했다가 다시 평소 거래량으로 돌아오면서 매집을 하는 경우도 관찰이 가능합니다. 이런 과정을 일정 기간 이상 거친 후 주가가 고개를 들며 비행하려고 시도하는 순간 테마주의 본격적인 상승이 일어나기 쉽습니다. 이 타이밍에 절묘하게 매수를 한다면 최고의 투자가 되겠지만, 자신이 없다면 미리 사두는 게 가장 좋습니다.

주도세력 : 외국인의 경우

대세 상승 중인 기아차의 주봉 차트를 볼까요? 〈차트 3-18〉을 보면 외국인과 기관투자자들의 수급을 나타내는 실선이 아래에 보입니다. 외국인의 수급을 보면 기아차의 상승과 맥을 같이 한다는 사실을 한눈에 알 수 있습니다. 외국인이 끊임없이 사면서 주가도 지치지 않고 상승하고 있습니다. 주도주의 면모를 여실히 보여주는 기아차입니다. 반면 기관투자자들의 수급은 좋지 않은 모습입니다. 기아차의 수급 주체는 외국인이라는 사실을 알 수 있습니다.

주도세력 : 기관의 경우

〈차트 3-19〉는 태양광 테마주의 대장주인 OCI 주봉 차트입니다. OCI는 기관에 의해 움직이는 대표적인 종목으로 테마주이면서도 주도주의 모습까지 갖춘 흔치 않은 종목입니다. 기관들이 사들이면서 큰 상승을 이뤄내고 있습니다. 외국인의 수급에는 큰 변화가 감지되지 않는 모습입니

다. 테마주의 속성상 단기간에 큰 상승을 시현했습니다. 수급 주체인 기관투자자들의 물량이 빠져나가지 않고 있기 때문에 주가도 상승 후 쉬었다가 다시 가기를 반복하는 중입니다. 기관투자자들에 의해 주가가 결정될 확률이 큽니다.

수급과 거래주체

증시의 대표적인 3개의 수급 주체는 기관투자자, 외국인투자자, 개인투자자입니다. 수급주체별 매매에 의해 증시도 상승과 하락을 반복합니다. 이들의 매매동향 파악법과 투자 이용법을 알아봅시다.

수급과 거래주체란 무엇인가요?

거래량

먼저 거래량부터 알아볼까요? 거래량이란 매수세와 매도세가 힘을 겨루며 체결된 주식의 총수를 나타냅니다. 주가가 상승하면 거래량이 늘어나는 경우가 많고 주가가 하락하면 거래량이 줄어드는 경우가 많습니다. 하지만 언제나 그런 것은 아니므로 맹신해서는 안 됩니다. 단, 급등하는 종목은 거래량이 폭발적으로 늘어나면서 주가가 상승하고, 급락하는 종목 또한 거래량이 늘어나면서 주가가 하락합니다.

따라서 거래량 증가 없이 급등하는 종목이나 급락하는 종목은 추가 상승 혹은 추가 하락에 대한 신뢰도가 그만큼 떨어진다고 볼 수 있습니다. 주가차트에서 봉차트 아래에 숲처럼 보이는 곳이 바로 거래량을 나타내는 지표입니다.

Q&A __ 주가가 바닥을 다지면서 거래량이 상승한다면?

주가가 하락해 바닥권에 있을 때는 거래량이 많지 않습니다. 주가가 오랜 기간 횡보하며 바닥을 다진 후 재차 상승으로 시동을 걸면서 거래량이 꾸준히 상승하거나, 급격하게 상승한다면 추후 상승에 대한 신뢰도가 높아집니다. 주도세력이 주가를 본격적으로 끌어올리기 전에 많은 물량을 매집하고 있다는 증거이기 때문입니다. 간단한 원리로 높은 가격에 주식을 처분한 주도세력이 주가의 바닥권에서 주식을 대량으로 산다면 거래량이 늘 수밖에 없겠지요.

수급과 수급주체란?

수급이란?

수급이란 수요물량과 공급물량의 줄임말입니다. 수요물량이 많을 때는 주가가 상승하므로 수급이 좋다고 하며 공급물량이 많을 때는 주가가 하락하므로 수급이 나쁘다고 표현합니다.

수급주체란?

증시에서 대표적인 수급주체로 개인과 기관, 외국인 투자자를 꼽을 수 있습니다. 일반적으로 대형주, 우량주일수록 기관과 외국인의 수급이 좋고, 소형주나 급등주일수록 일반투자자의 수급이 좋습니다.

증시를 움직이는 힘을 가진 수급주체는 외국인과 기관투자자를 들 수

그림 3-6 각 거래주체별 매매동향

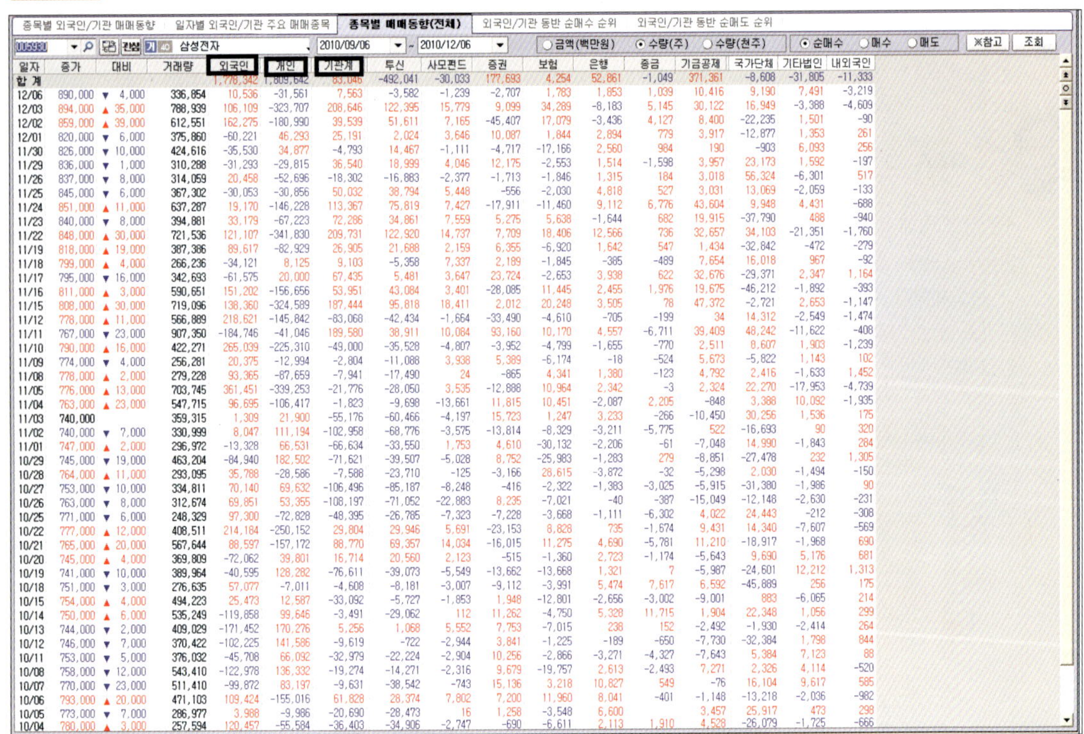

일자	증가	대비	거래량	외국인	개인	기관계	투신	사모펀드	증권	보험	은행	증금	기금공제	국가단체	기타법인	내외국인
합 계				1,778,342	1,809,642	83,046	-492,041	-30,033	177,693	4,254	52,861	-1,049	371,361	-8,608	-31,805	-11,333
12/06	890,000	▼ 4,000	336,854	10,536	-31,561	7,563	-3,582	-1,239	-2,707	1,783	1,853	1,039	10,416	9,190	7,491	-3,219
12/03	894,000	▲ 35,000	788,939	106,109	-323,707	208,646	122,395	15,779	9,099	34,289	-8,183	5,145	30,122	16,949	-3,388	-4,609
12/02	859,000	▲ 39,000	612,551	162,275	-180,990	39,539	51,611	7,165	-45,407	17,079	-3,436	4,127	8,400	-22,235	1,501	-90
12/01	820,000	▼ 6,000	375,860	-60,221	46,293	25,191	2,024	3,646	10,087	1,844	2,894	779	3,917	-12,877	1,353	261
11/30	826,000	▼ 10,000	424,616	-35,530	34,877	-4,793	14,467	-1,111	-4,717	-17,166	2,560	984	190	-903	6,093	256
11/29	836,000	▼ 1,000	310,288	-31,293	-29,815	36,540	18,999	4,046	12,175	-2,553	1,514	-1,598	3,957	23,173	1,592	-197
11/26	837,000	▼ 8,000	314,059	20,458	-52,696	-18,302	-16,883	-2,377	-1,713	-1,846	1,315	184	3,018	56,324	-6,301	517
11/25	845,000	▼ 6,000	367,302	-30,053	-30,856	50,032	38,794	5,448	-556	-2,030	4,818	527	3,031	13,069	-2,059	-133
11/24	851,000	▲ 11,000	637,287	19,170	-146,228	113,367	75,819	7,427	-17,911	-11,460	9,112	6,776	43,604	9,948	4,431	-688
11/23	840,000	▼ 8,000	394,881	33,179	-67,223	72,286	34,861	7,559	5,275	5,638	-1,644	682	19,915	-37,790	488	-940
11/22	848,000	▲ 30,000	721,536	121,107	-341,830	209,731	122,920	14,737	7,709	18,406	12,566	736	32,657	34,103	-21,351	-1,760
11/19	818,000	▲ 19,000	387,386	89,617	-82,929	26,905	21,688	2,159	6,355	-6,920	1,642	547	1,434	-32,842	-472	-279
11/18	799,000	▲ 4,000	266,236	-34,121	8,125	9,103	-5,358	7,337	2,189	-1,845	-385	-489	7,654	16,018	967	-92
11/17	795,000	▼ 16,000	342,693	-61,575	20,000	67,435	5,481	3,647	23,724	-2,653	3,938	622	32,676	-29,371	2,347	1,164
11/16	811,000	▲ 3,000	590,651	151,202	-156,656	53,951	43,084	3,401	-28,085	11,445	2,455	1,976	19,675	-46,212	-1,892	-393
11/15	808,000	▲ 30,000	719,096	138,360	-324,589	187,444	95,818	18,411	2,012	20,248	3,505	78	47,372	-2,721	2,653	-1,147
11/12	778,000	▲ 11,000	566,889	218,621	-145,842	-83,068	-42,434	-1,664	-33,490	-4,610	-705	-199	34	14,312	-2,549	-1,474
11/11	767,000	▼ 23,000	907,350	-184,746	-41,046	189,580	38,911	10,084	93,160	10,170	4,557	-6,711	39,409	48,242	-11,622	-408
11/10	790,000	▲ 16,000	422,271	265,039	-225,310	-49,000	-35,528	-4,807	-3,952	-4,799	-1,655	-770	2,511	8,607	1,903	-1,239
11/09	774,000	▼ 4,000	256,281	20,375	-12,994	-2,804	-11,088	3,938	5,389	-6,174	-18	-524	5,673	-5,822	1,143	102
11/08	778,000	▲ 2,000	279,228	93,365	-87,659	-7,941	-17,490	24	-865	4,341	1,380	-123	4,792	2,416	-1,633	1,452
11/05	776,000	▲ 13,000	703,745	361,451	-339,253	-21,776	-28,050	3,535	-12,888	10,964	2,342	-3	2,324	22,270	-17,953	-4,739
11/04	763,000	▲ 23,000	547,715	96,695	-106,417	-1,823	-9,698	-13,661	11,815	10,451	-2,087	2,205	-848	3,388	10,092	-1,935
11/03	740,000		359,315	1,309	21,900	-55,176	-60,466	-4,197	15,723	1,247	3,233	-266	-10,450	30,256	1,536	175
11/02	740,000	▼ 7,000	330,999	8,047	111,194	-102,958	-68,776	-3,575	-13,814	-8,329	-3,211	-5,775	522	-16,693	90	320
11/01	747,000	▲ 2,000	296,972	-13,328	66,531	-66,634	-33,550	1,753	4,610	-30,132	-2,206	-61	-7,048	14,990	-1,843	284
10/29	745,000	▼ 19,000	463,204	-84,940	182,502	-71,621	-39,507	-5,028	8,752	-25,983	-1,283	279	-8,851	-27,478	232	1,305
10/28	764,000	▲ 11,000	293,095	35,788	-28,586	-7,588	-23,710	-125	-3,166	28,615	-3,872	-32	-5,298	2,030	-1,494	-150
10/27	753,000	▼ 10,000	334,811	70,140	69,632	-106,496	-85,187	-8,248	-416	-2,322	-1,383	-3,025	-5,915	-31,380	-1,986	90
10/26	763,000	▼ 8,000	312,674	69,851	53,355	-108,197	-71,052	-22,883	8,235	-7,021	-40	-387	-15,049	-12,148	-2,630	-231
10/25	771,000	▼ 6,000	248,329	97,300	-72,828	-48,395	-26,785	-7,323	-7,228	-3,668	-1,111	-6,302	4,022	24,443	-212	-308
10/22	777,000	▲ 12,000	408,511	214,184	-250,152	29,804	29,946	5,691	-23,153	8,828	735	-1,674	9,431	14,340	-7,607	-569
10/21	765,000	▲ 20,000	567,644	88,597	-157,172	88,770	69,357	14,034	-16,015	11,275	4,690	-5,781	11,210	-18,917	-1,968	690
10/20	745,000	▲ 4,000	369,809	-72,062	39,801	16,714	20,560	2,123	-515	-1,360	2,723	-1,174	-5,643	9,690	5,176	681
10/19	741,000	▼ 10,000	389,964	-40,595	128,282	-76,611	-39,073	-5,549	-13,662	-13,668	1,321	7	-5,987	-24,601	12,212	1,313
10/18	751,000	▼ 3,000	276,635	57,077	-7,011	-4,608	-8,181	-3,007	-9,112	-3,991	5,474	7,617	6,592	-45,889	256	175
10/15	754,000	▲ 4,000	494,223	25,473	12,587	-33,092	-5,727	-1,853	1,948	-12,801	-2,656	-3,002	-9,001	883	-6,065	214
10/14	750,000	▲ 6,000	535,249	-119,858	99,646	-3,491	-29,062	112	11,262	-4,750	5,328	11,715	1,904	22,348	1,056	299
10/13	744,000	▼ 2,000	409,029	-171,452	170,276	5,256	1,068	5,552	7,753	-7,015	238	152	-2,492	-1,930	-2,414	264
10/12	746,000	▼ 7,000	370,422	-102,225	141,586	-9,619	-722	-2,944	3,841	-1,225	-189	-650	-7,730	-32,384	1,798	844
10/11	753,000	▼ 5,000	376,032	-45,708	66,092	-32,979	-22,224	-2,904	10,256	-2,866	-3,271	-4,327	-7,643	5,384	7,123	88
10/08	758,000	▼ 12,000	543,410	-122,978	136,332	-19,274	-14,271	-2,316	9,679	-19,757	2,613	-2,493	7,271	2,326	4,114	-520
10/07	770,000	▼ 23,000	511,410	-99,872	83,197	-9,631	-38,542	-743	15,136	3,218	10,827	549	-76	16,104	9,617	585
10/06	793,000	▲ 20,000	471,103	109,424	-155,016	61,828	28,374	7,802	7,200	11,960	8,041	-401	-1,148	-13,218	-2,036	-982
10/05	773,000	▼ 7,000	286,977	3,988	-9,986	-20,690	-28,473	16	1,258	-3,548	6,600		3,457	25,917	473	298
10/04	780,000	▲ 3,000	257,594	120,457	-55,584	-36,403	-34,906	-2,747	-690	-6,611	2,113	1,910	4,528	-26,079	-1,725	-666

있습니다. 개인투자자에 의해서는 증시의 방향을 예측하기 어렵습니다. 하지만 외국인과 기관투자자는 강력한 자금력을 바탕으로 증시를 움직일 수 있는 힘을 보유하고 있으므로 증시의 변화를 알기 위해서는 개인보다는 외국인과 기관투자자의 수급을 잘 살펴야 합니다.

〈그림 3-6〉은 삼성전자의 수급을 나타냅니다. 최근 3개월간(9월6일~12월6일) 개인투자자가 1,809,642주를 매도했고, 기관이 83,046주를 매수했으며, 외국인이 1,778,342주를 매수한 것을 확인할 수 있습니다.

위의 수급표로 보았을 때 삼성전자가 신고가를 경신하며 급한 상승을 시현하는 이유는 외국인이 꾸준히 매수하기 때문이라고 할 수 있습니다. 이처럼 수급상황표를 통해 주가를 부양하는 주체가 누구인지 확인할 수 있습니다. 이를 차트로 보면 〈차트 3-21〉과 같습니다.

차트 3-21 삼성전자 주봉

업종별 수급동향을 체크하는 이유는 무엇일까?

한날 한시에 모든 종목이 상승을 한다면 증시는 연일 대폭등을 거듭할 것입니다. 이는 사고자 하는 힘이 다했을 때 대폭락으로 이어질 개연성도 내포한다고 할 수 있습니다. 따라서 증시를 움직이는 주체들은 업종을 순환하면서 한 곳에서는 차익을 실현하는 동시에 한 곳에서는 수익률 게임을 펼칩니다. 이를 업종별 순환매라고 합니다. 증시가 크게 상승하지 않고도 업종별 순환매매를 통해 수익을 극대화시키는 경우를 종종 볼 수 있습니다. 이를 가리켜 순환매 장세라고 합니다. 외국인과 기관의 업종별 수급동향을 체크하면 돈이 어느 업종에서 어느 업종으로 이동하는지 파악이 가능합니다. 이 돈의 흐름을 잘 따라가면 매매 없이 보유하는 투자자보다 높은 수익을 거둘 수 있습니다.

예를 들어 '최근 3일간 기관투자자들이 화학과 운수장비 업종에서 대규모 차익을 실현하면서 한편으로는 전기전자와 금융업에 배팅을 시작하고 있구나' 하고 파악이 가능하겠지요. 실제로 종목을 열어보면 화학과 운수장비 업종은 조정을 보이고, 전기전자와 금융업종은 상승으로 전환되는 모습을 확인할 수 있습니다.

Q&A __ 쌍끌이 매수란?

한 종목에 대해 외국인과 기관이 매수를 하고 개인은 매도를 했을 때 쌍끌이 매수라 합니다. 외국인과 기관은 한 번 매수를 시작하면 꾸준히 물량을 모으며 추세적으로 상승을 시키는 경우가 많기 때문에 외국인과 기관이 동시에 매수했다는 것은 그만큼 수급이 좋다는 의미로 해석할 수 있습니다. 외국인이 사고 기관이 팔 경우 외국인과 기관의 힘이 팽팽해 주가에 큰 변화가 생기지 않을 수도 있습니다. 쌍끌이 매수의 경우 팽팽한 신경전을 벌이는 외국인과 기관의 생각이 일치했다는 의미이므로 향후 주가 상승을 예상할 수 있습니다.

봉차트 아래 위치한 기관과 외국인 누적순매수를 보면 2008년 말 이후 외국인이 삼성전자를 꾸준히 매수하고 있음을 알 수 있습니다. 이를 통해 외국인이 팔지 않는 한 삼성전자의 상승도 계속되리라는 사실을 짐작할 수 있습니다.

종합지수에서의 수급

개별주가는 물론 종합증시도 수급주체의 수요공급에 의해 방향성이 정해지므로 투자 전, 혹은 보유하면서 지속적으로 체크해야 합니다.

투자자별 매매동향	투자자별 매매현황	투자자별 거래비중

| 거래소/코스닥 ○수량 ●금액 | 선물 ●수량 ○금액 | 옵션 ●수량 ○금액 | 2011/03/20 ▼ ~ 2011/03/20 ▼ | 순매수 |

구 분		외국인	개인	기관계	기　　관							국가단체	기타법인	합계
					투신	사모펀드	증권	보험	은행	종금	기금공제			
거래소	매도	11,675	38,874	14,935	5,975	1,062	3,215	2,328	549	78	1,728	2,869	820	69,173
	매수	13,111	35,970	15,931	6,701	706	3,063	2,102	662	117	2,580	3,154	1,058	69,224
	순매수	1,436	-2,904	996	726	-356	-152	-226	113	39	852	285	238	51
코스닥	매도	851	17,386	791	293	89	159	133	21	22	74	24	116	19,168
	매수	907	17,556	564	306	37	61	76	38	14	32	32	97	19,156
	순매수	56	170	-227	13	-52	-98	-57	17	-8	-42	8	-19	-12
선물	매도	115,338	118,654	112,911	2,645		108,397	298	1,460	93	18	2,136	11,038	360,077
	매수	117,180	118,328	110,967	1,864		107,152	387	1,370	170	24	2,171	11,431	360,077
	순매수	1,842	-326	-1,944	-781		-1,245	89	-90	77	6	35	393	
콜옵션	매도	2,132,434	2,071,625	1,339,851	1,572		1,321,868	15,172	1,011	228			49,460	5,593,370
	매수	2,130,846	2,066,718	1,346,152	2,419		1,328,304	15,172	7	250		200	49,454	5,593,370
	순매수	-1,588	-4,907	6,301	847		6,436		-1,004	22		200	-6	
풋옵션	매도	1,878,272	1,475,328	757,530	1,560		742,723	12,210	887	150		200	39,338	4,150,668
	매수	1,870,951	1,462,454	778,213	1,079		763,387	12,210	1,382	155			39,050	4,150,668
	순매수	-7,321	-12,874	20,683	-481		20,664		495	5		-200	-288	
스타선물	매도													
	매수													
	순매수													

〈그림 3-7〉과 같이 거래소와 코스닥, 선물, 옵션 등으로 나누어 주체별 수급동향을 알 수 있습니다. 기간 설정을 통해 자신이 원하는 기간 동안 누적 순매수(매도) 확인이 가능하므로 이 표를 활용해 증시를 움직이는 주체의 움직임을 체크해야 합니다.

보다 부지런한 투자자는 개별종목과 종합지수에 영향을 미치는 수급뿐만 아니라 업종별 수급동향까지 체크해 투자에 만전을 기하기도 합니다.

프로그램이란?

주식에는 현물(주식)과 선물이 있습니다. 현물은 우리가 흔히 보는 종목,

사이드카(sidecar)란?
선물가격이 전일 종가 대비 5%(코스닥은 6%) 이상 급등 혹은 급락해 1분 이상 지속될 경우 5분간 매매호가의 효력이 정지되는 것을 말합니다. 5분이 지나면 자동으로 해제되며 오후 2시 20분 이후에는 적용되지 않습니다. 급락장에서 주로 발동되며, 증시 참여자들이 이성을 잃고 투매를 감행할 때 잠시 안정을 찾도록 하는 효과를 줍니다.

PART 3 기본적 분석

종합지수로 표현되며 선물은 선물지수(KOSPI200 종목 대상)로 표현됩니다. 현물과 선물가격 간에 차이가 발생하는데 이 가격차를 활용한 매매를 프로그램 매매라 합니다. 주식시장에서 고평가된 것을 팔고 저평가된 것을 사는 차익거래지요.

외국인이나 기관투자자들은 모든 종목을 일일이 모니터링할 수 없기 때문에 컴퓨터에 미리 정보를 입력해 시장 상황에 따라 일괄적으로 거래합니다. 프로그램 매매 대상은 KOSPI200 종목입니다.

프로그램 매매를 왜 하나요?

국내 증시에서 프로그램 매매는 주로 기관투자자들이 선호합니다. 시장의 평균수익률을 앞서기는 어렵지만 시장수익률에 크게 뒤지지 않는 수익을 무위험으로 취할 수 있기 때문입니다. 개별종목을 선별적으로 매수하거나 매도했을 때는 위험부담이 그만큼 커지지만 바구니에 물건을 담듯 우량한 종목을 한꺼번에 대규모로 담거나 덜어내기 때문에 종목 선택

프로그램에서 차익거래와 비차익거래의 차이점은 무엇인가?

현물과 선물간의 차이를 베이시스(Basis)라고 합니다. 선물가격이 현물가격보다 높은 현상을 콘탱고(contango)라 하며, 현물가격이 선물가격보다 높은 현상을 백워데이션(Back-wardation)이라 합니다. 선물과 현물은 같은 방향성을 가지며 그 갭이 떨어졌다 붙었다를 반복합니다. 새끼줄을 연상할 수 있습니다.

콘탱고 상태, 즉 선물에 비해 현물의 가격이 낮을 때는 저평가된 주식을 매수하면서 동시에 고평가된 선물을 매도합니다. 이를 프로그램 매수라 합니다. 프로그램 매수가 들어올수록 현물과 선물의 가격차가 좁혀지겠지요. 반대의 경우를 프로그램 매도라 하고 이때도 현물과 선물간의 가격차가 좁혀지는 것은 동일합니다. 이렇듯 선물과 현물의 가격차에서 발생하는 작은 차이를 수익으로 연결시키려는 시도를 차익거래라 하며 반드시 수익이 발생하게 설계되어 있습니다.

반면 비차익거래란 선물과 상관없이 주식을 바구니에 담는 경우를 말합니다. 선물과 연계되지 않기 때문에 위험성이 있으므로 시장의 방향성이 확실할 때 다수의 종목을 일괄적으로 사거나 팔 경우 비차익거래가 발생합니다.

에서 발생하는 위험을 줄일 수 있습니다. 한마디로 지수를 추종하는 매매형태라 할 수 있습니다.

때로 기관투자자들의 대규모 프로그램 매도로 인해 지수가 어려움을 겪기도 하며, 때로 급격한 하락장세에서 프로그램 매수가 대규모로 유입되어 하락을 방어하기도 합니다.

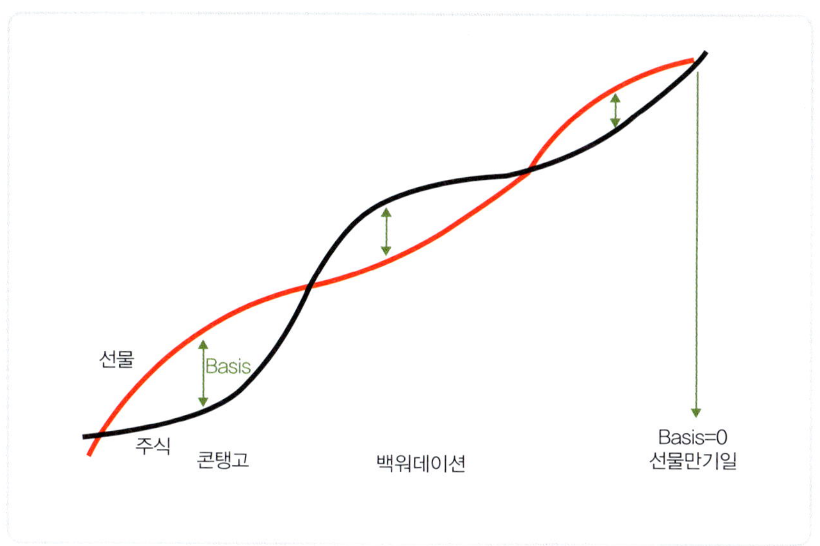

PART 4

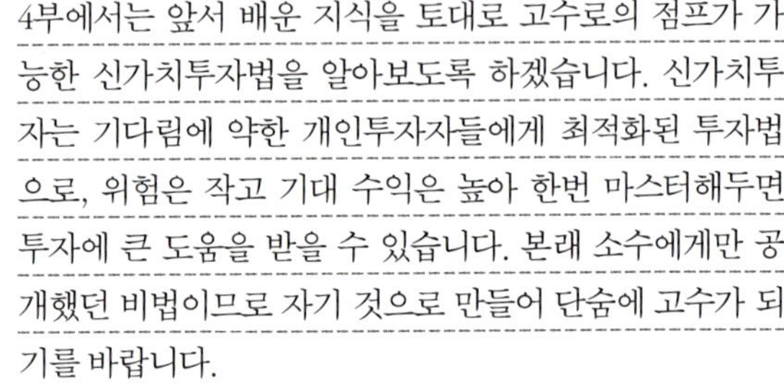

4부에서는 앞서 배운 지식을 토대로 고수로의 점프가 가능한 신가치투자법을 알아보도록 하겠습니다. 신가치투자는 기다림에 약한 개인투자자들에게 최적화된 투자법으로, 위험은 작고 기대 수익은 높아 한번 마스터해두면 투자에 큰 도움을 받을 수 있습니다. 본래 소수에게만 공개했던 비법이므로 자기 것으로 만들어 단숨에 고수가 되기를 바랍니다.

평생 재테크로
써먹는
신가치투자
마스터하기

25일째

초보에서 고수로, 평생 재테크로 수익내는
신가치투자 마스터하기 I

오늘은 한번 배워두면 평생 성공투자를 가능하게 하는 신가치투자에 대해 알아보겠습니다. 우량주뿐만 아니라 대부분의 종목에 적용이 가능한 투자법으로 지난 25년간 수많은 시행착오를 거치며 쌓아온 필자의 노하우가 집대성된 지혜입니다. 반복학습해 내 것으로 만들면 주식투자에 있어 안정적인 수익을 창출할 것입니다. 25일째부터 27일째까지는 부록 동영상 CD와 함께 공부하면 탁월한 효과를 볼 수 있습니다.

기본적 분석과 기술적 분석 등 초보자가 배워야 할 과정을 모두 마친 나개미는 최후의 한 수를 배우기 위해 김원기 대표를 찾았습니다.

"대표님 안녕하세요. 덕분에 주식공부를 잘 마쳤습니다. 대표님께 조언을 구하고자 실례를 무릅쓰고 다시 찾아뵙게 되었습니다."

"어이쿠, 나개미 씨. 공부를 마쳤다니 축하합니다. 제가 조언 드릴 게 남아 있나요?"

"평소 대표님이 운영하시는 부자TV의 수익률을 보며 부러웠던 적이 많습니다. 비결이 뭔가요?"

"비결이라… 그것은 쉽게 알려드릴 수 없는 극비사항인데요."

김 대표는 짐짓 너스레를 떨었지만 이내 펜을 들고 종이에 무엇인가를 써가며 설명하기 시작했습니다.

"한번 읽어보십시오."

"신가치투자법?"

"제가 지난 20년이 넘는 세월 동안 수많은 눈물과 절치부심 속에 탄생시킨 투자법이 바로 '신가치투자법' 입니다."

"정말 극비사항이군요. 저한테만 귀띔 부탁드립니다."

"하하. 다른 사람에게 함부로 알려주면 큰일 납니다."

"헤헤, 잘 알겠습니다."

"신가치투자법은 가치투자의 장점을 살리면서도 기다림에 약한 개인투자자들에게 최적화된 투자법입니다."

"설마, 그게 다 인가요?"

"이제 본격적으로 설명에 들어갑니다. 신가치투자는 투자를 해야 할 영역과 하지 말아야 할 영역을 먼저 구분합니다. 이때 피해야 할 주식이 자연스레 걸러집니다. 또한 투자가 가능한 영역에 있는 종목이라도 언제 사야 하는지 알 수 있게 합니다. 그것도 아주 단순하고 강력한 몇 가지 툴만 마스터하면 됩니다."

"그것 참 합리적인 방법이군요."

“좋은 주식을 주가가 비행을 막 시작하기 전에 사서 고공비행을 함께 즐길 수 있습니다. 가치투자와 급등주의 원리가 혼합된 투자법이지요.”

그러면서 나개미에게 책 한 권을 건넸습니다. 책 표지에는 〈신가치투자 비책〉이라 쓰여 있었습니다.

“감사합니다, 대표님. 열심히 마스터해서 수제자가 되겠습니다.”

“수제자가 되지 않아도 좋으니 성공하는 투자자가 되십시오. 3일 정도 공부하면 그 원리를 터득하는 데 어려움이 없을 겁니다.”

나개미는 마치 제갈공명의 비책이라도 받은 듯 뿌듯한 마음으로 돌아왔습니다.

신가치투자란 무엇인가요?

주식투자에서 산전수전 공중전까지 다 거친 필자는 짧은 기간에 수십억을 벌기도 하고 잃기도 하면서 ‘보다 안전하면서 많은 수익을 꾸준히 낼 수 있는 투자 방법은 없을까’ 항상 고민했습니다.

수익과 손실의 확률이 50:50인 확률게임을 피하고 계단처럼 한 단계씩 수익을 쌓아가는 안전하고 확실한 매매법을 찾아 오랜 기간 절치부심하며 많은 시행착오를 거쳤습니다. 그러던 중 ‘가치투자’라는 말이 귀에 쏙 들어왔습니다. 가치투자라는 단어는 오래 전부터 알고 있었지만 어느 날 그 단어의 의미가 새롭게 다가오면서 가치투자의 장단점을 파악하기 위해 연구에 연구를 거듭했습니다.

가치투자의 대가인 벤저민 그레이엄, 워렌 버핏, 피터 린치 등의 책을 한권 한권 읽어나갔고, 그러면서 기본적 가치의 중요성과 더불어 조셉 그린빌과 엘리어트의 기술적 분석을 하나로 묶는 작업에 몰두했습니다.

이처럼 기본적 가치와 기술적 분석을 접목해 탄생한 것이 바로 '신가치투자' 입니다.

기존 가치투자와 신가치투자의 가장 큰 차이점은, 기존 가치투자가 가치 평가를 통해 저PER주를 고르고 다시 차트분석을 하는 데 반해 '신가치투자' 는 반대의 과정을 거칩니다. 먼저 차트분석을 통해 급등 에너지를 확인해(매집완료) 끼 있는 종목을 발굴한 다음 가치 평가를 해 저평가주를 고릅니다.

일반 가치투자 : 가치평가 ➡ 차트 분석

신가치투자 : 차트분석 ➡ 가치평가

신가치투자의 장점은 무엇인가요?

신가치투자는 '사 놓고 마냥 기다리는' 투자를 넘어 '곧 급등할 우량한 주식을 급등 직전 올라타는 전략' 을 목표로 합니다. 따라서 빠른 시세를 볼 수 있으며, 한정된 자금으로 주식투자를 하는 개인투자자들에게 가장 적합한 투자법인 것입니다.

주식은 시간의 예술이자 타이밍의 예술이라는 말이 있습니다. 아무리 좋은 주식도 빠른 시세가 나지 않으면 투자자에게 좋은 주식일 수 없습니다. 사 놓고 오를 때까지 마냥 기다리는 것도 투자자 입장에서는 기회비용을 잃는 손실 투자가 될 수 있겠지요. 개인투자자들에게 언제 오를지 모르는 주식을 기약없이 들고 있는 것만큼 심리적으로 어려운 일도 없습니다. 좋은 주식을 오랫동안 보유하다가 정작 상승이 시작되면 얼마 참지 못하고 매도하고 마는 게 투자자의 전형적인 패턴입니다. 그만큼 곧바로 움직임이 나타나지 않는 종목을 싫어한다는 의미지요.

신가치투자는 급등 직전에 주식을 매수하기 때문에 기존의 지루한 가치투자와는 차별화가 되며 동시에 빠른 시세가 나기 때문에 투자자들에겐 매력적인 투자법이 되는 것입니다.

신가치투자 = 차트분석 > 가치평가 + 매수 · 매도 타이밍 포착

주가 비행의 활주로인 200일선을 주목하라

활주로는 비행기가 대기하고 있다가 출발하는 곳인 동시에 비행기가 비행을 멈추고 돌아오는 곳이기도 합니다. 주가도 마찬가지입니다. 문제가 있는 기업은 활주로에 올라탈 수 없습니다. 즉 주가가 200일선 아래에 위치하면서 지지부진한 모습을 보이지요. 반면 문제가 없는 기업은 200일선 위에 머물면서 등락을 거듭합니다.

따라서 200일선 아래에 있는 종목은 기본적으로 매매 대상에서 제외해야 합니다. 이때 위험한 많은 종목들이 1차로 걸러지는 효과를 볼 수 있습니다.

200일선 아래에 있는 주가 : 기업에 문제 발생. 가급적 매매하지 않는다
200일선 위에 있는 주가 : 문제가 없는 기업. 매매 대상 1차 합격

200일선 위에 있는 종목과 아래에 있는 종목의 주가 변화를 살펴볼까요?

200일선 아래에서 맥을 못추는 종목

200일선 아래에 있는 종목은 오를 확률보다 내릴 확률이 그만큼 높습니다. 문제가 있는 기업이기 때문에 작은 미풍에도 쉽게 주가가 꺾이곤 합니다. 주가가 반등을 한다 해도 그 힘이 약해 200일선 위로 올라서지 못하고 힘없이 되밀리기를 거듭합니다. 이런 종목으로 수익을 내기란 하늘의 별 따기만큼 어렵습니다.

200일선을 돌파하기 위해서는 대단히 극적인 변화가 기업에 발생해야만 하며, 그렇다 하더라도 오랜 기간 하락을 경험한 후 상승으로 전환되기 때문에 투자자는 독이 든 잔을 마신 것과 같은 아픔을 경험하게 됩니다. 〈차트 4-1〉〈차트 4-2〉 참조

차트 4-1 대한전선 일봉 : 200일선이 저항선으로 작용하고 있다.

200일선 위에서 춤 추는 종목

200일선 위에서 편안하게 매매하도록 해주는 종목들입니다. 내릴 확률 보다 오를 확률이 높아 매매 시점만 잘 잡으면 큰 수익을 거두게 합니다. 〈차트 4-3〉 고려아연의 경우 200일선에서 상승을 하다가(협띠 형성), 연료 충전이 끝나자 힘차게 오르고 있습니다. 협띠 형성 구간의 경우, 200일선 위를 비행하던 비행기가 연료를 재충전하기 위해 잠시 활주로에 쉬고 있 는 모습과 흡사하지요?

〈차트 4-4〉 한화케미칼의 경우도 200일선 한참 위를 고공비행하며 주 도주로 나서고 있습니다.

200일선 위에서 협띠를 형성한 후 급등한 고려아연
200일
매수포인트

200일선 위에서 3번의 매수구간을 준 후 지속 상승하고 있는 한화케미칼
200일
매수포인트

200일선에서 매매 타이밍은 어떻게 잡나요?

한참 비행하고 있는 종목에 올라타기는 쉽지 않습니다. 활주로에서 쉬고 있는 종목이라야 안전하고 쉽게 올라탈 수 있습니다. 이처럼 200일선에서 휴식하며 횡보하는 구간을 '협띠를 만드는 과정'이라 이름을 붙여놓았습니다.

〈차트 4-5〉 현대비앤지스틸의 경우 200일선을 중심으로 비행을 시작하고 다시 활주로에 안착하기를 반복합니다. 그러면서 주가는 200일선과 함께 우상향 그래프를 그리고 있습니다. 활주로에 안착해 비행을 준비하는 단계에서 올라타면 곧 있을 비행을 함께 할 수 있겠지요. 즉 협띠를 형성하는 과정에서 여유롭게 비행기의 좌석을 잡고 곧 있을 여행을 꿈꿀 수 있습니다.

차트 4-5 현대비앤지스틸 일봉

200일선에서 쉬다가(매집) 연료충전이 완료되면 다시 비행을 시작합니다. 이 종목의 경우 200일선에서 여러번 매수 기회를 주었으며 이후 급등한 사례입니다.

바람구멍 난 종목은 급등을 예고한다

"바람구멍은 곧 갭을 의미하고 갭에 의해 주가가 형성된다. 바람구멍은 힘, 에너지이며 세력 개입을 단적으로 보여준다."

바람구멍이란 점상한가 2~5번 나온 종목이 거래량이 마르면서 휴식을 취하고 있을 때를 말합니다. 이런 종목은 향후 큰 시세를 주겠다는 사인을 준 것으로 주가가 200일선에 다가오면 매수하고 기다립니다.

점상한가는 일반용어로 '갭 상승'이라 합니다. 필자는 이를 독자적으로 '바람구멍'이라고 부릅니다. 캔들로 말하자면 점상한가란 시가, 고가, 저가, 종가가 모두 같은 가격으로 하루를 상한가로 시작해 상한가로 마감할 때 점상한가라 합니다. 세력의 힘이 매우 강할 때만 나오는 현상입니다.

산성피앤씨는 바람구멍 점상한가의 대표적인 급등 종목입니다. 〈차트 4-6〉은 점상한가 바람구멍을 내며 1년여에 걸쳐 매집이 이루어진 모습이고, 〈차트 4-7〉은 매집이 완료된 후 단기간에 40배 상승한 급등주의 전형적인 모습을 보이고 있습니다.

이렇듯 한 번의 큰 상승을 이뤄내며 급등시세를 예고하는 단계를 '바람구멍'이라 이름을 붙였습니다. 앞서 설명한 현대비앤지스틸의 경우도 2009년 3월 바람구멍을 만들며 급등시세를 예고한 바 있습니다.

점상한가로 바람구멍을 내며 3번에 걸친
급등 후 200일선 위에서 거래를 감소시키며
협띠를 협성한 급등하기 전 산성피앤씨
최고가 : 2,163 (2004/03/03)
점상한가(바람구멍)
매수 타이밍
200일
최저가 : 642 (2003/09/30)
거래감소

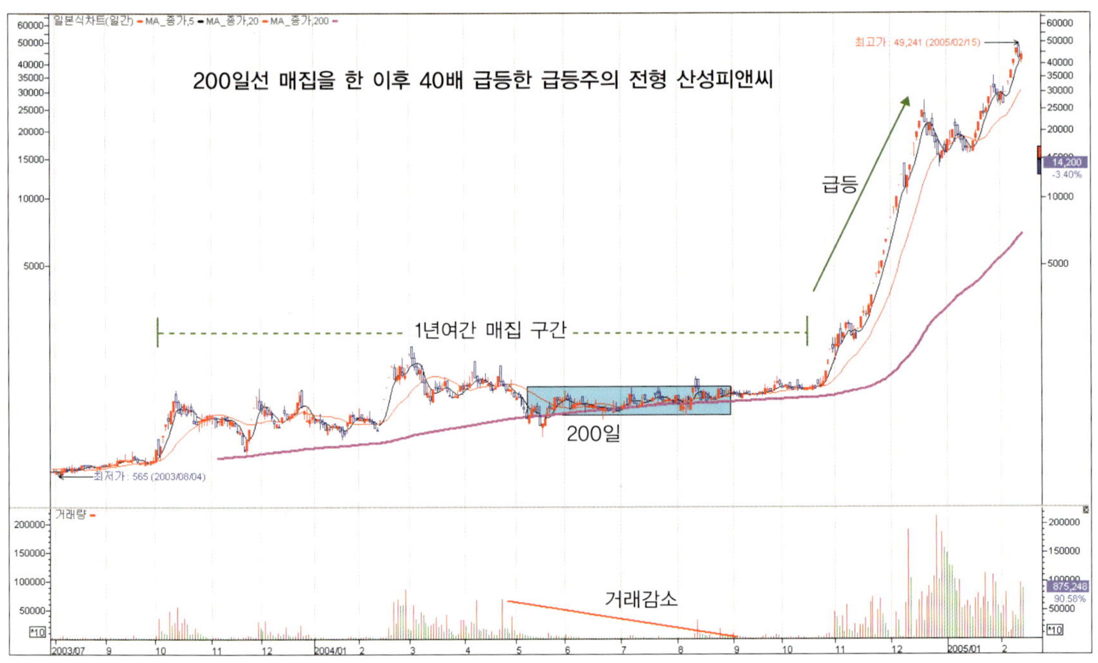
200일선 매집을 한 이후 40배 급등한 급등주의 전형 산성피앤씨
최고가 : 49,241 (2005/02/15)
급등
1년여간 매집 구간
200일
최저가 : 565 (2003/08/04)
거래감소

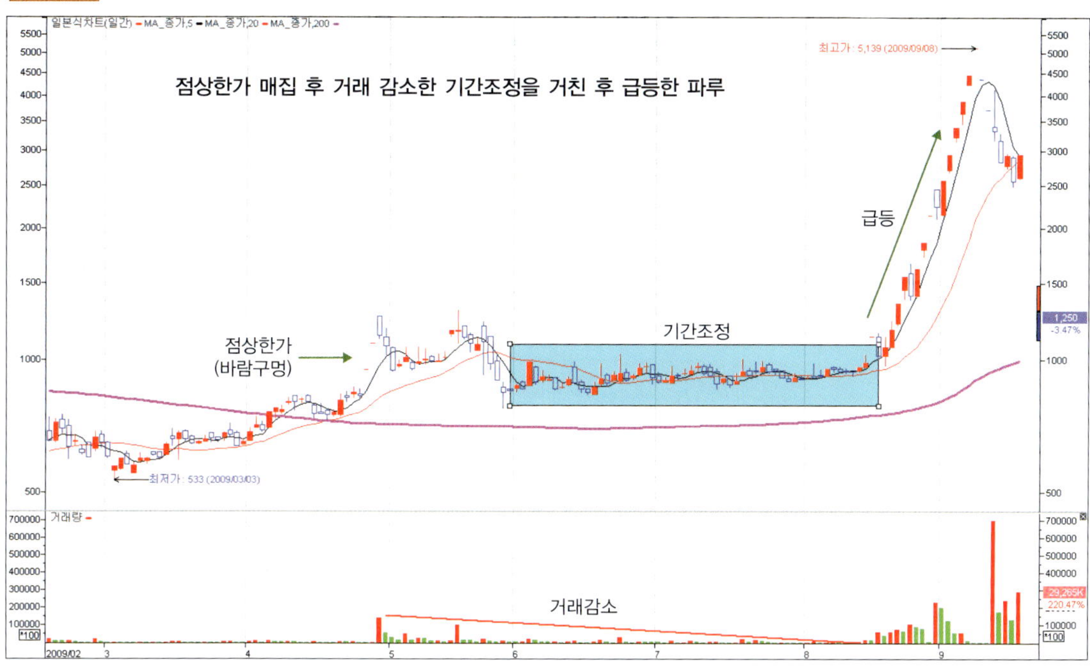

매집국면의 점상한가는 3~5개가 적당

과거 급등을 시현했던 종목을 볼까요? 점상한가가 연속으로 나온다는 것
은 세력의 강력한 개입을 의미합니다. 점상한가 1차 매집국면에서는 보
통 상한가 3~5개가 좋고 너무 많은 바람구멍이 난 종목은 피해야 합니
다. 바람구멍이 난 후 개인투자자를 털어내는 횡보국면에서 세력과 함께
매집해가야 안전합니다.

바람구멍이 난 종목은 특별관리

이처럼 1차 세력 진입국면에서 바람구멍이 나고 매집이 완료되고 나면 급
등시세가 예고됩니다. 따라서 바람구멍이 난 종목은 특별관리해야 하며,
1차로 보초병을 내보내(적은 수량 매수) 시세를 매일 관찰하며 전고점이 돌

파되는 시점에 대량 거래가 수반된다면 2차 매수로 대응해야 합니다.

> 가장 안전한 매매는 가격, 기간 조정 때 미리 매수하고 기다리는 전략이며, 전고점을 돌파하는 시점에 매수하는 전략은 다소 위험을 감수하더라도 급등시세에 따라 붙는 전략입니다. 초보일수록 조정 기간에 매수하는 게 좋습니다.

요약하면, 200일선 위를 노는 종목 중에서 거래량을 폭발시키며 바람구멍을 만든 후 다시 200일선 근처에서 휴식을 취하는 종목은 향후 큰 시세를 노릴 수 있습니다. 200일선 위에서 주가가 형성되기 때문에 매매타이밍을 잘 잡으면(200일선 근처) 손실 없이 안정적인 수익이 가능합니다. 200일선이 상승하고 있기 때문에 손실을 볼 이유가 없겠지요.

EPS를 중심으로 기업실적을 점검하라

신가치투자의 핵심은 차트를 통해 급등에너지를 먼저 점검한 후 기업의 가치를 평가한다고 했지요? 200일선을 중심으로 멋진 그래프를 그리고 있는 종목을 찾은 후에는 기본적 분석을 통해 정말로 기업에 문제가 없는지 확인하는 단계를 거쳐야 합니다. 200일선으로 투자하지 말아야 할 종목을 1차로 걸러냈고, 기업실적을 통해 2차로 걸러내는 작업을 합니다.

앞서 눈만 예뻐서는 미인이 아니라는 점을 언급했습니다. 눈과 코, 입 등이 모두 예뻐야 진짜 미인이라고 했지요?

참조 : 3부 18, 19일째

EPS, PER, PBR, ROE, BPS 등을 점검합니다. 현재의 실적뿐만 아니라 예상치까지 염두에 둬야 합니다. 아직도 감이 잡히지 않는다면 3부 미인

종목선정법으로 돌아가 다시 한번 꼼꼼히 체크해 보길 바랍니다. 투자자에게 가장 좋은 기업은 이러한 지표들이 지속적으로 좋아지는 기업임을 잊지 말아야 합니다.

신가치투자에서 가장 중요시하면서도 간단하게 주가의 현재를 알 수 있는 도구로 EPS를 꼽습니다.

기본적 분석은 모두가 중요하지만 'EPS × 10'은 최소한의 도구로 주가의 현재를 간단하게 파악할 수 있게 도와줍니다.

BPS를 함께 보라

'EPS × 10'과 함께 BPS를 봅니다. 예를 들어 현재 주가가 2,500원인 종목이 'EPS × 10'이 7,000원이고 BPS가 6,000원이라면 이 종목의 적정 주가를 어느 정도 파악할 수 있습니다. 물론 정확한 산출은 어렵지만 "이 종목이 대략 6천원에서 7천원까지는 갈 수 있겠구나"하고 감을 잡을 수 있습니다. 주식에서 특정 종목이 얼마까지 갈 것인지 미리 정확히 알기는 어렵습니다. 대략적인 목표가를 잡을 수 있다는 것만으로도 투자자에게는 큰 도움이 됩니다. 개인투자자의 경우 2,500원이던 주가가 3,000원만 가도 대부분 그 정도 수익에 만족하고 매도하기 때문입니다.

이러한 기준이 없다면 10명 중 9명 이상은 3천원 이상까지 보유하기가 어려운 게 실전매매에서의 현실입니다. 이처럼 EPS와 BPS를 통해 대략적인 목표가를 산정하면 작은 수익에 만족해 큰 수익을 버리는 우를 범하지 않을 수 있습니다.

ROE는 10 이상인지 확인하라

'ROE=은행이자' 라는 공식을 외워두면 실전에서 빠른 적용이 가능합니다. 기업이 은행에서 어느 정도의 이자를 주고 대출을 할까요? 대략 4.5% 정도로 잡아봅시다. 은행에 4.5%의 이자를 물고 자금을 빌린 기업이 기업활동을 해 10% 이상의 이익을 얻었다면 은행이자를 갚고도 5% 이상의 수익이 발생한 셈입니다. 즉 장사를 잘했다는 말이지요.

반면 10에 미치지 못한다면 무엇을 뜻할까요? 은행이자를 지급하고, 인건비와 시설비, 운영비 등을 제하고 나면 남는 게 없을 것입니다. 이런 기업에 성장성이 있다고 말하기는 어렵겠지요.

신가치투자 마스터하기 II

앞서 배운 신가치투자의 원칙을 토대로 오늘은 실전에 적용하는 방법을 배우도록 하겠습니다.
원칙을 제대로 이해하고 적용해야만 수익률을 극대화 할 수 있습니다.

26일째

신가치투자 정리

어제 배운 내용을 토대로 실전에서 종목을 발굴하고 매수하는 방법을 배워봅시다. 주도주와 급등우량주로 나누어 살펴보겠습니다.

주도주 찾는 법

주도주를 공략하기 위해서는 경제 흐름과 시장의 패턴을 알아야 합니다. 과거에도 2003년에서 2007년까지 조선과 조선기자재, 해운업종이 주도주가 되어 수십 배에서 100배 이상의 시세를 주었습니다(차트 4-9).

2008년 이후에는 정권이 바뀌면서 정부의 정책과 연관되는 녹색, IT, 자동차 업종이 주도주로 부각되면서 시세가 분출되고 있습니다. 주도주는 한번 상승이 시작되면 단기간에 끝나는 것이 아니라 최소 3년에서 5년 동안 시장을 이끌고 가는 특징이 있습니다(차트 4-10).

 2003년-2007년의 주도주 현대미포조선 월봉

 2009년 이후 주도주인 기아차 주봉

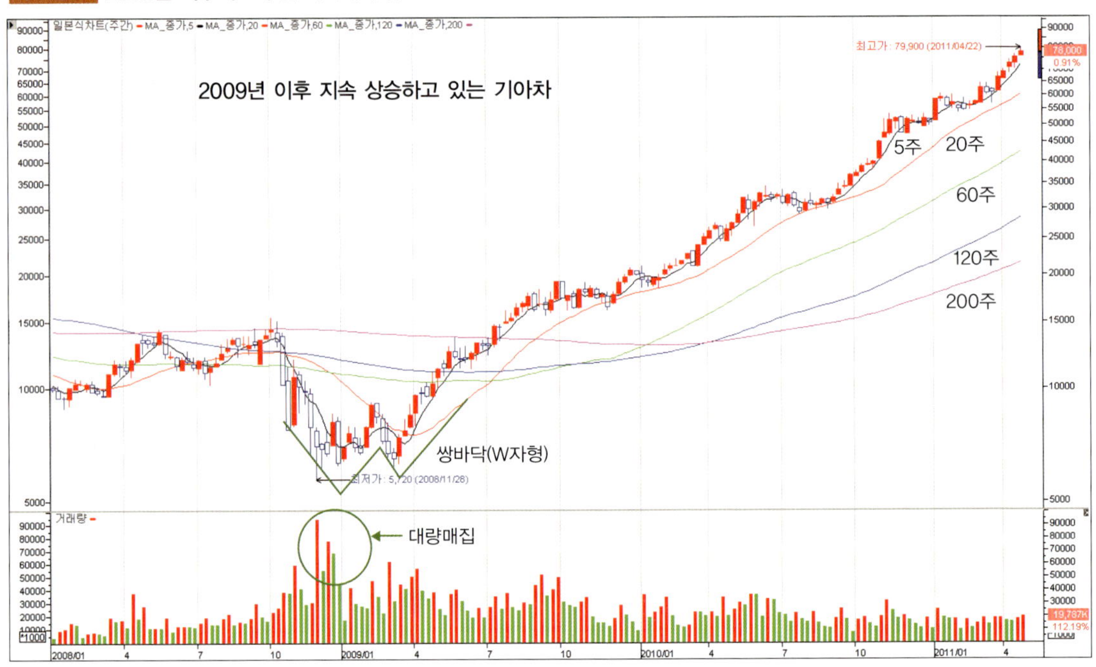

주도주의 매수 주체는 외국인이나 기관이므로 외국인, 기관의 매집이 이루어지는 종목을 체크해야 합니다. 또한 주도주는 코스피지수보다 먼저 신고가를 갱신하므로 시장에서 어떤 업종군 및 종목이 신고가를 내는지 관찰하는 것이 주도주를 찾는 방법입니다.

2003~2007년 주도주였던 현대미포조선(조선업)의 경우 1만원 미만에서 40만원 이상까지 약 5년에 걸쳐 지속적인 상승이 이루어졌습니다. 시세가 끝나자 이후로는 추가적인 강한 상승없이 횡보조정이 이루어지고 있습니다. 반면 2009년 이후 시세를 내고 있는 기아차의 경우 바닥에서 대량의 거래량이 발생하며 지지부진하던 주가가 2008년 말 5,700원대부터 시작해 7만원대를 돌파하고 있습니다.

주도주 공략법

시장을 앞서가는 주도주는 매매를 하지 않더라도 항상 관심종목으로 편입시켜 놓고 시장의 흐름을 체크해야 합니다.

전고점 돌파 후 눌릴 때가 매수 기회입니다. 주도주라 해도 조정 없이 날마다 상승하지는 않습니다. 가파른 상승 후에는 피로감에 잠시 쉬어가는 구간을 반드시 거치기 마련입니다. 이때를 이용해 주도주를 매수해야 합니다. 일반적으로 거래량이 감소하면서 음봉이 2~3개 나오며 조정을 보일 때가 매수 타이밍입니다.

주도주는 전고점을 강하게 돌파한 주가가 음봉을 보이면서 20일선에 근접했을 때 매수해야 합니다. 양봉이 크게 상승하는 날 추격 매수하지 말고 눌림목 구간을 이용해 매수한다면 안전하게 주도주에 올라탈 수 있습니다 (차트 4-11, 4-12 참조).

 LG화학 일봉 : 주도주 눌림목 매수

 기아차 일봉 : 주도주 눌림목 매수

급등우량주 공략법(중소형 우량주)

급등우량주라는 용어에서 알 수 있듯이 급등하는 종목이지만 기업의 가치가 우량해야 합니다. 급등우량주를 발굴해내는 3단계는 다음과 같습니다.

> 기본적 분석 + 기술적 분석 + 매집

신가치투자에서는 기존의 가치투자의 지루함을 탈피하기 위해 세력의 매집이 이루어진 급등이 가능한 차트를 빨리 발굴한 후 기업 가치가 우량한지 확인한 후 매수합니다.

- **1단계** : 세력의 개입 여부와 매집을 확인한다. 시장의 패션에 부합하는지 확인한다(주도주).
- **2단계** : 200일선을 중심으로 주가가 활주로에서 쉬는 구간에 매수한다.
- **3단계** : 단순하면서도 강력한 3개의 지표(PER. PBR, ROE)를 통해 기업가치를 분석한다.

① 1단계 : 세력의 개입 여부와 매집을 확인한다.

앞서 설명한 바람구멍을 낸 종목은 세력의 강력한 개입을 확인시켜 줍니다(소형주>중형주).

ADVICES

신가치투자 3단계 분석의 목적
- **기본적 분석의 목적** : 종목 발굴
- **기술적 분석의 목적** : 매매 타이밍 포착
- **매집 분석의 목적** : 발굴한 종목 중 세력의 매집이 가장 잘된 종목 매수

바닥권에서 대량의 거래가 발생하며 주도세력의 입성이 포착됩니다(중형주〉소형주). 1단계에서 가장 중요한 점은 바로 거래량입니다. 세력의 입성은 거래량에서 나타납니다.

② 2단계 : 200일선을 중심으로 주가가 활주로에서 쉬는 구간에 매수한다.

200일선이 반드시 우상향으로 상승하는 종목으로 선별합니다. 여타의 조건이 좋은 종목이라도 200일선이 하락하는 종목은 매매에서 제외해야 합니다. 200일선에서 협띠를 형성하며 비행을 준비하는 단계에서 매수하는 것을 원칙으로 삼고 분할매수합니다.

③ 3단계 : 단순하면서도 강력한 3개의 지표를 통해 기업가치를 분석한다.

기본적 분석도 쉽고 간단한 게 좋습니다. 어려운 주식을 어렵게 공부하려다 보면 더 어려울 수 있습니다. 원칙을 세우고 지키려면 단순하면서도 정확한 기준이 필요합니다. 투자에서 일반적으로 중요한 지표로 PER과 PBR을 꼽습니다. 신가치투자에서는 EPS와 BPS를 중요시 합니다. EPS를 알면 PER을 알 수 있고, BPS를 알면 PBR을 알 수 있기 때문이지요.

EPS(PER) ➡ BPS(PBR) ➡ ROE

EPS와 BPS 값을 통해 적정주가를 산출합니다. 적정주가 대비 저평가에 놓여 있는지 확인한 후 ROE가 10 이상이면 금상첨화입니다.

급등우량주 매매 및 보유법

분석 3단계를 통해 매수한 후에는 마이너스가 나지 않는 한 지속적으로 보유하는 것을 원칙으로 합니다. 끼가 있는 급등우량주는 큰 수익을 주기 때문에 작은 상승에 만족해 매도해서는 안 됩니다. 큰 수익을 거두기 위해서는 마이너스가 나지 않는 한 기본적 분석에 의해 산출된 가격이 될 때까지 뚝심 있게 들고 가는 인내심이 필요합니다. 무엇보다 중요한 것은 비중입니다. 급등우량주 종목 매수 시에는 종목별로 비중 10% 이내가 좋습니다.

실전 사례를 볼까요?

〈차트 4-13〉은 2,000원대에 실전에서 추천했던 '화신'이라는 종목입니다. 화신의 경우 자동차 부품주로 시장의 패션(주도업종)과 부합했고, 200일선을 횡보하며 충분히 매수할 기회를 제공했습니다.

재무구조(그림 4-1)를 보더라도 2009년말 기준 EPS 1,365이며 BPS 5,929로 매수할 당시의 EPS와 BPS는 주가가 1만원을 갈 것이라는 사실을 알려주었습니다. 2010년 기준으로는 주가의 추가적인 업그레이드를 예상할 수 있습니다.

〈차트 4-14〉는 11,000원대부터 매수해 지속적으로 보유하고 있는 '한화케미칼'입니다. 석유, 화학업종으로 시장의 패션과 부합했고 EPS와 BPS는 주가가 3만원이 적정가임을 확인시켜 주었습니다. 200일선에서 여러번 매수기회를 준 종목입니다. 한화케미칼 역시 주가가 11,000원이

그림 4-1 화신 재무제표

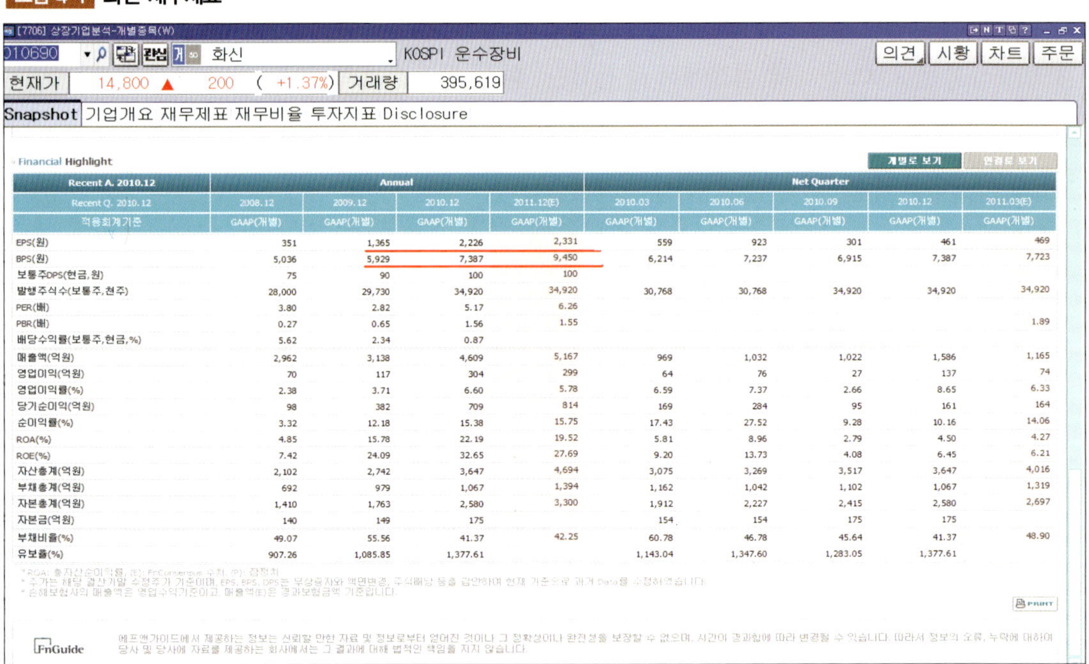

Recent A. 2010.12	Annual				Net Quarter				
Recent Q. 2010.12	2008.12	2009.12	2010.12	2011.12(E)	2010.03	2010.06	2010.09	2010.12	2011.03(E)
적용회계기준	GAAP(개별)	GAAP(개별)	GAAP(개별)	GAAP(개별)	GAAP(개별)	GAAP(개별)	GAAP(개별)	GAAP(개별)	GAAP(개별)
EPS(원)	351	1,365	2,226	2,331	559	923	301	461	469
BPS(원)	5,036	5,929	7,387	9,450	6,214	7,237	6,915	7,387	7,723
보통주DPS(현금, 원)	75	90	100	100					
발행주식수(보통주,천주)	28,000	29,730	34,920	34,920	30,768	30,768	34,920	34,920	34,920
PER(배)	3.80	2.82	5.17	6.26					
PBR(배)	0.27	0.65	1.56	1.55					1.89
배당수익률(보통주,현금,%)	5.62	2.34	0.87						
매출액(억원)	2,962	3,138	4,609	5,167	969	1,032	1,022	1,586	1,165
영업이익(억원)	70	117	304	299	64	76	27	137	74
영업이익률(%)	2.38	3.71	6.60	5.78	6.59	7.37	2.66	8.65	6.33
당기순이익(억원)	98	382	709	814	169	284	95	161	164
순이익률(%)	3.32	12.18	15.38	15.75	17.43	27.52	9.28	10.16	14.06
ROA(%)	4.85	15.78	22.19	19.52	5.81	8.96	2.79	4.50	4.27
ROE(%)	7.42	24.09	32.65	27.69	9.20	13.73	4.08	6.45	6.21
자산총계(억원)	2,102	2,742	3,647	4,694	3,075	3,269	3,517	3,647	4,016
부채총계(억원)	692	979	1,067	1,394	1,162	1,042	1,102	1,067	1,319
자본총계(억원)	1,410	1,763	2,580	3,300	1,912	2,227	2,415	2,580	2,697
자본금(억원)	140	149	175		154	154	175	175	
부채비율(%)	49.07	55.56	41.37	42.25	60.78	46.78	45.64	41.37	48.90
유보율(%)	907.26	1,085.85	1,377.61		1,143.04	1,347.60	1,283.05	1,377.61	

 한화케미칼 일봉

 한화케미칼 재무제표

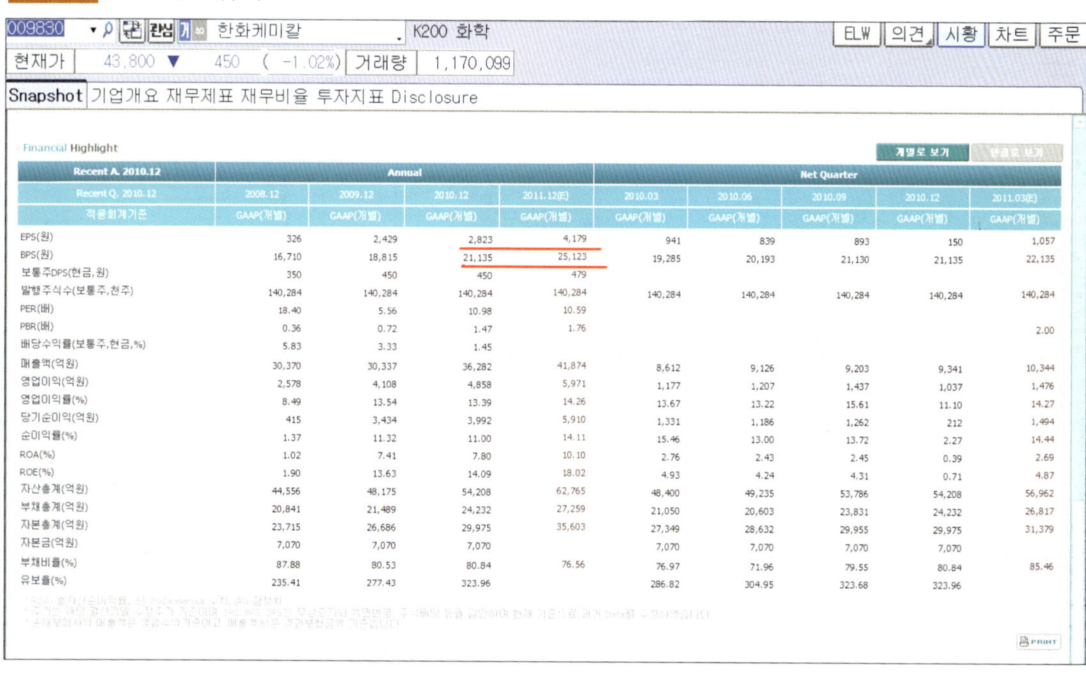

009830 ▼ 관심 한화케미칼	K200 화학							ELW 의견 시황 차트 주문
현재가 43,800 ▼ 450 (-1.02%)	거래량 1,170,099							

Snapshot 기업개요 재무제표 재무비율 투자지표 Disclosure

Financial Highlight 개별로 보기 / 연결로 보기

Recent A. 2010.12	Annual				Net Quarter				
Recent Q. 2010.12	2008.12	2009.12	2010.12	2011.12(E)	2010.03	2010.06	2010.09	2010.12	2011.03(E)
적용회계기준	GAAP(개별)	GAAP(개별)	GAAP(개별)	GAAP(개별)	GAAP(개별)	GAAP(개별)	GAAP(개별)	GAAP(개별)	GAAP(개별)
EPS(원)	326	2,429	2,823	4,179	941	839	893	150	1,057
BPS(원)	16,710	18,815	21,135	25,123	19,285	20,193	21,130	21,135	22,135
보통주DPS(현금,원)	350	450	450	479					
발행주식수(보통주,천주)	140,284	140,284	140,284	140,284	140,284	140,284	140,284	140,284	140,284
PER(배)	18.40	5.56	10.98	10.59					
PBR(배)	0.36	0.72	1.47	1.76					2.00
배당수익률(보통주,현금,%)	5.83	3.33	1.45						
매출액(억원)	30,370	30,337	36,282	41,874	8,612	9,126	9,203	9,341	10,344
영업이익(억원)	2,578	4,108	4,858	5,971	1,177	1,207	1,437	1,037	1,476
영업이익률(%)	8.49	13.54	13.39	14.26	13.67	13.22	15.61	11.10	14.27
당기순이익(억원)	415	3,434	3,992	5,910	1,331	1,186	1,262	212	1,494
순이익률(%)	1.37	11.32	11.00	14.11	15.46	13.00	13.72	2.27	14.44
ROA(%)	1.02	7.41	7.80	10.10	2.76	2.43	2.45	0.39	2.69
ROE(%)	1.90	13.63	14.09	18.02	4.93	4.24	4.31	0.71	4.87
자산총계(억원)	44,556	48,175	54,208	62,765	48,400	49,235	53,786	54,208	56,962
부채총계(억원)	20,841	21,489	24,232	27,259	21,050	20,603	23,831	24,232	26,817
자본총계(억원)	23,715	26,686	29,975	35,603	27,349	28,632	29,955	29,975	31,379
자본금(억원)	7,070	7,070	7,070		7,070	7,070	7,070	7,070	
부채비율(%)	87.88	80.53	80.84	76.56	76.97	71.96	79.55	80.84	85.46
유보율(%)	235.41	277.43	323.96		286.82	304.95	323.68	323.96	

차트 4-15 GS 일봉

200일선에서 3번의 매수기회를 주었고 이후 지속 상승한 GS
최고가 : 85,900 (2011/01/31)
200일
최저가 : 22,450 (2009/01/21)

차트 4-16 CJ 일봉

200일선 위에서 매수기회를 주고 상승중인 CJ
최고가 : 97,600 (2010/09/02)
200일
매수포인트
최저가 : 22,950 (2008/11/21)

던 시절 〈그림 4-2〉의 EPS와 BPS를 통해 적정주가 2만원을 예상할 수 있었고, 2010년 실적예상치로는 3만원을 바라볼 수 있었습니다.

〈차트 4-15〉 GS의 경우, 매수할 당시 200일선을 지속적으로 깨지 않으면서 지주사에 대한 재평가가 이뤄질 시기였습니다. 추천할 당시에 EPS와 BPS는 적정주가 5만원을 가리키고 있었습니다.

〈차트 4-16〉 CJ는 추천할 당시 6만원 이하에서 거래되고 있었는데 실제 가치는 9만원을 가리키고 있었습니다. 이 종목 역시 200일선에서 여러번 매수기회를 주었습니다.

신가치투자 요약

세력 개입이 확인된 종목(바람구멍, 대량거래)이 200일선을 횡보하고 있을 때, 기업의 가치가 우량하고, EPS, BPS를 통해 적정주가보다 저평가에 있는 종목이라면 매수해 작은 수익에 연연하지 않고 보유하면서 큰 수익을 노립니다.

신가치투자로 수익내기

애써 발굴한 좋은 주식을 사놓고도 수익을 내지 못하는 이유는 싼값에 사놓고도 조금만 오르면 모두 팔아버리기 때문입니다. 주가가 조금만 하락해도 무서워서 팔고, 박스권에 갇히면 답답해서 팝니다. 하지만 어떻습니까? 보유한 투자자만 큰 수익을 거둘 수 있었습니다. 잦은 매매를 삼가고 200일선 매수 맥점에서만 매매하는 습관을 철칙처럼 따라야 합니다. 앞서 설명한대로 우상향하는 200일선 종목을 200일선 매수 맥점에서 매수해야 합니다.

신가치투자 종목 매도 맥점

200일선에서 매수한 종목이라면 가치에 도달할 때까지 보유해야 합니다. 보유한 종목이 연일 급등해 상한가가 연속 출현하거나 200일선과 이격이 과다하게 벌어지면 분할매도로 수익을 실현해야 합니다. 만약 대량거래와 큰 음봉이 발생해 200일선을 이탈 시에는 기업에 문제가 발생했음을 인식하고 일단 매도 후 관망하는 자세가 좋습니다.

분산투자

아무리 좋은 종목도 보유 금액을 한 종목에 모두 투자하는 것은 어리석은 투자행위입니다. 주식에서 100%란 없습니다. 기업의 앞날에 문제가 발생할 수도 있다는 사실을 항상 염두에 두어야 합니다. 또한 어느 종목이 먼저 상승할지 알 수 없으므로 분산투자해 목표가에 도달한 종목은 매도 후 다시 새로운 종목으로 편입하는 것이 좋습니다.

한 종목에 올인했다가 만약 오랜 기간 횡보하거나 하락한다면 좋은 기회를 놓칠 수 있으므로 시장의 상승에서 소외되지 않기 위해서는 반드시 분산해서 투자하는 습관을 들여야 합니다.

매수와 매도 원칙

천정에 사지 않고 바닥에서 팔지 않는다

200일선을 중심으로 주가가 천정권에 올라가 있을 때는 사지 않는 게 좋습니다. 아무리 상승을 지속하는 종목도 200일선과 이격이 과도한 상태에서 매수하면 오랫동안 마이너스 수익을 기록할 수도 있습니다.

또한 바닥에서 팔지 않아야 합니다. 기준이 없는 투자자는 주가가 상승하지 않는다고 200일선 근처에서 주식을 내팽개치는 실수를 범합니다. 하지만 앞서 배운 방식을 적용하면 200일선이 매수 찬스입니다.

이제 여러분은 200일선 매매법을 마스터했기 때문에 더 이상 바닥에서 주식을 싼값에 내동댕이치는 우를 범하지 않아도 될 것입니다.

매수 원칙

① 가장 좋은(안전한) 매수 타이밍은 저평가된 종목이 200일선에서 횡보하고 있을 때입니다.

② 200일선에서 튀어 오른 종목이, 모든 이평선이 정배열(중요 이평선이 우상향 상태)에 들어서고 5일선이 20일선을 돌파하는 골든크로스가 발생할 때 매수하면 보다 빨리 시세를 누릴 수 있습니다.

③ 우량한 종목이 단기 악재에 의해 낙폭이 심화될 때, 일명 '눈물방울' 흘릴 때 매수합니다.

④ 바람구멍이 나며 점상한가로 급등한 후 가격과 기간조정이 이루어지며 거래량마저 감소해 활주로에서 휴식을 취하는 구간에서 매수합니다(중소형주의 경우).

비관론이 극에 달할 때가 매수시점이다

우량주일수록 악재, 폭락이 나올 때 매수해야 합니다.

분할매수 : 마음에 쏙 드는 종목도 한 번에 다 사지 않는다

처음에는 30%를 매수하고, 주가 추이를 살피면서 생각한대로 흘러가면 30%를 추가로 매수합니다. 마지막으로 확신이 들 때 나머지 40%를 매수해야 합니다. 단, 주가가 생각과 다르게 진행될 때는 매수를 멈추고 손절매를 단행해야 합니다.

손절매란?

보유한 종목이 수익이든 손실이든 주가가 본인이 정한 기준대로 흘러가지 않을 때 매도하는 것을 의미합니다. 고수일수록 손절매를 통해 수익률을 관리합니다. 몸이 썩어갈 때는 아프더라도 썩은 곳을 도려내야만 몸 전체가 썩는 것을 막을 수 있습니다.

매도 원칙

① 이동평균선이 정배열 상태로 간격이 일정하게 벌어질 때 매도합니다. 욕심을 버리고 일정한 수익이 발생하면 수익을 실현한 후 다시 매수할 타이밍을 기다려야 합니다.

② 주가가 고점에서 무상증자가 발표되면 매도합니다.

③ 창사 이래 최대 실적, 기타 호재성 재료가 나오는데도 불구하고 주가가 더 이상 오르지 못하면 매도합니다.

④ 주가가 고점에서 장대음봉이 출현하며 대량의 거래량이 분출될 때 매도합니다.

⑤ 200일선을 지키던 주가가 장대음봉이 출현하며 대량의 거래량이 분출되면서 200일선을 이탈하면 매도합니다. 그리고 매매 대상에서 삭제합니다. 단, 다시 200일선을 강하게 돌파하며 지지를 보이면 매매대상에 포함시키되 주가 추이와 기업실적을 확인합니다(주가가 200일선을 회복했다고 해서 흥분하며 매수하지 않고 확실히 지지가 되는지 충분히 확인 후 매수에 가담해도 늦지 않습니다. 상승할 주식은 충분한 휴식기를 가지며 매집이 이뤄진 후에라야 큰 상승이 시작됩니다).

신가치투자 마스터하기 Ⅲ

이틀 동안 여러분은 신가치투자의 핵심 매매법을 마스터했습니다. 오늘은 신가치투자 심화과정으로 주식투자에서 정부정책을 이해하는 것의 중요성을 알아봅시다. 또한 이평선을 중심으로 다양하게 나타나는 매집패턴을 알아보도록 하겠습니다.

정부정책을 연구하라

"주식은 대통령의 의지다."

대통령의 정책을 연구하면 답이 보입니다. 따라서 해마다 정부의 연두정책 발표를 반드시 챙겨야 합니다. 뉴스는 물론 시사주간지와 신문을 정독하고 스크랩을 하면서 투자방향을 잡아야 합니다.

이렇듯 정부정책을 연구하면 어떤 업종이 유망한지 압축이 가능해지며 이에 근거하면 종목 선별이 한결 쉬워집니다. 특히 테마를 형성하며 급등하는 주식은 정부정책과 연계될 가능성이 높습니다. 정부정책 수혜주는 정부의 강력한 예산 집행을 바탕으로 꾸준히 실행되기 때문에 실질적인 기업가치의 변화도 예상할 수 있습니다. 기업가치의 변화없이 기대감만으로 오르는 여타 테마주와는 성격이 다를 수밖에 없겠지요.

MB정부의 예를 들면 대운하, 원자력, 친환경 자전거, 그린에너지 관

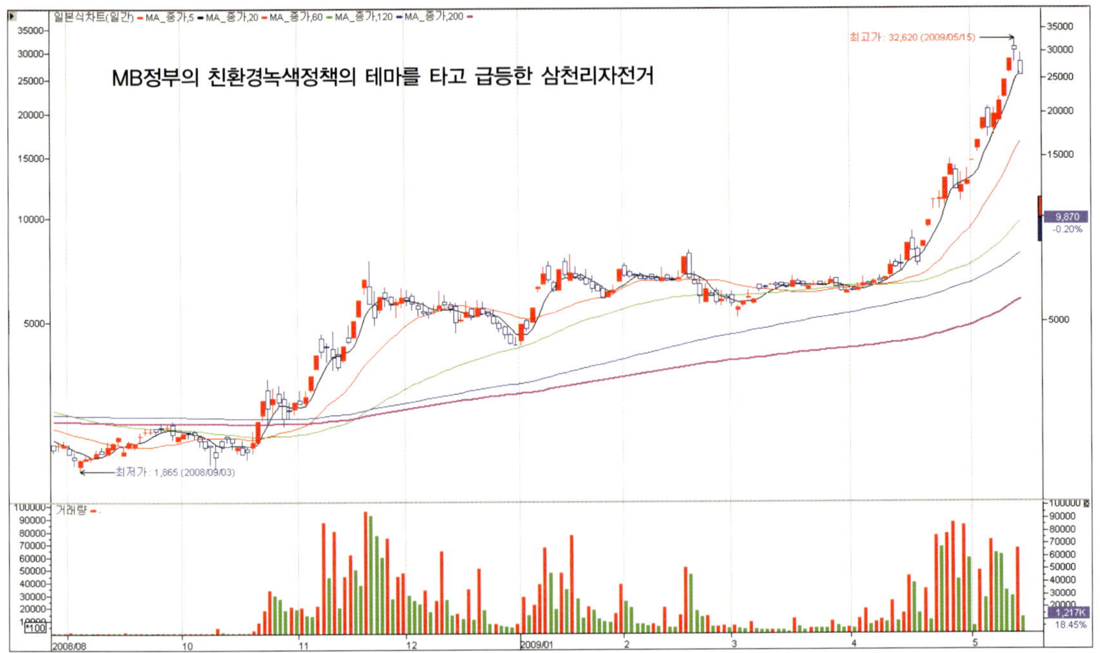

련주로 2차전지와 LED, AMOLED 등을 들 수 있으며, 스마트그리드 등
도 이에 해당합니다. 이와 관련된 종목들은 지속적으로 상승추세를 이어
가고 있습니다.

〈차트 4-17〉 삼천리자전거는 MB 정부의 친환경 정책에 부합하는 종
목으로 단기간에 15배 급등한 종목입니다.

차트에서 보는 바와 같이 정부정책 수혜주는 3배 이상의 시세를 내고
있습니다. 종목에 따라서는 10배, 20배의 시세를 주기도 하므로 현정부
가 중점적으로 시행하는 정책을 잘 연구하면 꿈의 수익률을 거둘 수도
있습니다. 이런 종목을 200일선에서 담을 수 있다면 좋은 수익률을 기대
할 수 있습니다.

〈차트 4-18〉은 정부정책의 녹색성장주로 LG화학과 더불어 2차전지
와 AMOLED 모멘텀을 타고 상승중인 삼성SDI의 차트입니다. 200일선

에서 매수했다면 어려움 없이 수익을 거두었을 것입니다.

매집을 알면 돈이 보인다

주식에서 매집이란 주도세력이 기업의 내재가치나 호재성 재료를 미리 알고 선점 매수하는 것입니다. 매집은 세력(거래량)+가치(저평가)+차트(정배열)+정보(대주주, 내부자) 등을 규합해 분석합니다. 세력이 일정 기간 매집을 한 후에 시세분출 과정을 거쳐 8부능선에서 분할매도 함으로써 한 사이클이 끝나게 됩니다.

통상적으로 매집은 내부 정보를 미리 알고 있는 대주주나 관련 세력에 의해 이루어집니다. 이들은 가치분석에 의한 저평가 국면의 종목 가운데

시장 패션에 맞는 종목군들을 매집하기 시작합니다. 이때 세력이 원하는 건 무엇일까요? 세력은 정해진 투자자금으로 많은 물량을 저가에 매수하길 바랍니다. 그러므로 주가가 올라가는 것을 싫어합니다. 주가가 상승하면 비싸게 매수해야 하므로 주가가 상승하면 하락시켜 재매수하는 과정을 반복합니다. 이렇게 해서 개인투자자들의 접근을 어렵게 하며 물량을 모아나가지요.

보통 개인투자자는 주가의 변동과 차트에 민감하게 반응합니다. 하지만 세력은 다릅니다. 세력은 추세를 따르면서 일반투자자의 입맛에 맞게 맞춰주기도 하고 속이기도 하면서 차트를 만들어 나갑니다. 주가가 상승해 일반 투자자가 추격하면 일부를 팔아서 주가를 하락시키고, 또 어느 정도 하락하면 재매수하면서 하락을 멈추게 만듭니다.

이렇게 우상향 그래프를 그리면서 박스권 장세가 연출됩니다. 정리하면 다음과 같습니다.

> 주가가 상승하면 일반은 매수하고, 세력은 일부 매도하고
> 주가가 하락하면 일반은 저점에서 매도하고, 세력은 저점에서 매수한다.
> 세력은 고점매도, 저점매수를 마음대로 할 수 있다.

궁극적으로 세력은 많이 매집한 주식 물량을 가장 비싸게 매도하는 것이 목적입니다. 그러므로 매집이 끝난 후 주가가 모멘텀을 타고 상승을 하면 기다렸다는 듯이 언론이나 매스컴을 통해 정보를 유출합니다.

그러면 개인투자자들은 어떻게 할까요? 이때 개인투자자들은 확신을 갖고 적극적인 매수에 가담합니다. 반면 주도세력은 최고의 가격으로 대량의 매물을 처분하며 빠져나오겠지요.

여러 가지 매집 패턴

200일선 매매기법은 가장 안전하면서도 큰 수익을 주지만, 주가가 200일 선을 터치하지 않고 지속적으로 상승할 시에는 매수에 가담할 수 없다는 단점이 있습니다. 이를 보완하기 위해 여러 가지 이평선을 중심으로 매집 패턴을 보이는 종목을 연구해 보다 세밀한 투자가 되도록 해야 합니다. 이동평균선에 의한 매집에서 중요한 것은 2가지입니다.

첫째, 정배열로 주가가 이동평균선 위에 존재해야 합니다. 둘째, 이동평균선이 우상향으로 상승 중이어야 합니다. 이 2가지 조건을 만족시키는 종목만을 대상으로 이평선 매집 패턴을 연구해야 합니다.

이평선 매집을 통해 상승하는 종목은 해당 이평선 근처에서 협띠를 형성하며 횡보기간을 거칩니다. 협띠란 주가가 상승과 하락을 제한적으로 반복하며 이평선을 깨지 않고 옆으로 흐르는 것을 말합니다.

20일 이동평균선의 매집 패턴

20일 이평선은 1개월간의 중기 이동평균선으로 흔히 추세선, 세력선이라 부릅니다.

〈차트 4-19〉 성문전자는 전기차 테마 종목이며 당시 저평가 국면에 있어서 20일선에서 지속적으로 물량을 모았던 종목입니다. 박스권을 돌파하며 대량거래가 실리면서 단기간에 급등한 종목입니다.

60일선 이동평균선의 매집 패턴

60일 이동평균선은 3개월간의 중기 이동평균선으로 중기적 추세선, 수급선이라 부릅니다. 우량한 많은 종목들이 60일선을 기준으로 상승하는 패턴을 보입니다.

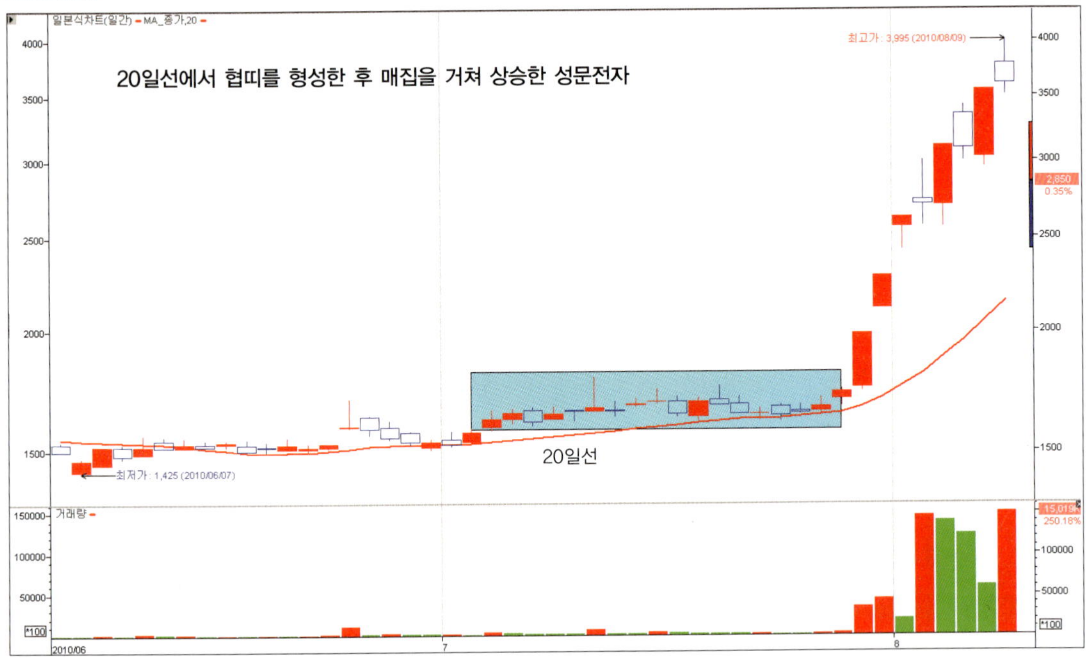

〈차트 4-20〉은 모바일 결제인 무선인터넷 테마를 타고 상승한 모빌리언스의 일봉차트입니다. 60일선에서 세력들이 지속적으로 매집을 했고 앞에서 바람구멍을 내며 끼를 보여주었던 종목이기도 합니다.

120일 이동평균선의 매집 패턴

120일 이동평균선은 6개월간의 중·장기 이동평균선으로 중·장기적 추세선, 경기선이라 부릅니다. 〈차트 4-21〉은 현 시장의 주도주인 자동차의 대장주로 기아차와 더불어 120일선을 타고 지속적으로 상승하고 있는 현대차의 일봉입니다.

 모빌리언스 일봉 : 60일선 매집

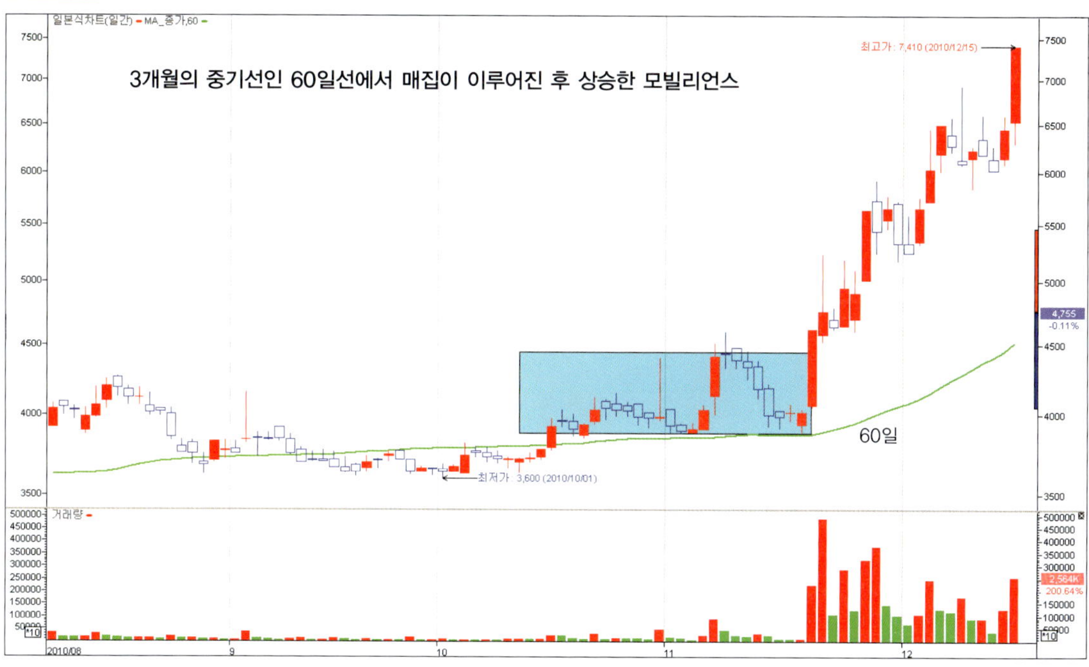

 현대차 일봉 : 120일선 매집 패턴

쉽게 하자, 주식투자

한편으로는 쉬우면서도 한편으로는 끝없이 어려운 것이 주식입니다. 수익이 나면 쉽게 느껴지다가도 손실이 확대되면 너무나 어렵다고 하소연하는 투자자들이 많습니다. 오늘은 이런 투자자들을 위한 팁을 보도록 하겠습니다.

주식투자, 너무 어려워요

처음 시작하는 투자자에게 쉽지 않은 게 주식입니다. 쉽게 배워서 수익을 낼 수 있다면 오히려 이상한 일입니다. 쉽게 얻을 수 있는 것 중에 가치 있는 게 있을까요? 어렵게 얻어야 하기 때문에 그만큼 가치가 있고, 어렵게라도 얻으려고 노력해야 합니다.

여러분이 아는 워렌 버핏이나 피터 린치 등 주식의 대가라고 불리는 사람들도 처음에는 실패를 밥 먹듯이 반복하다가 실패를 교훈삼아 오늘날 대가의 자리까지 오를 수 있었습니다.

그 정도까지 되기란 정말 어렵지만 주식은 충분히 도전할 만한 가치가 있습니다. 주식은 잘 배워두면 평생 투자할 수 있는 최고의 기술자산입니다. 여러분이 일하지 않는 중에도 주식은 스스로 자산을 증식해 여러분의 부를 늘려주는 거의 유일한 수단입니다. 적금이나 보험 등 금융상품이 있지 않느냐고 반문할 수도 있지만 물가상승률을 따라가기에도 버거운 상품들로는 여러분의 자산을 획기적으로 불려가기가 너무나 어려운 게 현실입니다.

어렵지만 나 자신을 위해 꼭 마스터해야 할 대상으로 여기고 주식투자를 더 어렵게 만드는 몇 가지 이유를 알아봅시다.

주식투자가 어렵게 느껴지는 이유: 기초 없이 문제만 풀기 때문

학창시절 영어와 수학은 정복하기 쉽지 않은 과목이었습니다. 암기과목처럼 외워서 풀릴 문제가 아니었지요. 기초부터 다져지지 않고서는 실력이 좀체 늘지 않습니다. 주식투자도 마찬가지입니다. 기초는 공부하지도 않고 관심도 없이 종목을 사고파는 것부터 시작하는 투자자들이 많습니다. 그래서 주식투자가 항상 어려운 것입니다. 주식을 오래 공부한 사람도 항상 하는 공부가 차트뿐입니다. 수학으로 따지면 만만한 '근의 공식'만 줄기차게 공부하는 것과 다르지 않습니다. 근의 공식만 알아서 수학 문제를 잘 풀 수 있을까요? 단어를 모르고서는 영어를 잘할 수 없습니다. 기초를 확실히 끝낸 후에 시작해도 늦지 않습니다.

주식이라는 문제를 잘 풀기 위해서는 ①차트도 알아야 하고, ②기본적 분석도 알아야 하고, ③세계경제도 알아야 합니다. 차트는 매매시점을 잡는 도구로 활용하고, 좋은 기업을 찾는 데는 기본적 분석을 활용해야 합니다. 투자를 해야 할 때와 하지 말아야 할 때도 구분할 수 있어야겠지요. 이런 여러 요소를 복합적으로 잘 이용하는 투자자가 똑똑한 투자자입니다.

주식투자가 어렵게 느껴지는 이유: 생각하지 않기 때문

시세에 길들여지면 생각할 여유가 없습니다. HTS를 보고 있노라면 시세에 대응하기도 빠듯합니다. 오늘 당장 수익을 거둘 종목을 찾느라 지금이 투자를 해야 할 때인지도 망각하기 쉽지요. 항상 바쁘지만 손실만 누적시키는 투자자는 '생각'의 도구를 활용하지 않습니다.

실패를 거울 삼아 발전하는 투자자가 되려면 '생각'은 필수입니다. 자신의 단점을 파악하고 반복하지 않도록 다짐해야 합니다. 자신의 단점을 깊이 생각할 수 있어야 합니다. 종목을 잘못 골랐기 때문이 아니라 자신의 매매패턴에 문제가 있다는 사실을 깨달을 수 있어야 합니다. 근본적인 치유없이 그릇된 방식을 고집하기 때문에 투자가 항상 어렵게 느껴집니다. 실패가 반복된다면 잠시 휴식하며 자신을 되돌아보는 여유를 가지는 게 좋습니다. 그렇게 얻은 교훈은 천만금의 가치가 있습니다. 잊지 말아야 할 교훈은 모니터 주위에 붙여서 되새기면 좋습니다.

주식투자는 투자 후 잊어도 좋은 부동산, 채권, 보험 등과는 차원이 다릅니다. 자신을 반복해 채찍질하지 않으면 실수를 끊임없이 되풀이하게 됩니다. 초보는 초보대로 고수는 고수대로 실수하는 부분이 생깁니다.

투자를 실패로 이끄는 원인은 기술의 부족함이 아니라 자신의 마음이라는 사실을 잊지 않도록 합시다.

주식투자가 어렵게 느껴지는 이유: 원칙 없이 대응만 잘하면 된다고 생각하기 때문

원칙을 세워 원칙대로 행동하면 주식투자는 번거롭지도 않고 어렵게 느껴지지도 않습니다. 주식투자가 항상 어렵다고 말하는 투자자들은 원칙이 없습니다. 혹은 자신이 세운 원칙을 따르지 않습니다. 시세판을 보며 그때그때 대응하기 바쁩니다. 투자가 어렵고 고달프고, 수익은 보잘것없는 이유 중의 하나입니다.

원칙을 세우는 일은 곧 주식을 기초부터 공부하면서 자신의 단점을 정리해서 반복해 되뇌이고 어떤 상황에서도 이유를 불문하고 세운 원칙을 지키는 것까지를 포함합니다. 원칙을 세우고 실천하면 상황에 따라 기준대로 대처하면 되기 때문에 투자가 한결 쉽고 간단해집니다.

주식투자는 대응해야 할 사항이 너무나 다양하기 때문에 그것을 따라가다 보면 한없이 어렵게 느껴질 뿐입니다. 테니스를 잘 치는 사람은 여유 있게 공을 받아내지만 실력이 부족한 사람은 열심히 뛰어다녀도 공 하나 받아내기가 어렵겠지요?

주식투자가 어렵게 느껴지는 이유: 숲이 아닌 나무만 보기 때문

나무를 보지 말고 숲을 보라는 말은 어느 분야에서든 통용됩니다. 주식에서도 하루 혹은 일주일의 주가변화를 나무라 한다면 1개월, 3개월, 6개월, 1년 이상의 기간은 숲이라 할 수 있습니다. HTS를 보면 기간별 주가의 변화를 보여주는 다양한 봉차트를 확인할 수 있습니다. 이평선의 경우도 마찬가지로 짧은 기간과 긴 기간의 평균을 나타내는 여러 선이 존재합니다. 일봉상으로는 변화가 심하고 흐름을 파악할 수 없는 주가도 기간을 늘려 보면 흐름이 보일 때가 많습니다.

한국경제만 볼 때는 왜 하락하는지 모르다가도 글로벌경제의 침체가 한국증시에 영향을 미치고 있다는 사실을 안다면 대처하기가 쉬워지겠지요.

주식투자로 대박낼래요?

욕심이 화를 부른다

지난 45년간 총자산 3,600배 증가라는 경이로운 성장을 이뤄낸 워렌 버핏도 한해 수익률이 20%를 조금 상회하는 수준일 뿐이라는 사실을 아십니까? '생각보다 적군. 나도 조금만 노력하면 워렌 버핏보다 더 큰 돈을 벌 수 있겠네?' 라고 생각하는 투자자가 있는지요? '주식에서 20%? 그거 쉽지!' 하고 자신만만해 하지는 않습니까?

주식을 한다는 사람 치고 수익률 20%를 높게 보는 경우가 드뭅니다. 주식을 대하는 태도가 그만큼 욕심으로 가득 찼다는 증거일 것입니다.

시장에 대한 건전한 목마름은 권장할 만합니다. 하지만 일확천금만을 노린다든지, 단기적인 성과에 집착해 위험한 종목에 손을 댄다든지, 20% 정도는 한 달만에 거둘 수 있다는 생각으로 종목에 접근해서는 그 결과는 참패뿐입니다.

욕심을 버리면 복이 온다

반대로 욕심을 버리고 적정 수준의 기대치를 유지하면서 좋은 종목을 고르려는 노력을 게을리하지 않는다면 주식은 분명 좋은 결과로 화답할 것입니다. 절대 서두를 필요가 없습니다. 자산관리가 각광받고 있습니다. 자산관리의 핵심은 1%라도 이자가 더 나은 상품에 투자해 꾸준히 투자함으로써 최대의 복리효과를 거두는 데 있습니다. 주식투자도 마찬가지입니다. 욕심을 조금 낮춘 상태에서 1년에 20%의 수익만 거두어도 정말로 여러분도 워렌 버핏처럼 자산을 늘려갈 수 있습니다.

지금 500만원으로 투자를 시작한다고 가정해 봅시다. 10년 후에는 500만원의 원금이 3,100만원 정도에 이르고, 20년 후에는 2억원 가까이 불어나는 게 보입니다.

초기에 1천만원을 투자했다면, 10년 후에는 6,200만원, 20년 후에는 3억8천만원 가량으로 불어납니다. 주식투자는 노후에도 가능하기 때문에 평생직장을 제공합니다. 주식으로 대박을 내서 단기간에 부자가 되겠다

원금	5,000,000	10,000,000
1년차	6,000,000	12,000,000
2년차	7,200,000	14,400,000
3년차	8,640,000	17,280,000
4년차	10,368,000	20,736,000
5년차	12,441,600	24,883,200
6년차	14,929,920	29,859,840
7년차	17,915,904	35,831,808
8년차	21,499,085	42,998,170
9년차	25,798,902	51,597,804
10년차	30,958,682	61,917,364
11년차	37,150,418	74,300,837
12년차	44,580,502	89,161,004
13년차	53,496,602	106,993,205
14년차	64,195,922	128,391,846
15년차	77,035,106	154,070,216
16년차	92,442,127	184,884,259
17년차	110,930,552	221,861,111
18년차	133,116,662	266,233,333
19년차	159,739,994	319,479,999
20년차	191,687,993	383,375,999

는 허황된 생각만 버린다면 노후대비용으로 타의 추종을 불허하는 최고의 수단이 됩니다.

　앞의 원금상승표를 복리를 강조하는 상품에서 많이 보았을 것입니다. 여기에 기업이 매년 투자자에게 지급하는 배당까지 재투자한다면 수익률은 더 높아질 것입니다. 거기에 조금만 노력을 더하면 월 1%, 연 12%의 수익률을 더 거둘 수 있습니다. 그 이상의 수익률은 여러분의 노력 여하에 따라 달라지겠지요.

참고 기다리면 복이 2배로 온다

좋은 종목을 골랐다면 참고 기다릴 줄도 알아야 합니다. 똑같이 좋은 종목을 잘 고르는 2명의 투자자가 있다고 할 때 투자자 A는 큰 수익을 내는데, B는 손실만을 반복합니다. A는 좋은 종목을 사서 주가가 조금 떨어져도 자신의 판단을 믿고 기업에 문제가 생기지는 않는지 계속 주시하면서 큰 시세를 즐기며 수익을 극대화 하는 대신, B는 주가가 조금만 올라도 수익을 확정지으려는 욕심에, 혹은 이것만이라도 일단 벌어야겠다는 조급한 마음에 주식을 팔아버립니다.

자주 사고팔다 보면 주식에는 수수료와 세금이 붙기 때문에 그만큼 불리한 게임이 될 수밖에 없습니다. 더구나 1~2%의 수익에 익숙하다보면 수수료와 세금을 제외하고 1% 미만의 수익만 거둘 수 있고, 종목을 사서 모두 수익을 낸다는 보장이 없기 때문에 결국 한두 종목이 문제를 일으켜 계좌 전체로는 손실이 누적되는 현상이 발생합니다.

대박 내는 투자자가 되지 말고, 명예의 전당에 오르는 투자자가 되라

스포츠 천국 미국에서는 선수시절 탁월한 성적을 거둔 선수에게 '명예의 전당(Hall of Frame)' 에 입성할 기회를 줍니다. 선수에게는 최고의 영예입니다. 명예의 전당에 헌액이 되면 자신의 성적과 선수시절 사용했던 물품들이 전시되어 많은 이들의 찬사를 받게 됩니다. 내 이름이 박물관에 오른다, 생각만 해도 가슴이 떨리지 않을 수 없습니다.

이 책을 읽는 독자분 모두 주식분야 명예의 전당에 올랐으면 하는 마음이 간절합니다. 명색이 주식투자를 하는 사람인데 최소한 남들에게 경제박사라는 소리 정도는 한번쯤 들어야 하지 않을까요?

명예의 전당에 오른 선수들의 가장 큰 특징은 한 해 반짝한 선수가 아니라 선수기간 내내 꾸준한 성적을 올렸다는 공통점이 있습니다. 한 해 잘하기는 그나마 쉽지요. 하지만 꾸준히 잘하기가 어렵다는 사실은 여러분도 잘 알 것입니다.

주식에 미쳐봅시다. 자기 일도 잘하면서 주식에 미쳐봅시다. 게으르게 인생을 낭비하지 말고 주식투자에 여러분의 시간과 관심을 집중해봅시다.

미국 프로야구 명문 구단 뉴욕 양키즈 포수 출신으로 명예의 전당에 올랐던 전설적인 인물 요기 베라의 말이 떠오릅니다.

> It isn't over until it's over.
> **끝날 때까지 끝난 게 아니다.**

요기 베라가 선수생활을 마치고 뉴욕 메츠의 감독으로 있었을 때, 시즌을 꼴찌로 시작해 당당히 1위로 마감하면서 했던 말입니다. 주식시장에서 끝까지 포기하지 않고 반드시 1위가 되겠다는 굳은 신념으로 노력한다면 주식투자로 큰 부를 이룰 수 있습니다.

PART 5

주식을 잘하려면 돈의 흐름을 잘 알아야 합니다. 소위 돈 냄새를 잘 맡는 사람이 주식투자로 성공할 확률도 높습니다. 돈의 흐름은 여러 가지 통계자료를 통해 알 수 있습니다. 조금만 노력하면 남들이 얻지 못하는 고급 정보도 얻을 수 있습니다. 또한 누구에게나 공개된 통계자료를 보고도 남들이 보지 못하는 정보를 선별해내는 능력도 키울 수 있습니다. 5부에서는 시장 전반에 큰 영향을 미치는 돈의 흐름을 살피도록 하겠습니다.

주가를 움직이는 증시 주변의 힘 이해하기

증시를 움직이는 힘

29일째

증시는 주가에 영향을 주는 주변의 여러 가지 요소들에 의해 봄 여름 가을 겨울을 거치며 상승과 하락을 반복합니다. 증시 주변의 힘을 이해하는 일이야말로 숲을 보는 것입니다.

증시를 움직이는 힘은 어디에서 비롯되나요?

기업실적과 주가

기업실적이 좋으면 주가가 상승하고, 기업실적이 저조하면 주가가 하락합니다. 기업실적은 매출액, 경상이익, 당기순이익 등이 포함됩니다. 기업실적은 경기, 금리, 환율, 경상수지 등에 긴밀하게 영향을 받습니다.

> 기업실적 상승 – 주가 상승
> 기업실적 하락 – 주가 하락

경기와 주가

경기가 좋으면 주가는 상승하고, 경기가 악화되면 주가는 하락합니다. 주가는 현재의 경기보다 6개월 앞의 경기를 선반영합니다. 이론상으로 주가가 상승하고 나서 6개월이 지나면 경기가 주가가 오른 만큼 상승하고, 역으로 주가가 하락하고 나서 6개월이 지나면 주가가 하락한 만큼 경기가 하강하게 됩니다.

따라서 투자자는 6개월 후의 경기를 예측할 수 있어야 합니다. 주가로 6개월 후의 경기를 예측하는 일은 투자자에게 무의미하겠지요. 6개월 후의 경기를 통해 현재 투자를 할지 말지를 결정하는 것이 중요합니다.

> 경기 상승 – 주가 상승
> 경기 하락 – 주가 하락

금리와 주가

금리가 상승하면 주가가 하락하고 금리가 하락하면 주가가 상승합니다. 금리가 낮을수록 기업이 싼 이자로 왕성한 기업활동을 영위할 수 있겠지요. 반대로 금리가 상승하면 기업 입장에서는 더 많은 이자를 지불하고 기업활동을 지속해야 하기 때문에 적극적으로 투자하기에 부담이 될 것입니다. 오히려 빌렸던 자금을 은행에 되갚아 리스크를 줄이려 할 것입니다.

> 금리 상승 – 주가 하락
> 금리 하락 – 주가 상승

경상수지와 주가

경상수지가 흑자면 주가가 오르고, 경상수지가 적자면 주가가 하락합니다. 경상수지 흑자란 쉽게 말해 수입 대비 수출 비중이 커서 국내 경기가 좋아지고 있음을 의미합니다. 경상수지 적자는 수출 대비 수입의 비중이 커서 국가적으로 손해보는 장사를 하고 있다는 의미입니다.

경상수지 흑자란 기업의 입장에서도 이윤이 많아졌음을 의미하므로 주가가 오르는 게 당연합니다. 반대로 경상수지가 적자라는 것은 기업의 이윤이 그만큼 줄었다는 의미이므로 주가는 하락하게 됩니다.

> **경상수지 흑자 – 주가 상승**
> **경상수지 적자 – 주가 하락**

통화량과 주가

통화량이 많아지면 주가가 상승하고, 통화량이 줄어들면 주가가 하락합니다. 통화량이 증가했다는 것은 시중에 자금이 그만큼 많이 풀렸음을 의미합니다. 이에 따라 금리가 낮아지게 되며 기업은 싼 이자로 더 많은 자금을 빌려 투자를 확대할 것입니다. 투자자 입장에서도 낮은 금리로 돈을 빌려 주식에 투자하기 쉬워질 것입니다. 따라서 주가는 상승하게 됩니다.

> **통화량 증가 – 주가 상승**
> **통화량 감소 – 주가 하락**

환율과 주가

환율은 주가 상승의 요인이 되기도 하고 하락의 요인이 되기도 합니다. 예를 들어 환율이 하락한다고 가정하면, 수출 기업 입장에서는 수입대금이 그만큼 줄어들어 주가 하락의 원인이 될 것입니다. 뿐만 아니라 경쟁력이 약해져 수출이 어려움을 겪을 수 있습니다. 이에 반해 외국인은 원화가치가 상승한 국내 주식시장에 투자하기 때문에 주가는 상승하겠지요.

반대로 환율이 상승하면 국내 기업들의 수출경쟁력이 강화되어 수출이 늘어나 매출이 늘고 이윤도 증가할 것입니다. 따라서 주가 상승의 원

부자가 되는 길

1. **성공한 사람을 연구하라** : 가치투자의 대가인 워렌 버핏, 존 템플턴의 투자 원칙을 벤치마킹하라.
2. **협력자를 두어라** : 주식은 혼자 하기에는 너무 큰 리스크가 따르기 때문에 검증된 주식 전문가를 협력자로 두어야 한다.
3. **준비하고 노력해야 기회를 잡을 수 있다** : 고레가와 긴조는 금융공황으로 파산한 이후 3년간 자본주의 경제를 연구했기 때문에 주식시장에서 성공할 수 있었다.
4. **책을 가까이 하라** : 워렌 버핏은 보통 사람의 평균 5배 이상을 독서한다.
5. **꿈을 계획하고 실천하라** : 노트에 꿈을 적고 그에 따라 하루하루 실천해 나가자.

인이 됩니다. 이에 반해 외국인은 국내 주식시장에 투자할 매력을 잃고 자금을 빼갈 것입니다. 증시는 안 좋은 영향을 받겠지요. 따라서 환율과 주가의 상관관계를 파악할 때는 수출기업인지, 내수기업인지를 구별할 수 있어야 합니다.

현 시장의 위치를 어떻게 파악하나요?

그린빌의 이평선으로 본 현재 위치

이평선을 만든 사람은 조셉 그린빌입니다. 조셉 그린빌의 법칙을 이용해 현 시장의 위치를 파악하고 시장에 따른 종목으로 대응이 가능합니다. 자연계에 봄, 여름, 가을, 겨울 4계절이 있듯이, 주식시장에도 사계가 존재합니다. 인간의 힘으로는 바꿀 수 없는 사이클이 주식시장에 존재한다는 말입니다.

"봄이 왔는데 잠깐 꽃샘추위가 왔다고 해서 겨울로 돌아가지는 않습니다."

주식시장도 계절의 변화와 한치도 다르지 않습니다. 바닥을 다진 후 한번 상승을 시작하면 48개월에서 54개월 가까운 상승을 해야만 큰 상승 사이클이 완성됩니다. 그렇다면 현재의 시장은 어떤 위치에 있을까요? 2008년 11월 21일 시작된 상승 사이클은 1단계, 2단계, 3단계를 거칠 것입니다.

■ 상승 1국면

① 10년째 바닥인 주식

② 200일선과 이격이 벌어진 주식

③ 거래량을 실으며 대량으로 매집된 주식

④ 불황기를 맞은 주식

⑤ 상승 기간은 3~6개월

⑥ 정부정책으로 상승했던 종목은 제외

■ 상승 2국면

① 상승 1국면에서 상승했던 종목이 200일선 위에서 협띠를 형성한 종목

② 상승 1국면에서 상승폭이 적었던 정책 수혜주

③ 최초 상승부터 15개월 전후가 제2국면

④ 정배열 상태를 유지하며 시세분출이 없었던 종목

■ 상승 3국면

① 200일선 위에서 수렴하면서 정배열 상태를 유지하고 있는 자산 우량주 압축매매

* 200일선 밑에 놓여 있는 종목은 제외

② 상승 3국면은 때에 따라서는 없을 수도 있기 때문에 매매에 신중을 기해야 한다.

③ 상승주기는 30개월 동안 지속되며, 하락주기는 16~22개월 동안 지속된다. 전체 주기는 48~54개월 동안 지속된다.

④ 최초의 바닥으로부터 24개월 되는 지점이 시작점이다.

⑤ 저가주들은 이 단계에서 완전히 배제된다.

■ 하락 1단계

① 급격한 가격조정이 이루어진다(3개월에 50% 하락).

② 상승시세가 끝나고 공매주를 찾는 데 주력해야 한다.

③ 공매주 선정 후보는 200일선을 하향돌파한 주식이다.

④ 공매는 하향시세 1단계 후 반등기에 대개 공매가 이루어진다.

■ 하락 2단계

① 하향시세의 움직임은 복잡하고도 미묘하다.

② 반등기간에 반등 국면이 크게 일어나는 경우 일반투자자들이 가장 속기 쉬운 구간이다.

③ 주식은 폭락으로 변하게 된다.

④ 신저가를 갱신하는 종목이 서서히 나타나기 시작한다.

⑤ 경제 악화 뉴스가 나타나기 시작하며, 정부는 경기불황은 없을 것이라고 발표한다.

■ 하락 3단계

① 부정적인 뉴스들이 점차 언론매체를 장식하고, 시세는 지속적으로 하락해 많은 종목이 신저가를 갈아치운다.

② 신저가 종목들은 서서히 자신감으로 대변화를 일으키며, 공매를 중지하며 200일선과 이격이 큰 종목들을 주시하게 된다.

③ 일급 투자자들은 서서히 자신감으로 대변화를 일으키며, 공매를 중지하고 200일선과 이격이 큰 종목들을 주시한다.

④ 시세의 기간표를 관찰하면서 48~54개월이 되었는지를 주의 깊게 살핀다.

⑤ 모든 저가주들은 이미 폭락했으므로 우량주만이 최저가에 도달할 여유를 남겨 놓고 있다.

엘리어트 파동으로 본 현재 위치

엘리어트 파동론의 핵심은, '증시는 자연을 지배하는 법칙에 따라 움직인다' 는 것입니다. 엘리어트는 "주가는 상승 5파와 하락 3파에 의해 끝없이 순환한다"고 주장했습니다.

다시 말해 연속적인 파동에 의해 상승 5파가 만들어지고, 다시 하락해 하락 3파가 만들어짐으로써 8개의 파동 사이클이 형성된다는 말입니다. 실제로 엘리어트는 자신의 이론으로 1937~1938년 사이의 월스트리트 폭락을 예측했습니다. 게다가 그의 이론을 연구한 헤밀튼 볼튼은 1966년

그림 5-1 엘리어트 파동 모형도

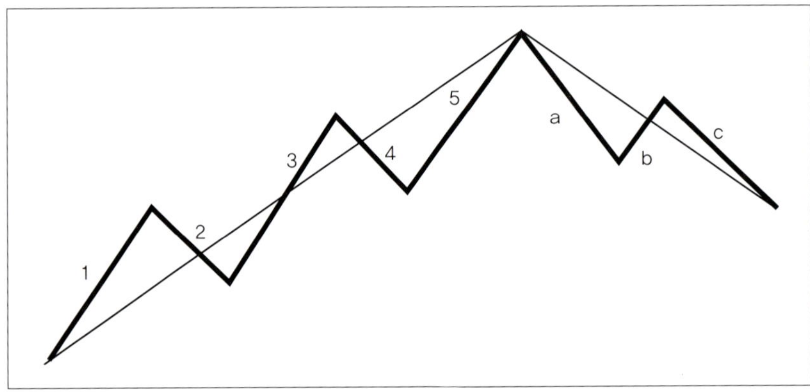

1~5는 상승 5파를 의미하고, a~c는 하락 3파를 의미합니다.

다우지수가 525선까지 하락할 것이라고 예측해 적중한 바 있습니다.

이처럼 역사적으로 검증이 된 엘리어트 파동론은 실전매매에서 신뢰하고 이용할 만합니다. 엘리어트 파동론의 5가지 요점은 다음과 같습니다.

1. 삼라만상의 법칙

2. 위치를 파악하는 지도와 같다

3. 피보나치 수열

4. 황금분할(0.382 0.5 0.618)

5. 절대불가침의 법칙

  ① 1번 파동 밑으로 내려가서는 안 된다.

  ② 3번 파동이 제일 짧을 수 없다.

  ③ 4번 파동은 1번 파동과 겹칠 수 없다.

  ④ 파동의 법칙(모양, 균형, 조화) 자연의 법칙

  ⑤ 변화의 법칙(조정 파동)

    − 2파가 61.8%, 4파는 38.2% 조정

    − 2파가 38.2%, 4파는 61.8% 조정

왕초보가 꼭 알아야 할 주식투자 9계명

1. 씨앗을 뿌리고 바로 캐면 쪽박이다

현명한 투자자는 매매를 자주 하지 않습니다. 잦은 매매로는 지극히 작은 수익만을 거둘 수 있을 뿐입니다. 증권사에 매매 수수료만 안겨주는 작은 투자를 버리고 숲을 보는 큰 투자를 해야 합니다.

2. 시장에 비관이 팽배할 때 저가에 매수하라

모든 사람이 하락에 대한 공포에 떨고 있을 때 존 템플턴이 말한 바겐헌터(저가 매수자)가 되어 과감하게 저가 매수해야 합니다.

3. 주식투자는 사업이다. 사업가에게 배워라

단순히 주식을 사는 것에 그치지 않고 기업을 소유하는 생각을 가져야 성공적인 투자를 할 수 있습니다. 또한 사업가처럼 치밀하게 오늘을 점검하고 내일을 대비해야 좋은 수익률을 거둘 수 있습니다. 사업가가 자기 사업체를 비우고 무위도식한다면 기업이 어떻게 되겠습니까? 책임의식을 가지고 사업가가 기업체를 일궈나가는 자세로 투자에 임해야 합니다.

4. 기다리고, 기다리고, 기다려라

저평가된 우량주 및 가치주를 매수해 본연의 가치를 찾아갈 때까지 보유해야 합니다. 신가치투자는 이러한 시간을 단축하게 도와주지만 생각만큼 빨리 주가가 오르지 않을 수도 있습니다. 그렇다고 해서 좋은 주식을 내팽개치고 위험한 주식으로 갈아타서는 안 됩니다.

5. 투자종목과 시간은 나눠서 투자하라

종목 매수 비중을 우량주는 15~20%, 개별주는 10% 이내로 해 3회 분할로 매수하는 게 좋습니다. 아무리 좋은 주식도 한번에 모두, 한 종목에 모두 투자하는 것은 위험천만한 행동입니다.

6. 3년, 5년 후를 그려보면 종목이 보인다

미래에는 어떤 산업이 부상할까요? 에너지, 환경, 바이오, 로봇, 나노 등을 예상할 수 있습니다.

7. 잘 아는 회사에 투자하라

잘 알지 못하는 회사, 처음 들어본 회사에 '좋은 정보' 가 있다는 말만 듣고 투자를 하면 손실을 보기 쉽습니다.

8. 정보와 뉴스를 차단하라

큰 세력들은 저점에서 매집해놓은 주식을 호재성 뉴스를 발표하면서 매도하기 때문에 단발성 뉴스와 신문기사는 거의 가치가 없습니다. 단 경제 안목을 길러주는 기사나 업계의 미래를 알 수 있게 하는 기사는 꼼꼼히 챙겨야 합니다.

9. 미수, 신용, 대출을 금지하라

미수, 신용, 대출은 투자를 투기로 만드는 가장 큰 원인입니다. 여윳돈으로 주식투자를 해야만 안정된 심리로 사물을 똑바로 볼 수 있습니다. 급할수록 돌아가야만 큰돈을 거머쥘 수 있습니다.

왕초보가 꼭 알아야 할 주식투자 심리

가격대의 심리

가격에도 심리가 작용합니다. 1,000원 미만의 저가주는 주가가 싸고 기업에 문제가 있다는 심리가 작용해 작은 흔들림에도 폭락이 잦을 수밖에 없습니다. 개인투자자가 많아 심리가 쉽게 흔들리기 때문이지요. 가격을 지지해주는 주도세력도 부재해 어디까지 하락할지 가늠하기 어렵다는 단점도 있습니다.

안정적으로 매매할 수 있는 가격대는 3,000~8,000원 사이 혹은 30,000~80,000원 사이의 종목들 입니다.

종목의 심리

종목별로 유형을 보면 호가창이 뻥뻥 뚫려 있는 일명 '부실주'와 호가창이 빼곡한 개별주로 분류할 수 있습니다. 종류별로 나누면 시장을 주도하는 주도주, 우량주, 개별주, 부실주로 분류되며, 실전 매매에서는 주도주+테마주+개별주+1차파동이 일어난 종목을 압축매매함으로써 심리적 안정을 도모하고 시장보다 큰 수익을 거둘 수 있습니다.

시장이 좋을 때는 주도주와 우량주를 매매하고 시장이 좋지 않거나 조정이 길어질 때는 개별주, 테마주를 매매해 수익을 거둘 수 있습니다.

마음의 심리

주식은 심리 게임입니다. 주식시장은 공포, 탐욕, 긴장이 융합되어 나타난 복잡미묘한 곳입니다. 큰 손실이 발생한 투자자라면 빨리 손실을 복구하려는 조급함에 잦은 매매를 일삼으면서 증권사 배만 불리는 결과를 초래하고 결국 마음의 심리는 황폐해집니다.

현재 계좌에 남아 있는 돈이 원금이라고 생각하고 초심으로 돌아가야 합니다. 이렇게 마음을 비워야만 남아 있는 자금으로 다시 일어설 수 있습니다. 심리가 안정되어야만 큰 수익도 따라오는 법입니다. 주식에서 무엇보다 중요한 것은 마음다스리기입니다. 원칙과 기준에 입각해 엄격하게 마인드를 컨트롤해야 합니다.

시간대의 심리

단기매매의 경우 3개의 시간대로 나눌 수 있습니다. 수급이 가장 좋은 시간대는 오전 9시~10시 사이입니다. 이때 한번의 매매가 이루어지며, 장중이라고 일컫는 10시~1시30분까지는 세력이 물량을 분산하거나 매집하는 시간대이므로 매매보다는 현금을 보유하면서 종목의 시세를 지켜봐야 합니다. 1시30분~3시 사이에는 낙폭과대 및 눌림목 매집이 이루어진 종목을 매수해 다음 날을 대비하며 심리를 안정시켜야 합니다.

매수, 매도의 심리

주식의 최고점과 최저점을 맞추는 것은 신의 영역입니다. 맞추려고 노력할 필요도 없고 설사 운 좋게 맞췄다 하더라도 기뻐할 일이 아닙니다. 소가 뒷걸음을 치다 쥐를 잡는 식의 투자는 오래 가지 않아 밑천이 바닥나고 맙니다. 이런 폐단을 방지하기 위해 황금분할원칙에 의해 30:30:40%의 비율로 분할해 매수하는 게 좋습니다.

분할로 매수하면 주가가 오르든 내리든 심리가 안정되어 객관적으로 종목을 바라볼 수 있게 됩니다. 섣불리 매수하고 일시적인 하락에 놀라 매도하는 우를 범하지 않게 되지요. 1차로 30% 비중으로 매수한 후, 예상과 달리 주가가 하락한다면 더 싼 가격에 30%를 추가로 매수하면 됩니다. 나머지 40%도 마찬가지입니다. 오르면 보유한 물량이 +가 되어 좋고 내리면 더 싼 가격에 매수할 수 있어서 좋습니다.

PART 6

30일째 파생상품으로 헷징하기

6부에서는 헷지용으로 사용이 가능한 파생상품을 알아보겠습니다. 파생상품은 어디까지나 위험을 대비하기 위한 수단이므로 주가 하락을 대비해 보조적으로 사용한다는 원칙을 어기지 말아야 합니다. 이 원칙만 잘 지킨다면 파생상품은 여러분을 똑똑하고 균형잡힌 투자자로 만들어 줄 것입니다.

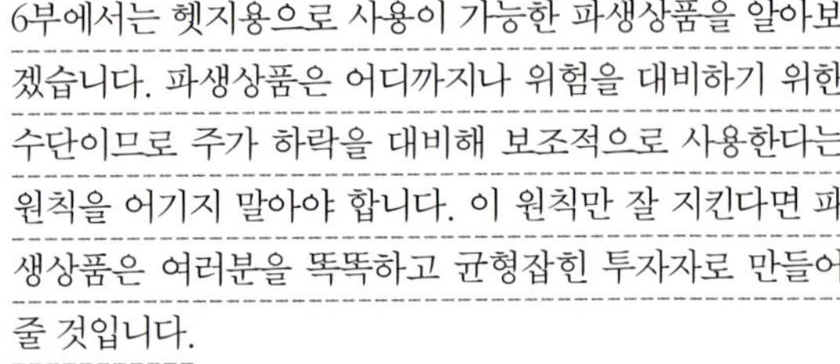

선물 · 옵션 · ELW 공부하기

파생상품으로 헷징하기

선물과 옵션, ELW를 파생상품이라 합니다. 파생상품이란 미래 일정 시점에 일정한 가격으로 주식, 채권은 물론 상품 등을 거래하기로 하는 금융상품입니다. 여기서는 주가하락에 대비한 헷징용으로 용이한 선물·옵션투자법과 개인투자자들이 쉽게 접근할 수 있는 ELW 투자법에 대해 알아보도록 하겠습니다.

파생상품은 무엇인가요?

파생상품이란 국공채, 통화, 주식 등 기초자산의 가격이나 자산가치 지수의 변동에 의해 그 가치가 결정되는 금융계약을 말합니다. 구체적으로 리스크 회피를 위한 수단으로 사용되는 선물, 옵션 등이 이에 속합니다.

파생상품은 가격변동에 대한 위험을 회피할 수 있고, 시장참여자들에게 거래시장 가격에 대한 정보를 미리 제공해 합리적인 의사결정을 할 수 있도록 하는 순기능을 담당하기도 합니다. 또한 필요시마다 보유 또는 보유예정 자산의 구성을 탄력적으로 조정할 수 있어 자금 흐름에 탄력성을 제고시키며 일부 증거금으로 계약자산의 전부를 보유한 것과 같은 효과를 얻을 수 있습니다.

이에 따라 비용절감 효과와 위험전가의 용이, 저렴한 비용 등으로 금융시장의 효율성을 증대시키는 기능을 합니다.

우리나라의 경우 파생상품 거래대금이 크게 증가해 세계에서 가장 큰 파생상품 시장 중 하나로 자리매김을 할 정도로 큰 시장이 형성되어 있습니다. 따라서 파생시장은 한국시장의 특징 중 하나로 간과해서는 안 되는 부분이라 할 수 있습니다.

▶ 거래소별 파생상품거래량(증감률) 추이

순위	거래소	'06	'07	'08	'09		'10	
						하반기	상반기	비중
1	RFI(한)	2.475 (−4.6)	2776 (12.2)	2867 (2.3)	3103 (8.2)	1638	1762 (8.7)	15.0
2	BUREX(독)	1527 (22.3)	1900 (24.4)	2165 (14.0)	1687 (−22.1)	788	1050 (37.4)	9.6
3	CME(미)	1403 (28.7)	1755 (26.5)	1693 (6.6)	1478 (−22.0)	722	875 (21.2)	7.8
4	NSE(인)	194 (47.7)	380 (25.9)	602 (58.4)	919 (52.7)	333	784 (122.1)	7.0
5	EURONEXT	730 (−3.6)	949 (25.9)	1050 (10.6)	1056 (0.6)	515	723 (40.4)	6.4
6	CEOE(미)	675 (44.1)	944 (40.0)	1193 (25.4)	1135 (−4.9)	565	610 (750)	5.4
7	MEX−SX(인)	−	−	−	224	224	465 (107.4)	4.1
8	CBCT(미)	806 (20.5)	1030 (27.8)	961 (−6.7)	681 (−29.1)	357	443 (24.0)	4.0
9	BOMESPA(브)	288 (7.0)	268 (27.9)	250 (−4.7)	547 (56.2)	318	424 (35.2)	3.8
10	ISE(미)	582 (31.9)	804 (35.9)	1008 (25.3)	990 (−4.7)	435	406 (10.9)	3.6
	전체	11882 (18.9)	15483 (30.3)	17668 (14.1)	17709 (0.2)	9300	11222 (20.6)	100.0

주가지수선물거래의 특징

만기 시 현금 결제

주가지수선물 거래는 만기 시 현금으로 결제됩니다. 현금결제는 선물시장에 투기적인 투자자를 불러들임으로써 유동성을 높이고 시장의 효율성을 높이는 역할을 합니다.

쌍방향 거래

현물거래는 대부분 주가가 상승해야 참여자들이 수익을 얻는 구조입니다. 반면 선물거래는 주가의 오르내림과 무관하게 투자자가 어느 방향(주가 상승 vs. 주가 하락)으로 배팅했느냐에 따라 수익과 손실이 결정됩니다. 따라서 선물거래는 주가가 상승할 것으로 예상하는 투자자와 하락할 것으로 예상하는 투자자가 만나야만 거래가 성립됩니다. 즉 항상 매수와 매도의 양방향 거래를 수반합니다.

주가가 오를 것으로 예상하는 경우 지수선물의 매수포지션을, 하락할 것으로 예상하는 경우 매도포지션을 취함으로써 투자이익을 얻을 수 있습니다. 선물투자는 이처럼 시장중립적인 투자가 가능하기 때문에 종합지수의 상승뿐만 아니라 하락 시에서도 지속적인 매매가 가능하다는 큰 장점이 있습니다. 따라서 주가하락이 예상될 때 선물 풋에 투자해 하락 리스크를 헤징하는 위험 대비용으로 활용이 가능합니다.

제로섬게임

미래의 주가지수를 사고파는 선물의 매수자와 매도자는 선물계약 체결 후 주가가 오르고 내림에 따라 손익이 결정되기 때문에 어느 한쪽은 수익이 발생하지만 상대방은 손실을 보는 제로섬게임입니다.

시장 참여자를 2명으로 가정한다면, 1명은 주가가 오르는 방향으로 배팅을 했고, 1명은 주가가 하락하는 방향으로 배팅을 했다면, 다음날 주가가 얼마나 오르고 내렸느냐에 따라 배팅에 실패한 투자자의 자금이 배팅에 성공한 투자자의 계좌로 흘러들어가는 것과 같습니다. 즉 배팅에 실패한 투자자가 200만원 손실을 입었다면 이는 곧 배팅에 성공한 투자자가 200만원의 수익을 거두었다는 의미가 됩니다.

만기일의 정산

주식(현물)은 특별한 경우를 제외하고는 만기일 없이 계속 거래가 됩니다. 상장폐지나 기업분할 등 기업이벤트를 제외한다면 만기라는 것이 존재하지 않습니다. 하지만 선물에는 만기가 있어 그때까지만 거래가 됩니다. 이후 상품이 소멸됩니다.

현재 상장되어 거래되는 지수선물은 3월, 6월, 9월, 12월의 네 종류이며 모두 최장 만기는 1년입니다. 선물은 레버리지 특성상 장기적으로 투자할 경우 손익 규모가 너무나 커질 수 있기 때문에 3개월 단위로 정산되도록 만들어 놓았습니다.

옵션은 선물보다 레버리지가 훨씬 더 높기 때문에 매월 정산합니다. 매월 둘째 주 목요일이 정산일로, 선물과 옵션의 만기일이 겹치는 날을 선물옵션 동시 만기일이라 합니다. 이때 변동성이 확대되어 종합지수가 크게 출렁이기도 합니다.

레버리지 효과

적은 금액으로 큰 수익을 기대할 수 있는 것이 바로 레버리지 효과입니다. 지수가 하락할 것으로 예상될 때, 내가 보유한 주식이 1억원 어치라면 선물 1,500만원 어치만 매매하면 1억원에 대한 헤징이 가능해집니다. 바로 선물의 레버리지 효과 때문입니다. 보유한 주식을 매도하지 않고 위험 대비를 할 수 있다는 측면에서 긴요하게 활용할 수 있습니다.

주가지수선물의 헷지 효과

헷지란 위험대비를 뜻합니다. 주가가 오를지 떨어질지 불확실한 상황이거나 하락 위험이 높은 상황에서는 수익에 대한 기대보다는 위험을 대비하는 자세가 좋습니다. 앞서 확실한 구간에서만 매매해도 주식의 특성상 큰 수익을 거둘 수 있다는 내용을 언급했습니다. 불확실한 구간에서는 위험 대비만 잘해도 성공투자자로 거듭날 수 있습니다. 불확실한 구간에서 요긴한 투자수단이 바로 선물입니다.

1억원 상당의 주식을 보유하고 있는 상황이라 가정해 봅시다. 주가 하락이 걱정되지만 보유한 주식을 처분하기 어렵다면 어떻게 대처해야 할까요? 이때 선물을 매도합니다. 선물의 레버리지를 이용해 1,500만원, 즉 선물풋 1계좌로 헤징을 하면 보유 주식 1억원에 대한 헤징이 가능해집니다(레버리지 7배로 가정).

혹은 하락 위험이 매우 큰 상황이라면 보유 주식 중 일부를 처분하고 선물로 헷징을 하면 하락 시 수익을 거두는 구조로 계좌를 운용할 수 있습니다. 하락 위험 강도에 따라 보유 주식의 처분 비중을 조절할 필요가 있습니다. 이렇듯 하락 위험에 대비하는 습관을 들이면 시장을 보는 객

선물의 거래제도

대상지수	코스피200
종목(결제월)	3 · 6 · 9 · 12월
최종거래일	결제월의 2번째 목요일 2번째 목요일이 공휴일인 경우에는 전주 목요일로 이동
1계약의 크기	코스피200 선물가격 × 50만원
거래단위	1계약
호가단위	0.05포인트(0.05×50만원=25,000원)
가격제한폭	기준 가격의 상하 10%
거래시간	09:00 ～ 15:15 현물시장보다 15분 연장, 단 최종일에는 현물시장보다 10분 먼저 끝남
호가 한도수량	1,000계약
매매 중단 및 일시 거래 정지 제도	* 서킷브레이커(Circuit Breakers): 전일의 약정 수량이 가장 많은 선물종목의 가격이 기준가 대비 5% 이상 변동하고 선물이론가격에 비해 3% 이상의 괴리율이 생긴 상태가 1분 이상 지속되는 경우에는 모든 선물종목의 매매를 5분간 중단. 매매거래 중단은 1일 1회에 한하며, 오후 2시 20분 이후에는 발동하지 않는다. 코스피가 전일 종가 대비 10% 이상 하락하고 이러한 상태가 1분간 지속되어 주식매매가 중단된 경우에도 주식시장과 동일하게 20분간 매매 중단 * 사이드카(Sidecar): 선물가격이 전일 종가 대비 4% 이상 급등 또는 급락해 1분 이상 지속될 경우 프로그램 매매를 5분간 정지시키는 제도

관적인 시각이 길러져 상승만을 기다리는 편협한 투자에서 벗어날 수 있습니다.

단 선물을 이용한 헷징은 충분한 지식 없이 실행했을 경우 오히려 손실을 확대할 수 있으므로 충분히 공부한 후 제한적이고 방어적으로 사용하는 게 핵심입니다.

선물현재가

〈그림 6–1〉은 선물현재가 창입니다. 코스피200이 290.84인데 반해 선물현재가는 292.35입니다. 선물과 현물간 1.51의 괴리현상이 발생하고 있습니다(292.35–290.84=1.51). 이를 베이시스라 합니다.

프로그램 매매의 목적은?

기관들이 주로 거래하는 프로그램 매매는 현물과 선물 간 발생하는 베이스, 즉 둘 간의 간격차를 수익목표로 합니다. 수익률은 비록 높지 않지만 대량의 물량을 사고팔기 때문에 기관 입장에서는 매력적일 수 있으며 무엇보다 무위험거래여서 국내 증시의 경우 프로그램 매매가 활발한 편입니다.

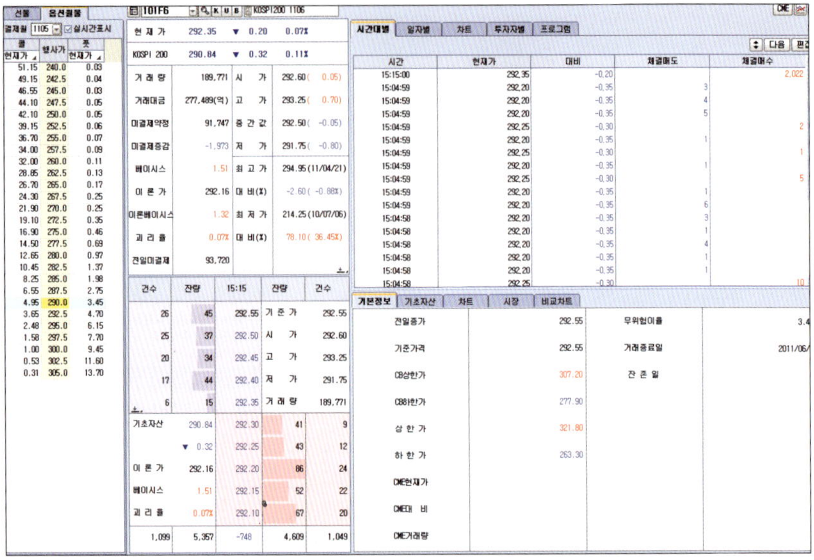

선물을 통한 위험 회피 시 주의점

선물을 이용한 헷지가 언제나 좋은 것은 아닙니다. 만일 선물 매도를 통해 지수 하락에 대비하거나 현재 보유중인 종목에 대해 위험을 회피하는 보험을 드는 경우, 매도 비율을 잘 조정하지 못하면 주가 상승 시 주식의 상승률을 상회하는 하락률이 나타나면서 도리어 전체 계좌는 손실로 전환되는 경우가 생기게 됩니다. 따라서 선물을 통한 헷지를 하는 경우 비율 조정을 확실하게 해야 합니다.

이 비율 조정의 핵심은 델타값인데, 일반적으로 정상시장의 경우(시장이 크게 폭락하거나 외생변수로 시장에 왜곡이 생기는 경우가 아닌 순항중인 시장) 주식과 선물매도의 대금 비율은 5 : 1~10 : 1로 볼 수 있습니다. 이런 작업을 델타값 조정이라 하는데, 이것은 선물에 대해 좀더 심도 있는 공부가 필요하므로 입문자는 비율을 그대로 외워서 사용하면 됩니다.

선물 매도의 위험성을 피해가는 옵션매매

2010년 11월, 도이치뱅크의 옵션 만기 매물 폭탄에 의해 매도 포지션 구축자들이 순식간에 엄청난 손실을 입었습니다. 이날의 기사 한 토막을 볼까요?

> 전날 장 마감 전에 코스피200지수는 254.62였어요. 풋옵션 252를 계약당 3000원(0.03)에 2500계약을 했거든요. 750만원을 먹으려다 10분 만에 147배를 물어야 할 판이죠. 저뿐 아니라 평소 알고 지내던 개미투자자들도 연락이 안 돼요. 증권사가 당장 손실액을 청구할 거고 워낙 크게 터지다 보니 갚을 방법이 없죠. 다른 사람 명의로 재산 빼돌리고 외국으로 도망가는 사람도 있을 겁니다.
>
> – 〈한국경제신문〉 750만원 벌려다 10분 만에 15억 날려…빚만 10억 남아

선물 매도와 옵션 매도의 위험성에 대해 크게 부각이 된 사건이라고 할 수 있습니다. 위의 사건은 지수가 급락을 하면서 나타난 사태입니다. 이와 비슷한 사태가 선물에서는 지수가 만기일 급등 시 선물 매도에 대해 나타날 수 있습니다. 또한 일반 투자자에게 1500만원이라는 돈은 꽤나 부담이 되는 것도 사실입니다. 이를 보완하고 개인투자자들의 파생상품 매매를 돕기 위해 나온 것이 바로 옵션과 '옵션 매수 전용 계좌' 입니다.

옵션이란 주식을 사고팔 권리를 말합니다. 옵션도 선물과 비슷하게 매수자와 매도자가 있습니다. 매수자는 이 권리를 사는 사람, 매도자는 권리를 파는 사람입니다. 옵션은 이 권리를 이용해 일정한 시점이 지난 후에 주식을 사고 혹은 팔게 되는 것입니다. 주식을 사는 권리를 사는 것을 '콜옵션 매수' 라 하고 반대로 주식을 사는 권리를 파는 것을 '콜옵션 매

도’라 합니다. 반대로 주식을 팔 권리를 사는 것을 ‘풋옵션 매수’라 하고 주식을 팔 권리를 파는 것을 ‘풋옵션 매도’라고 합니다.

옵션의 거래 원리

콜옵션을 예로 들어보겠습니다. 투자자 A가 삼성전자의 주가가 오를 것을 예상하고 삼성전자 콜옵션을 샀다고 가정합시다. 투자자 B는 삼성전자의 주가가 내릴 것을 예상하고 이 콜옵션을 팔았습니다. 만일 이후 삼성전자의 주가가 오른다면 투자자 A는 이 권리를 행사하려 할 것입니다. 투자자 B는 옵션의 권리를 팔았으므로 투자자 A가 이 권리를 행사 시 그 차액을 물어주어야 하는 의무를 지게 됩니다.

반대로 삼성전자의 주가가 투자자 A의 예상과 달리 내려갔다고 가정해 봅시다. 이 경우 투자자 A는 자신이 산 삼성전자 매수 권리를 포기하게 될 것입니다. 따라서 투자자 A는 처음에 권리를 산 가격만큼만 손실을 보게 됩니다. 그러면 투자자 B는 어떤 이득을 챙기게 될까요? 그것은 최초에 두 투자자가 서로 거래할 때 권리에 대해 매긴 가격이 존재하는데 이것을 프리미엄이라고 부릅니다. 투자자 B는 이 프리미엄만큼 수익을 거두게 됩니다.

옵션의 수익 배분

매수자와 매도자는 어떠한 수익배분 구조를 가지게 되는지 알아봅시다.

콜옵션의 경우 매수의 권리이므로 삼성전자의 주가가 올라갈수록 권리 매수자는 수익이 늘어납니다. 하지만 권리 매도자의 경우는 행사가와 현재 주가간의 차액만큼을 물어주어야 하므로 손실은 주가가 올라갈수록 늘어나게 됩니다. 또한 주식 가격은 무한대이므로 주가가 올라갈수록 매도자의 손실은 눈덩이처럼 커지게 됩니다. 반대로 삼성전자의 주가가 내려가는 경우 매수자는 권리를 포기함으로써 자신의 손실을 제한할 수 있습니다. 따라서 간단히 표로 정리하면 다음과 같습니다.

구 분	콜옵션 매수자	콜옵션 매도자	풋옵션 매수자	풋옵션 매도자
주가상승	수익 무제한	손실 무제한	손실 제한	수익 제한
주가하락	손실 제한	수익 제한	수익 무제한	손실 무제한

주식투자에서 위의 표는 매우 중요합니다. 손실을 무제한으로 끌고 갈 수 있는 투자법은 잘못된 투자법이기 때문에 그러한 매매는 해서는 안 됩니다. 또한 여기서 제시하는 옵션의 쓰임새는 주식투자 시 위험 헷지 용이기 때문에 이중 풋옵션 매수만 알면 됩니다. 풋옵션 매수의 경우 주가가 하락할 경우 수익은 무제한이지만 예상과 달리 주가가 상승했을 때 손실이 제한되므로 헷지에 용이합니다.

옵션매수 전용계좌란?

풋옵션 매수에는 또 다른 장점이 있습니다. 바로 옵션매수 전용계좌 때문입니다. 옵션매수 전용계좌란 옵션을 매수만 할 수 있는 계좌를 말합니다. 위에서 말했듯이 옵션 매수자의 손실은 자신이 최초에 옵션을 매수한 금액으로 한정되기 때문에 증거금이 필요 없습니다. 따라서 자금이 크지 않은 투자자도 계좌를 설정하실 수 있다는 장점이 있습니다. 자금이 작아서 옵션에 접근을 못한 투자자들을 위해 나온 계좌가 바로 이 옵션 매수 전용계좌이므로 소액투자자들도 위험회피를 위해 매수 전용계좌를 사용할 수 있습니다.

ELW란?

ELW는 Equity-Linked Warrant의 준말로 개별주식 또는 주가지수와 연계해 움직이는 파생상품입니다. ELW는 기본적으로 옵션과 같지만 옵션에 비해 레버리지가 낮은 편입니다. 현재 한국 파생시장은 규모가 큰 것에 비해 그 다양성은 부족한 상황입니다. 그래서 현재 한국의 선물 옵션 매매가 지수에만 치중되어 있는 편입니다. 그에 대한 보완으로 ELW 시장이 크게 형성되어 있습니다. 매년 상장되는 ELW의 규모와 시장에 참여하는 투자자의 수가 지속적으로 증가 추세에 있습니다. 또한 ELW는 옵션처럼 별도의 옵션매매 계좌를 개설하지 않고 주식계좌로 매매가 가능하다는 점에서 그 편의성이 뛰어나다고 할 수 있습니다.

ELW 용어 바로 알기

ELW에서 중요한 행사가, 잔존일수, 전환비율, 내재변동성 등에 대해 알아보겠습니다.

그림 6-2

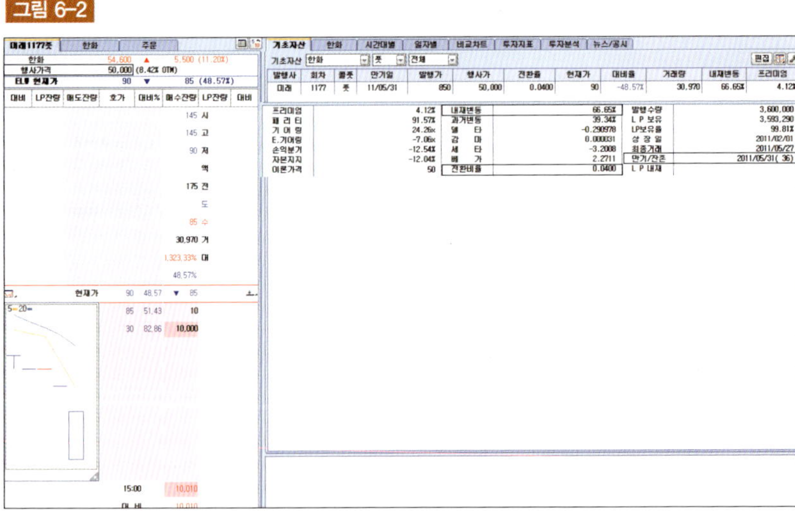

이외에도 델타, 감마, 베가, 쎄타, 로, LP의 성향 등 많은 변수가 존재하지만 헷지 수단으로 ELW를 활용할 때는 앞의 4가지 개념을 중점적으로 공부하면 됩니다.

행사가

옵션은 주식을 매수 혹은 매도할 수 있는 권리입니다. 이 권리의 행사 기준은 무엇일까요? 바로 행사가입니다. 위의 예시는 풋워런트(ELW 풋)입니다. 즉 행사가 이하로 현물의 가격이 떨어져야 행사가 가능합니다. 반대로 콜워런트(ELW 콜)의 경우 행사가 이상으로 올라가야 행사가 됩니다. 위의 종목은 현물가격이 54,600원이고, 행사가는 5만원입니다. 즉 행사가보다 현재 현물의 가격이 높습니다. 즉 오늘 바로 행사를 한다면 이 워런트는 행사가 안 되는 것이지요. 이런 경우를 외가격(OTM: Out of The Money)이라고 합니다.

이와 반대로 만일 현재 종목의 주가가 4만원이라고 가정하면

[행사가〉현물가격]

이 되므로 풋워런트의 경우 이런 상황을 내가격(ITM: In The Money)이라고 합니다.

요약하면 행사가를 100원으로 가정했을 때, ELW콜은 주가가 100원 이상일 때 행사가 되는 반면 주가가 100원 이하일 때는 행사가 되지 않습니다. 반대로 ELW풋은 주가가 100원 이상일 때 행사가 되지 않는 반면 주가가 100원 이하일 때 행사됩니다.

주식투자자의 경우 헷지용으로 ELW를 사용하기 때문에 주가 하락에 대비해 ELW풋을 매수해야 합니다.

잔존일수

잔존일수는 이 워런트의 생존기간을 말합니다. 워런트는 한시성 상품으로 일정 기간이 지나면 사라지게 됩니다. 이 기간을 잔존기간이라 부릅니다. A라는 주식 선택 시 이 주식에 대한 보유기간을 설정하고 그 보유기간에 맞는 워런트를 골라야 합니다. 일반적으로 주식보유 기간은 3개월 이상이므로 워런트는 3개월 이상 남은 상품으로 선택해야겠지요.

전환비율

전환비율이란 주식 1주와 같은 효과를 내는 주식의 숫자를 말합니다. 위의 예시는 전환비율이 0.04이므로 25개의 워런트가 주식 1주의 효과를 나타낸다고 할 수 있습니다.

내재변동성

내재변동성은 주식의 변동에 따른 워런트의 프리미엄 정도를 나타냅니다. 내재 변동성이 높을수록 워런트에 붙는 프리미엄 가치가 높습니다. 하지만 너무 낮은 변동성을 가지는 워런트는 레버리지 효과를 제대로 내지 못하기 때문에 적정한 변동성을 가지는 워런트를 선택해야 합니다. 일반적으로 안정적인 내재변동성은 40%~50% 정도입니다.

워런트를 이용한 헷징의 예

투자자 A는 주식시장의 호황은 결국 지주사의 수익으로 이어진다는 생각에 한화를 2011년 4월 5일 50,400원에 매수했습니다. 하지만 당시 고점을 찍고 한화의 주가가 급락을 하여 44,400원으로 떨어지게 됩니다. 이 경우 투자자 A는 약 12%의 손실을 보게 됩니다. 만일 투자자 A가 한화 주식을 100주 매입하였다면 600,000원의 손실이 발생하게 됩니다.

 한화 일봉

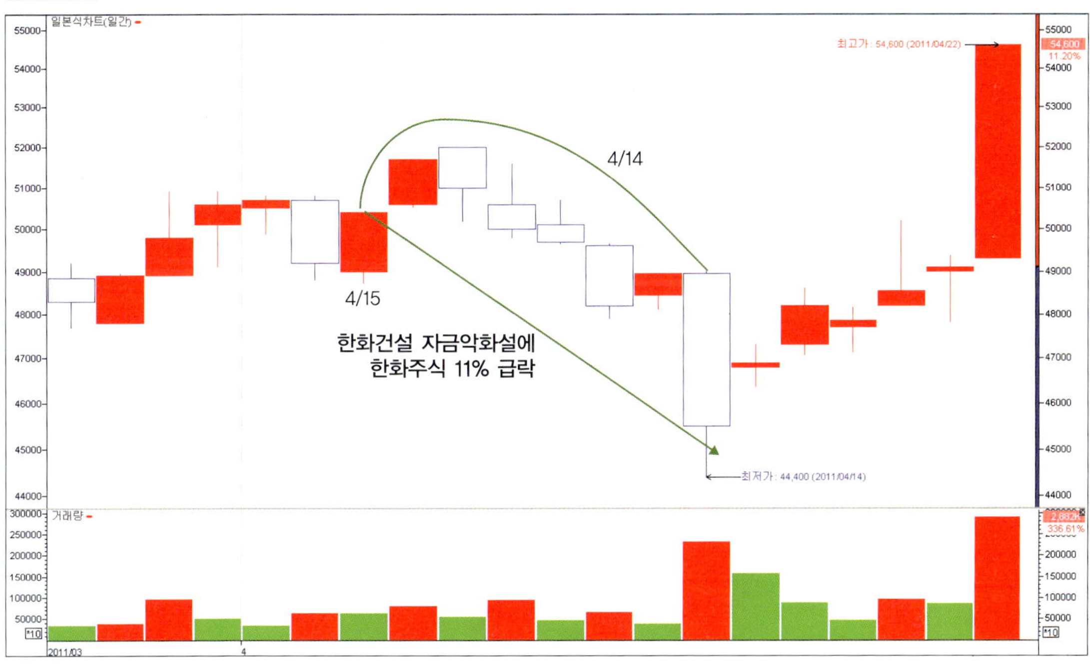

투자자 B는 한화는 매력적이지만 요즘 건설사에 대한 부정적인 내용들이 지주사에 부담이 될 것이라 생각하였습니다. 그래서 미래1177한화풋 워런트로 헷징을 하면서 매수를 결정합니다. 투자자 B의 걱정대로 한화건설에 대한 자금 악화설로 인해 한화 주식이 급락을 맞게 됩니다. 미래1177한화풋은 전환비율 0.04로 25개당 한화 1주의 주가하락을 방어하는 효과를 가져옵니다. 즉 한화 100주를 산 경우 미래1177한화풋은 2,500개를 매수해야 합니다. 이때 투자자 B의 비용은 다음과 같습니다.

> 한화 본주 : 50,400원×100주=5,040,000원
> 미래1177한화풋 : 205원×2500개=512,500원

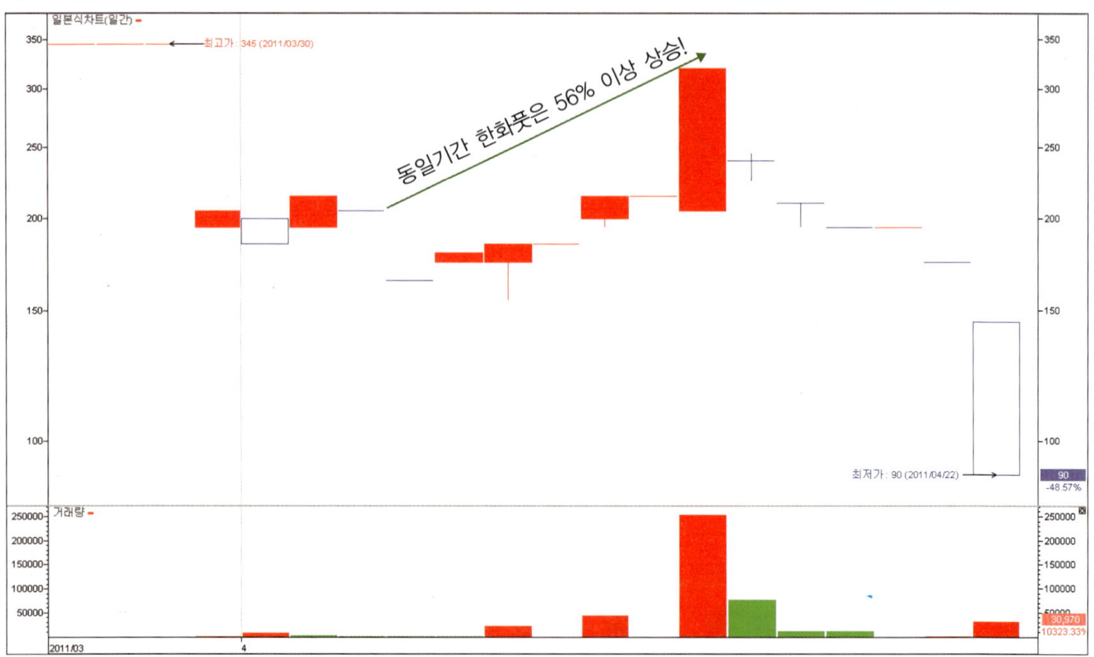

그 후 한화 주가가 급락을 하면서 한화풋은 205원에서 320원까지 56%
상승하게 됩니다. 이 경우 투자자 B의 손익은

$$(50400원 - 44400원) \times 100주 + (320원 - 205원) \times 2500개 = -87500원$$

으로 손실의 85%를 방어하게 됩니다.

위의 예처럼 풋워런트는 효과적인 주가하락의 방어를 할 수 있는 한 방
안이 되어주고 있습니다. 또한 종목이 12% 하락하는 동안 풋워런트는
56%라는 상승률을 보여주므로 레버리지 상품이라는 것 역시 알 수 있습

니다. 이 점을 이용하여 레버리지 투자를 하는 투자자들도 있습니다.
하지만, 단순히 주가 예측에 의한 워런트 매매는 큰 위험을 안고 있으므
로 초보 투자자는 이 워런트를 위험회피를 위한 상품으로만 사용해야 합
니다.

선물과 옵션 그리고 ELW, 공매도는 초보자에게 어렵고 까다로운 편
입니다. 따라서 이러한 파생상품을 활용해 헷지를 할 경우에는 먼저 투
자법을 확실히 익혀야 합니다. 뿐만 아니라 헷지용이 아닌 전문 투자용
으로 사용했을 시 감당하기 어려운 손실에 직면할 수 있으므로 반드시
위험대비용으로만 사용해야 합니다.

이러한 원칙들을 잘 지킨다면 파생상품은 시장을 객관적으로 보는 눈
을 갖게 하고, 상승장과 하락장에서 모두 활용 가능하다는 장점이 있어
주가 상승만을 바라는 편협한 시각에서 벗어나게 합니다.

공매도란?

공매도란 주식을 빌려서 파는 행위를 말합니다. 공매도는 주가가 하락할 것으로 예상 시 증권사로부터 주식을 빌려 바로 팔고 이후 예측이 맞아서 주가가 하락 시 그 차액을 수익으로 얻는 하락배팅 매매기법입니다. 떨어진 만큼 수익을 본다고 생각하면 이해가 쉽습니다. 헷지 수단으로는 완벽한 투자기법으로 1천만원의 주식을 보유하고 있다면 하락 예상 시 주식을 처분하지 않은 상태에서 동일한 주식을 1천만원 어치 공매도 하면 주가가 오르거나 내려도 위험도 수익도 없는 완벽한 헷지가 가능합니다.

현재 한국은 개인투자자들에게 공매도의 문이 좁은 편입니다. 그러나 선진시장으로 나아감에 따라 한국증시 역시 공매도가 활성화 될 것으로 예상되고 현재 많은 증권사들이 개인투자자에게도 공매도의 문을 넓히고 있습니다. 추세 하락장에서도 투자할 수 있는 기법이므로 투자자에게 유익할 수 있습니다.

주식투자 30일만에 따라잡기

제1판 1쇄 발행 | 2011년 6월 10일
제1판 11쇄 발행 | 2021년 5월 13일

지은이 | 김원기
펴낸이 | 윤성민
펴낸곳 | 한국경제신문 한경BP

주소 | 서울특별시 중구 청파로 463
기획출판팀 | 02-3604-590, 584
영업마케팅팀 | 02-3604-595, 583   FAX | 02-3604-599
H | http://bp.hankyung.com   E | bp@hankyung.com
F | www.facebook.com/hankyungbp
등록 | 제 2-315(1967. 5. 15)

ISBN 978-89-475-2804-7   13510

책값은 뒤표지에 있습니다.
잘못 만들어진 책은 구입처에서 바꿔드립니다.